sociología
y
política

GUERRA DE BAJA INTENSIDAD

Reagan contra Centroamérica

por

LILIA BERMÚDEZ

siglo veintiuno editores

MÉXICO
ESPAÑA
ARGENTINA
COLOMBIA

siglo veintiuno editores, sa de cv
CERRO DEL AGUA 248, DELEGACIÓN COYOACÁN, 04310 MÉXICO, D.F.

siglo veintiuno de españa editores, sa
CALLE PLAZA 5, 28043 MADRID, ESPAÑA

siglo veintiuno argentina editores

siglo veintiuno editores de colombia, ltda
CARRERA 14 NÚM. 80-44, BOGOTÁ, D.E., COLOMBIA

edición al cuidado de carmen valcarce

primera edición, 1987
segunda edición corregida, 1989

ISBN 968-23-1416-X

impreso y hecho en méxico/printed and made in mexico

ÍNDICE

La historia es un profeta con la mirada vuelta hacia atrás: por lo que fue, y contra lo que fue, anuncia lo que será.

EDUARDO GALEANO, *Las venas abiertas de América Latina*

INTRODUCCIÓN

El ascenso al poder del pensamiento neoconservador y de la nueva derecha norteamericana con el triunfo de Ronald Reagan, es el terreno fértil en el que crece y se reproduce una estrategia militar frente al Tercer Mundo cuyo distintivo es la intolerancia a movimientos populares de transformación, cualquiera que sea su signo o tipo de cambio que pretendan.

Para el viejo y para el nuevo conservadurismo sólo existen dos puntos cardinales dentro de la política: el este y el oeste. Desde su punto de vista, la Unión Soviética necesariamente apadrina y obtiene ganancias de los conflictos, por lo que resultan intolerables los cambios en las estructuras tradicionales de dominación.

Teniendo como objetivo central la recuperación de la hegemonía a nivel mundial, el gobierno de Reagan se plantea como fundamental una política exterior ofensiva, vinculada inextricablemente a la política de defensa, en donde las soluciones militares tienen una alta prioridad.

Nuestro objetivo de investigación ha sido analizar los cambios en la estrategia militar norteamericana frente al Tercer Mundo, en el terreno convencional y no convencional, su inserción y coherencia en el nivel más general —dentro de la doctrina militar de defensa—, y su implementación en una región en crisis: Centroamérica.

El Departamento de Defensa norteamericano entiende como estrategia militar "el arte y ciencia del empleo de las fuerzas armadas de una nación para asegurar los objetivos de la política nacional por medio de la aplicación de la fuerza o de la amenaza del uso de la fuerza".[1] En otros términos, se trata de los principios básicos bajo los cuales las fuerzas de combate son armadas, estructuradas y desplegadas para enfrentar contingencias reales o potenciales. De acuerdo con el prestigiado especialista Michael T. Klare, la doctrina viene a ser un concepto más amplio, en el que se incorporan hipótesis acerca de la distribución del poder en el mundo, la conducta probable de aliados y adversarios, y los imperativos geopolíticos de aquéllos en el poder. Aunque ambos tér-

[1] Department of Defense, *Dictionary of military and associated terms*, JCS Pub. 1, Washington, D. C., The Joint Chiefs of Staff, 1 de abril de 1984, p. 232.

minos se usan de manera intercambiable, en otras palabras, la doctrina "es a lo militar lo que la plataforma es al partido político".[2]

Teniendo lo anterior como conceptos básicos, lo que nos interesa demostrar es la coherencia de la estrategia militar norteamericana destinada a enfrentar los "retos" en el nivel más bajo del espectro del conflicto, dentro de una concepción doctrinaria que al reivindicar la dicotomía política del conflicto Este-Oeste, pretende atacar la amenaza soviética en todos los niveles de dicho espectro. En otras palabras, bajo el supuesto del patrocinio soviético de la "subversión" en el Tercer Mundo, uno de los objetivos dentro del enfrentamiento global, es atacar a la Unión Soviética por el eslabón más débil, que sería el que conforman los movimientos de liberación nacional o los gobiernos que habiendo cambiado el *statu quo* anterior, se encuentran en proceso de constitución de un nuevo tipo de Estado.

La reformulación de la estrategia militar en el nivel que nos interesa, parte de la revisión crítica realizada por los propios estrategas norteamericanos, de los errores políticos y militares cometidos en Vietnam. En el primer capítulo abordamos este tema tomando como eje el libro del coronel Harry G. Summers, *On strategy. A critical analysis of the Vietnam war,*[3] cuya importancia estriba en el hecho de que ha sido incorporado como texto de estudio en las principales escuelas militares norteamericanas. Su revisión exhaustiva responde a esta razón, ya que sus planteamientos son incorporados en las dos opciones que analizamos y que forman una unidad estratégica.

Cronológicamente, la primera reformulación estratégica atiende a mejorar las capacidades destinadas a la invasión militar directa en países del Tercer Mundo. Los ejes de su articulación son evitar el empantanamiento y el gradualismo de la invasión, así como lograr una alta movilidad que permita materializar un concepto estratégico: el Despliegue Rápido. En el segundo capítulo analizamos los contenidos de esta estrategia, los cambios en la estructura del ejército norteamericano para adecuarse a la misma en términos operativos, y su implementación en Centroamérica como primera opción para resolver la crisis regional.

La segunda reformulación se orienta a evitar, hasta donde sea posible, llegar al extremo anterior. La continuación del debate post-Vietnam y la búsqueda de opciones menos costosas a nivel

[2] Michael T. Klare, "The Reagan doctrine", en *Inquiry,* marzo-abril de 1984, p. 18.

[3] Coronel de infantería Harry G. Summers Jr., *On strategy. A critical analysis of the Vietnam war,* Nueva York, Dell Publishing Co., 1984.

político, militar y económico, se materializa en la opción de una guerra prolongada de desgaste, conceptualizada como Guerra o Conflicto de Baja Intensidad, que sin abandonar la posibilidad de una invasión, maneja una perspectiva más global para enfrentar los conflictos. Combinando elementos militares, políticos, económicos, psicológicos, de inteligencia y de control de la población, esta alternativa busca fortalecer las fuerzas armadas de los países aliados y promover movimientos insurgentes contrarrevolucionarios que sean la punta de lanza que resuelva el conflicto en favor de los intereses norteamericanos, sin un escalamiento que obligue a una decisión de invasión con fuerzas propias. El análisis de sus contenidos, la reestructuración del ejército norteamericano y de los ejércitos aliados para enfrentar esta guerra, así como sus tres ejes (contrainsurgencia, reversión de procesos y antiterrorismo) y su implementación en Centroamérica, los analizamos en el tercer capítulo.

Un instrumento de análisis fundamental al que recurrimos implícitamente a lo largo del libro es la teoría desarrollada por Karl von Clausewitz,[4] gran clásico de la guerra del siglo XIX. Su paradigma de la determinación política de todo pensamiento y acción militar, las categorías de fuerza material —militar— y fuerza moral —política—, así como los elementos centrales de la estrategia militar —el espacio, el tiempo y la fuerza—, son herramientas indispensables para la mejor comprensión del actual pensamiento militar norteamericano. Ello queda reforzado por el hecho de que la vigencia de su pensamiento es resaltada por estrategas tan importantes como el propio coronel Summers.

Para Clausewitz:

> La estrategia determina el *lugar* donde habrá de emplearse la *fuerza* militar en el combate a ser librado, el *tiempo* en que se empleará la misma y el número de esta fuerza. Porque esta triple determinación tiene una influencia muy fundamental en el resultado del encuentro. Si la táctica ha librado el encuentro, si tenemos el resultado, sea éste la victoria o la derrota, la estrategia lo usa como corresponde, de acuerdo con los objetivos finales de la guerra.[5]

Así, por ejemplo, la primera reformulación estratégica, el Despliegue Rápido, busca concentrar en un *espacio* lo más reducido posi-

[4] Karl von Clausewitz, *De la guerra,* México, Ed. Diógenes, 1973, 3 vols. La lectura contemporánea más completa del pensamiento de este autor ha sido realizada por Raymond Aron, *Penser la guerre,* París, Gallimard, 1977. 2 vols.

[5] *Ibid.,* t. I, p. 172.

ble la mayor cantidad de *fuerza* militar, para obtener una victoria contundente en corto *tiempo.* En esta opción, la *fuerza material* —militar— es el elemento central para la solución de una situación de conflicto. La invasión a Granada de octubre de 1983 es el ejemplo más ilustrativo de cómo se implementa esta estrategia en el teatro de operaciones.

El límite de este pensamiento intervencionista no se encuentra en la voluntad imperial de invadir o no un país, sino en la fortaleza del objetivo que ha sido definido como enemigo. El ejemplo más claro es el de Nicaragua, cuya doctrina militar de defensa busca la disuasión de la invasión norteamericana aumentando los costos de la misma. En este caso, la *fuerza material* —militar— se combina con una verdadera *fuerza moral* en la medida en que, como Clausewitz lo señala, la guerra de defensa es apoyada por el pueblo de manera participativa. Desde otro ángulo y a otro nivel, esta solidez que da la combinación de fuerza material y moral también se da en la lucha por la autodeterminación del pueblo salvadoreño.

Esta realidad obliga a que la estrategia norteamericana se complejice bajo la etiqueta de conflicto o guerra de baja intensidad. Desde esta nueva óptica, el *espacio* se amplía hasta abarcar al propio territorio norteamericano con la inclusión del terrorismo como objetivo de la guerra, el *tiempo* se prolonga porque la solución deja de ser exclusivamente militar, y la *fuerza* para enfrentar el conflicto tiene que reestructurarse.

El realismo es el determinante de la nueva estrategia. Porque el enemigo es fuerte se impone la flexibilidad y una visión más global para intentar recuperar la hegemonía entendida como dominio.

La imposición de esta última estrategia no se ha dado sin contradicciones, como explicaremos en su oportunidad. Sin embargo, nuestro objetivo no ha sido introducirnos en el debate interno norteamericano, aspecto que nos parece relevante, pero que sale del marco de lo que pretendemos. En este sentido, lo que hemos tratado de demostrar es que, independientemente de ese debate, se ha estructurado y operativizado una nueva propuesta estratégica que recupera muchos elementos anteriores —sobre todo en el terreno de la contrainsurgencia—, que se perfila cada vez con mayor nitidez en cada uno de sus ejes, y, sobre todo, que ya se ha puesto en práctica en el terreno centroamericano.

Cerramos nuestro análisis con un par de consideraciones que nos parecen obligadas a manera de reflexión final. La primera es la relativa a las limitaciones impuestas por los pueblos de la región a la nueva estrategia norteamericana. La segunda se refiere a las perspectivas que abren tanto el conflicto del "Irangate", como la recuperación del Congreso norteamericano por parte del Partido Demócrata, las que, adelantamos, nos parecen más de forma que de contenido.

En nuestra investigación recurrimos hasta donde nos fue posible a fuentes directas norteamericanas, analizando documentos oficiales, tanto militares como gubernamentales, ponencias presentadas en diferentes foros por altos funcionarios del gobierno de Reagan, y artículos de estrategas relevantes en el ámbito militar y académico. La abundancia de citas responde a la intención de "darle voz" a los protagonistas y formuladores de la estrategia militar.

La importancia del estudio de la estrategia militar norteamericana, tanto a nivel teórico-doctrinario, como operativo, se justifica por la propia dimensión que el gobierno de Reagan le ha dado a este aspecto de la política exterior. A través de su análisis, por lo tanto, se pueden diagnosticar con un mayor nivel de objetividad las posibles soluciones en aquellas regiones del Tercer Mundo en donde esté involucrado el "interés nacional" norteamericano.

Nuestra incursión en el tema no es nueva. Como producto de nuestro trabajo hemos publicado un libro y varios artículos de los que damos cuenta a lo largo del texto. Consideramos que el resultado que ahora presentamos logra articular la coherencia global de la estrategia militar norteamericana en el terreno que hemos definido, y comprueba hipótesis que hemos venido manejando y que señalaremos en su oportunidad.

Queremos resaltar que esta tarea no ha sido individual, la hemos emprendido desde diferentes ángulos con nuestros compañeros del Área de Análisis Estratégico del Centro de Estudios Latinoamericanos de la Facultad de Ciencias Políticas y Sociales de la UNAM. Gracias a ello, hemos logrado tener una visión más amplia en el análisis. Mi particular agradecimiento a Antonio Cavalla Rojas, maestro y amigo con el que compartí mi iniciación en el estudio de este tema, y a Gregorio Selser, incansable estudioso de la política exterior norteamericana y maestro insustituible en ese sentido. Coautores en varias oportunidades han sido Raúl Benítez Manaut y Ricardo Córdova Macías. Mi gratitud también a Araceli Velasco y a Esther Centeno por su buena disposición de siempre para la transcripción de nuestros trabajos, particularmente de éste.

1. LAS LECCIONES DE LA DERROTA EN VIETNAM

Vietnam repercutió en dos sentidos porque generó dos derrotas: una en el frente interno, manifiesta en un fuerte movimiento antibelicista, y la otra —la más humillante— en el frente externo militar.

La potencia que había aprendido a definir la "victoria" en términos de la destrucción de los ejércitos enemigos y de su rendición incondicional durante la segunda guerra mundial, había tenido que negociar y retirarse de un pequeño país del Tercer Mundo. La puesta en práctica de su nueva doctrina militar de la contrainsurgencia había fracasado en el lugar mismo que se eligió como laboratorio. Más aún, la derrota fue el paso más significativo en la declinación de la hegemonía global norteamericana.

El Tercer Mundo había despertado sacudiéndose la dominación colonial, iniciando movimientos insurgentes que cuestionaban al sistema, creando su Organización de Países No Alineados, aumentando el precio de las materias primas. Europa se recuperaba económicamente y se volvía competitiva. El escándalo de Watergate erosionaba la confianza interna.

En el plano nacional, el llamado *síndrome de Vietnam* permeó a toda la sociedad de una u otra forma. "Originalmente es un término técnico utilizado por los psiquiatras norteamericanos para describir una variedad compleja de los conflictos emocionales encontrados en los veteranos de Vietnam." [1] Después la aplicación del término se extendió a todas las consecuencias de la derrota.

Uno de los efectos más importantes del inevitable fracaso militar fue la limitación de las voluntades "invasionistas", a pesar de que la intervención se siguiera dando en otras formas. Para "revertir" el proceso socialista chileno (por utilizar el concepto en boga) se recurrió a la desestabilización dirigida por Nixon y Kissinger. Como Asesor Presidencial para Asuntos de Seguridad Nacional, este último personaje fue el artífice de la política de distensión frente a la Unión Soviética. La "Doctrina Nixon" establece que los países deben defenderse a sí mismos, con la ayuda econó-

[1] Daniel Manny Lund, "El síndrome post-Vietnam y la política del imperialismo norteamericano en América Central", en *Iztapalapa,* revista de ciencias sociales y humanidades, año 5, núm. 10-11, enero-diciembre 1984, Universidad Autónoma Metropolitana/Iztapalapa, México, p. 160.

mica y militar norteamericana, pero sin comprometer en combate a sus tropas. Posteriormente, bajo Carter, la política de distensión se mantiene; el presidente reduce en parte la venta de armas; no puede intervenir militarmente en Nicaragua, y su ensayo para rescatar a los rehenes en Irán termina en un fracaso.

El aparato de seguridad nacional se había visto profundamente afectado por las consecuencias del síndrome de Vietnam, que se habían manifestado institucionalmente en la proclamación de:

1] La Ley de Poderes de Guerra y otras restricciones legislativas sobre la capacidad presidencial de hacer la guerra en el extranjero; 2] la abolición de la conscripción y el establecimiento de un servicio militar voluntario; 3] restricciones sobre las operaciones encubiertas de la CIA y otras agencias de inteligencia; 4] alianzas militares con "gendarmes substitutos" como Irán (bajo el Sha) y Egipto (bajo Sadat).

Estos desarrollos tuvieron profundas consecuencias para todo el aparato de seguridad nacional. Los Servicios Armados perdieron cerca de la mitad de su personal uniformado, eliminando así futuras aperturas para miles de generales, almirantes y otros altos oficiales de carrera. El presupuesto del Pentágono fue reducido (en dólares "reales", deflactados), causando una significativa baja en el negocio de la inflada industria armamentista de la nación. La CIA fue forzada a someterse a un examen público sin precedentes de sus operaciones secretas, y perdió muchos veteranos "espectros" a través de una suspensión masiva de personal de más edad. En síntesis, fue el retroceso institucional más grande del estado de guerra desde la desmovilización ordenada por el presidente Eisenhower después de la guerra de Corea.[2]

Los sectores políticos, intelectuales, económicos, militares y de inteligencia afectados por esta política propugnarán por la recuperación del espacio perdido internamente y por la recuperación del dominio internacional debilitado considerablemente.

La necesaria articulación de intereses lleva a la conformación, a partir de 1974, de la *nueva derecha* norteamericana que "es una *estructura centralizada* de múltiples *organizaciones diversificadas,* que actúa prioritariamente a nivel de la *sociedad civil,* apelando a *temas sociales e intereses específicos,* que aspira al *poder político,* por lo cual centra su actividad en espacios como el legislativo y que ha desarrollado recientemente una sistemática y profunda '*conexión religiosa*' ".[3]

[2] Michael T. Klare, *Beyond the "Vietnam syndrome"*, Washington, Institute for Policy Studies, 1981, p. 2.

[3] Ana María Escurra, "La lucha ideológica, el papel de las iglesias en USA y la política de la administración Reagan hacia El Salvador", en

Otra aglutinación ideológico-política se da en torno al neoconservadurismo, que se diferencia de la nueva derecha por ser "un movimiento intelectual y político con menos capacidad de movilización que la 'nueva derecha' —en este sentido es más pequeño— y no asume como cuestión prioritaria la moralización sobre cuestiones sociales como el aborto, la homosexualidad, etc.",[4] que sí son levantadas por la última.

Ambas corrientes convergen al plantear la recuperación del *statu quo* anterior, el de la inmediata segunda posguerra caracterizado por la guerra fría, el macartismo y la dominación mundial norteamericana.

En el terreno militar, los neoconservadores reclaman la superioridad estratégica frente a la URSS en todos los rubros bélicos y en todas las áreas del mundo. El Comité sobre el Peligro Presente, fundado en 1976 para evitar que "la Unión Soviética siguiera haciendo crecer su dominación con base en el gigantesco aparato militar", está formado por ex funcionarios gubernamentales de la línea anticomunista dura como Paul Nitze, Eugene Rostow, David Packard, Dean Rusk, Henry Fowley, y por militares retirados como el general Maxwell Taylor (ex consejero de Kennedy), Elmo Zumwalt Jr. (ex jefe de Operaciones Navales de Nixon), Alexander Haig (ex secretario de Estado de Reagan) y muchos otros especialistas de la guerra fría.[5]

La presencia de los militares en los equipos de asesores de Ronald Reagan es numerosa y significativa. De entre los 67 especialistas que designó en abril de 1980, más de la mitad eran militares retirados o civiles que desempeñaron cargos de alta responsabilidad en el Pentágono. El resto estaba formado por hombres de empresa y académicos ligados estrechamente a los principales "tanques pensantes" (*think-tank*) militaristas de la derecha norteamericana.[6]

El bloque de los "Prusianos" como los denomina Michael T. Klare —uno de los más destacados estudiosos de la política militar norteamericana— compuesto de oficiales militares, agentes de inteligencia, intelectuales de la guerra fría, productores de armas y algunos capitalistas del país, argumentaba "que la principal amenaza a la hegemonía norteamericana era la incontrolada 'tur-

América Central y la estrategia de la nueva derecha norteamericana, Cuaderno de Trabajo núm. 2, Centro de Investigación y Acción Social, México, octubre de 1984, p. 57.

[4] *Ibid.,* p. 59.

[5] Humberto García Bedoy, "Notas sobre la ideología de la 'nueva derecha' norteamericana", en *ibid.,* p. 22.

[6] Don Oberdrofer, "Reagan names 67 foreign defense policy advisers", en *Washington Post,* 22 de abril de 1980.

bulencia' política y social en el Tercer Mundo, aparejada con la creciente firmeza militar de la Unión Soviética".[7] Uno de los primeros documentos de su equipo ampliamente conocido fue el del llamado Comité de Santa Fe, que después de haber realizado una feroz crítica a la política exterior de la administración Carter y de señalar el debilitamiento norteamericano en contraste con el supuesto fortalecimiento soviético en América Latina, señala airadamente en su penúltimo párrafo conclusivo: "Contener a la Unión Soviética no es suficiente. La distensión ha muerto." [8]

Efectivamente, desde sus planteamientos iniciales el gobierno neoconservador había enterrado la política de distensión, iniciada con el gobierno de Johnson y concretada en la de Nixon, para resucitar la política de contención y confrontación característica del periodo de la guerra fría y plasmada en la Doctrina Truman.

Como consecuencia de la reactivación de la política de contención, la práctica política estará condicionada por la intolerancia hacia movimientos populares o regímenes "hostiles", tal y como lo sostiene el documento ya citado: "no podemos permitir que se desmorone ninguna base de poder norteamericano, ya sea en América Latina, en Europa Occidental o en el Pacífico Occidental, si es que Estados Unidos debe retener energía extra para ser capaz de jugar un papel equilibrador en otras partes del mundo".[9] Como ya veremos con posterioridad, la nueva propuesta estratégica va más allá, puesto que no se conforma con el planteamiento anterior sino que exige la reversión de procesos ya consolidados que supuestamente desfavorecen a Estados Unidos en la balanza de poder con la Unión Soviética.

A John F. Kennedy le llueven las condenas de los neoconservadores, quienes le imputan que en el terreno político fue tolerante y en el de la doctrina militar fue un fracaso. Para el Documento de Santa Fe:

[7] Michael T. Klare, *op. cit.*, p. 6.

[8] L. Francis Boychey, Roger Fontaine y otros, "Las relaciones interamericanas: escudo de la seguridad del Nuevo Mundo y espada de la proyección del poder global de Estados Unidos", en *Estados Unidos, Perspectiva Latinoamericana,* Cuadernos Semestrales núm. 9, septiembre de 1981, pp. 181-214. Este informe fue elaborado en secreto en mayo de 1980 para el entonces candidato a la presidencia, Ronald Reagan, por un equipo de latinoamericanistas bajo el auspicio del Consejo de Seguridad Interamericana, un *lobby* de extrema derecha. Entre los autores destaca la presencia de personajes que, como Roger Fontaine, habían sido los principales asesores en el diseño de la política del nuevo gobierno hacia América Latina, lo que confirió validez al documento, desde su aparición, como manifestación de la que sería su postura oficial.

[9] *Ibid.*, p. 182.

Las raíces del presente dilema de seguridad de Estados Unidos se ubican a comienzos de los años sesenta, a saber, en el fracaso de Bahía de Cochinos en 1961, y en el posterior acuerdo Kennedy-Krushchev que puso fin a la crisis de los misiles cubanos de 1962; en aquella oportunidad el incremento en la amenaza más allá de lo que consideraba previamente como tolerable *hizo que se aceptara lo que anteriormente era inaceptable.* La clara adopción por parte de Washington, durante la guerra de Vietnam, de la posición de que América Latina no era importante estratégica, política, económica ni ideológicamente, erosionó más la posición de Estados Unidos. Y las premisas de la distensión posteriores a Vietnam desarrolladas por los presidentes Richard Nixon y Gerald Ford (de que incluso una Unión Soviética intransigente y disruptiva carecía de capacidad para desarticular un sistema internacional con una distribución más plural del poder, y en el que China aparecía como un aliado *de facto* de Estados Unidos en la contención de la Unión Soviética) se transformaron en base de la política de Estados Unidos. [Por ello] *Estados Unidos está cosechando las consecuencias de dos décadas de negligencia, miopía y autoengaño.*[10]

De la crítica a la doctrina de la contrainsurgencia así como de la estrategia militar nos encargaremos después, ya que por ser premisa básica de nuestro trabajo, requiere de un análisis amplio.

Dentro de la intolerancia y la contención resulta necesario rescatar a la comunidad de inteligencia tan golpeada por el escándalo de Watergate y por su participación en el golpe de Estado en Chile. La Plataforma Republicana (aprobada en julio de 1980 por la convención del partido) señala:

Creemos que ha emergido un consenso nacional muy fuerte sobre la necesidad de convertir *otra vez* a nuestra comunidad de inteligencia en un instrumento confiable y productivo de la política nacional. Al perseguir sus objetivos, la Unión Soviética y sus satélites operan de una manera muy diferente a la de Estados Unidos. Nosotros no favorecemos la contención de sus esfuerzos a través de la copia de sus tácticas. Sin embargo, estados Unidos requiere una evaluación realista de las amenazas que enfrenta y debe tener la *mejor capacidad de inteligencia* en el mundo. Los Republicanos nos comprometemos a esto.[11]

Con el gobierno de Reagan se tratará de superar el síndrome de Vietnam, primero internamente a través de una descomunal campaña ideológica en donde los medios de comunicación masiva

[10] *Ibid.*, pp. 182-183, cursivas nuestras.

[11] "Selección de la plataforma republicana", en *Estados Unidos, Perspectiva Latinoamericana,* Cuadernos Semestrales, núm. 9, *op. cit.*, pp. 286-287, cursivas nuestras.

juegan un papel sustancial para recuperar la voluntad belicista del pueblo norteamericano. Se modificará la estrategia militar para adecuarla al discurso y a la recuperación de la hegemonía en el plano internacional, fomentando la confianza colectiva en su superioridad. En suma, se recuperará la ofensiva en todos los niveles.

LA REVISIÓN DOCTRINARIA

Las modificaciones introducidas por los estrategas norteamericanos a la estrategia militar de la era de Kennedy se centran en la forma de aplicación del poderío militar, aunque su carácter global se mantiene.

Kennedy había respondido con la estrategia de la *reacción flexible* a la inoperancia de la anterior (la de la represalia masiva), que al priorizar la respuesta nuclear no pudo enfrentar las pequeñas guerras que se producían en el Tercer Mundo.

Desde el punto de vista militar, la estrategia de la reacción flexible imaginaba y planteaba tres grandes escalones:

a] sin el comprometimiento de las fuerzas norteamericanas, proporcionando a los aliados la ayuda económica y militar necesaria así como el entrenamiento para poder enfrentar a las insurgencias; *b*] con el comprometimiento de fuerzas convencionales, y *c*] con el comprometimiento en el nivel nuclear.

Frente al Tercer Mundo impone un nuevo concepto estratégico, el de la *contrainsurgencia,* ya que para el gobierno de Kennedy la mayor amenaza militar a la seguridad norteamericana era la guerra de guerrillas.[12]

La reacción flexible es el marco estratégico general de la injerencia norteamericana en Vietnam, y la contrainsurgencia el específico. Estos nuevos conceptos parten de varios supuestos:

1. La percepción de *una* amenaza principal, el mundo comunista, asumido como un ente monolítico y con capacidad de generar *una* estrategia que desafiaba el poderío del campo occidental.

[12] Dos trabajos clásicos que desarrollan ampliamente estos aspectos son los de Douglas S. Blaufarb, *The counterinsurgency era. U.S. doctrine and performance, 1950 to the present,* Nueva York, the Free Press, 1977; y el de Michael T. Klare, *La guerra sin fin,* Barcelona, Editorial Noguer, 1974.

2. En el Tercer Mundo la amenaza se concentraba en la promoción —por parte de ese ente monolítico— de un nuevo método bélico, la "guerra de guerrillas", teorizada y llevada a la práctica triunfalmente por Mao.

3. La manera de enfrentar este nuevo tipo de guerra requería de una estrategia global, con componentes económicos, psicológicos, sociales, diplomáticos y militares, de grados e intensidades diversos, que se aplicarían según la calidad y cantidad de la agresión.

4. Para los países del Tercer Mundo —escenario principal de la nueva guerra— era necesario desarrollar los tramos más bajos de la reacción flexible de acuerdo con el concepto de Defensa y Desarrollo Interno (*Internal Defense and Development*, IDAD), cuyas expresiones en América Latina fueron la contrainsurgencia y la Alianza para el Progreso, respectivamente.

La estrategia fracasa en el sudeste asiático. Desde cierto punto de vista, Vietnam significó una *victoria táctica* y una *derrota estratégica* para Estados Unidos. Según esta óptica esto es así porque a pesar de la capacidad de movilización *norteamericana,* de la logística y el abastecimiento de sus fuerzas armadas, y de que en el campo de batalla mismo el ejército fue invencible, el hecho real es que "fue Vietnam del Norte y no los Estados Unidos el que emergió victorioso".[13]

En el terreno militar, la superación del síndrome de Vietnam tenía que pasar por una minuciosa revisión de los errores cometidos en la guerra. Numerosa literatura ha abordado el asunto, pero quizá ninguna tan importante como el citado libro del coronel Harry G. Summers, *On strategy. A critical analysis of the Vietnam war,* asumido como libro de texto en el Army War College, el Army Command and General Staff College y en la Marine Corps Amphibious Warfare School, y utilizado para la realización de "seminarios selectos" en la National Defense University y en los Air and Naval War Colleges.

Su autor, veterano de las guerras de Corea y Vietnam, analista e investigador sobre problemas estratégicos, ha sido profesor en la materia en el Army War College de Carlisle, Pennsylvania y en el U.S. Army Command and General Staff College, oficial del *staff* político-militar del Army General Staff y analista estratégico de tres sucesivos jefes de Estado Mayor del ejército.

A partir del rescate del pensamiento teórico-militar de Clau-

[13] Harry G. Summers, *On strategy. A critical analysis of the Vietnam war*, p. 22.

sewitz —del que destaca su vigencia del siglo y medio—, el coronel Summers centra su crítica en tres aspectos fundamentales: la pérdida de espacio de los militares en el diseño y elaboración de la estrategia militar y la consecuente intromisión civil en dichas tareas, la pérdida del balance entre la trinidad clausewitziana de la guerra (pueblo, gobierno y ejército) y las fallas en la aplicación de los principios clásicos de la guerra.

Si bien el objetivo central de Summers es contribuir a la elaboración de una nueva estrategia militar para enfrentar con eficacia los escalones no nucleares del espectro del conflicto, otro objetivo importante subyacente en el texto, es la justificación de los militares, minimizando al máximo su cuota de responsabilidad en la derrota. La reiteración de la crítica a los estrategas civiles, suavizada en muy pocas ocasiones al hacer corresponsables de la desgracia a los militares, desliza asimismo la demanda de un mayor peso de los militares en las definiciones estratégicas y políticas en el interior de Estados Unidos.

Por su contenido y por la función que está cumpliendo, el texto es de particular importancia para el tema de este trabajo. Lo seguiremos en detalle, resumiendo sus argumentos y propuestas centrales, añadiendo la de otros autores cuyas reflexiones coinciden en un objetivo: la superación del síndrome de Vietnam y la reformulación de la estrategia militar para recuperar la hegemonía mundial norteamericana.

La formulación estratégica: militares vs. civiles

La tormenta se desató durante el gobierno de Kennedy, quien logra imponer el dominio civil sobre los militares asumiendo su papel constitucional de Comandante en Jefe de las Fuerzas Armadas y realizando una serie de reformas dentro del Pentágono a través de su ministro de Defensa, Robert S. McNamara, que le permiten a éste ejercer verdadera autoridad sobre el establecimiento militar.[14]

El peso de la Estrategia de la Represalia Masiva en la visión de los militares y la consiguiente prioridad a la respuesta nuclear en detrimento de las fuerzas convencionales, impedían que Kennedy pusiera en práctica su reformulación estratégica de la reacción flexible —concebida por el general Maxwell Taylor y sus

[14] Véanse los dos primeros capítulos de la primera parte del libro de Michael T. Klare, *La guerra sin fin, op. cit.*, pp. 47-74 (especialmente "Reestructuración del Pentágono") en los que nos hemos basado.

asesores—, que privilegiaba la doctrina de la contrainsurgencia. Hubo de ser necesario el aprovechamiento de dos coyunturas. Una, la crisis de Berlín de 1961, en donde la Unión Soviética anuncia su intención de firmar por separado un tratado de paz con Alemania Oriental, obstaculizando así el acceso de Occidente a Berlín. Movilizado el apoyo popular, Kennedy obtiene del Congreso la aprobación para reforzar las unidades militares no nucleares. La otra, el fracaso de Bahía de Cochinos, en donde los militares que formaban el alto mando del Pentágono perdieron el prestigio que les quedaba.

La "Revolución McNamara", es decir, las modificaciones introducidas en la organización del Pentágono, fue posible gracias al apoyo del poder legislativo y del propio Presidente, que le confiere al secretario de la Defensa facultades insólitas.

Con McNamara la organización militar se somete al control civil más firme de la historia de Estados Unidos. Rodeado de asesores civiles jóvenes procedentes en su mayoría de escuelas y universidades elitistas de Nueva Inglaterra, la primera medida que toma es centralizar la organización de mando en materia de información logística, comunicaciones e investigación en la oficina de la Secretaría de Defensa, restando importancia a las organizaciones de cada uno de los sectores. Antes de la segunda guerra mundial, cada servicio y arma funcionaban de manera autónoma; en 1947 se institucionaliza un mando militar unificado, pero cada arma pretendía mantener antiguas prerrogativas y la unificación no se da en los hechos sino hasta la conducción de McNamara. Las medidas señaladas con anterioridad producen que altos oficiales le acusaran de pretender suplantar la autoridad del Estado Mayor Conjunto estableciendo un Estado Mayor Civil en la oficina del secretario de Defensa.

En el plano legal, el Estado Mayor Conjunto (formado por el director, los jefes de Estado Mayor de cada rama o servicio, y el del cuerpo de *marines* cuando se consideran asuntos relativos a esa rama) tiene los siguientes cargos: principal asesor militar del presidente y del Consejo de Seguridad Nacional; principal asesor militar del secretario de Defensa, y director de sus respectivos servicios militares. Aunque funciona en el Pentágono bajo la autoridad del secretario de Defensa, tiene acceso directo al presidente.

La medida que produjo más disgusto a los militares durante el gobierno de Kennedy fue la constitución de la Oficina del Asistente del secretario de Defensa para Análisis de Sistemas (Assistant Secretary of Defense, Systems Analysis, OASD/SA):

Bajo la dirección del subsecretario de Defensa, Alain Enthoven, el personal asesor de análisis de sistemas puso en tela de juicio la utilidad y valor relativo de todos los armamentos que los tres ejércitos proponían. Irritados ante el creciente poder de Enthoven y sus consejeros civiles, los generales recurrieron a sus amigos y valedores en el Congreso. A fines de 1968, el presidente de la Comisión de Servicios Armados de la Cámara de Representantes, L. Mendel Rivers, intentó que se decretara la extinción de la Oficina de Análisis de Sistemas. Su propuesta tuvo pleno apoyo en la Cámara de Representantes, pero no consiguió convencer al Senado. La campaña de Rivers contra la OASD/SA consiguió convencer a Nixon quien, en el curso de su campaña electoral de 1968, prometió prescindir del "sistema de niños prodigio" del Pentágono. Y si bien el personal de Análisis de Sistemas siguió trabajando en su tarea bajo las órdenes del secretario de Defensa, Laird, lo cierto es que "su carta de privilegios quedó considerablemente limitada, en méritos de un 'pacto' con el Estado Mayor Conjunto, y sus funciones se centraron sólo en las de 'valorización y revisión', mucho menos importantes que las anteriores".[15]

Teniendo lo anterior como marco de referencia para una mejor comprensión, la crítica de Summers al gobierno de Kennedy y a la participación de los civiles en la formulación estratégica, corre a lo largo de todo su libro, aunque dedica un capítulo especial al tema.[16]

Respecto al problema citado con anterioridad, Summers retoma los comentarios de Henry Kissinger, como Consejero de Seguridad Nacional del presidente Nixon, acerca del impacto del análisis de sistemas sobre los militares:

> [...] Los militares se encontraron a sí mismos diseñando armas sobre la base de criterios abstractos, llevando a cabo estrategias en las cuales realmente no creían, y últimamente conduciendo una guerra que no entendían [...]
>
> A lo largo de los 60s los militares estuvieron divididos entre su sometimiento a la supremacía civil inculcada a través de generaciones de servicio y su premonición del desastre, y entre tratar de hacer funcionar el nuevo sistema y rebelarse en su contra. Fueron desmoralizados por la orden de conseguir armas en las cuales no creían y por la necesidad de pelear una guerra cuyo propósito resultaba crecientemente evasivo (78).

[15] *Ibid.*, pp. 70-71.

[16] Harry G. Summers, *op. cit.*, capítulo 3 de la primera parte, "Friction: the bureaucracy", pp. 71-84. Por razones prácticas, a partir de ahora señalaremos entre paréntesis las páginas de referencia a las citas del texto de Summers, y no como cita de pie de página.

Según Summers casi toda la literatura profesional sobre estrategia militar fue escrita por analistas *civiles* —científicos políticos del mundo académico y analistas de sistemas de la comunidad de la defensa—; aun la entonces "nueva" estrategia denominada de la reacción flexible surgió del pensamiento civil, no del militar (22), llegando a afirmar que el general Maxwell Taylor la tomó prestada de los escritos de estrategas civiles (90).

Si bien Summers suaviza la crítica al plantear que lo anterior no es negativo, destaca la necesidad de que los militares recuperen el terreno perdido en la formulación estratégica para evitar confusiones teóricas e interpretativas sumamente costosas.

Por falta de entendimiento de la teoría militar, durante la guerra de Vietnam se confundieron dos actividades características de la guerra según Clausewitz: aquella que es meramente la *preparación* de la guerra (el "producto final", entrenamiento y equipamiento de las fuerzas de combate) y la *guerra misma* (el uso de estos medios, una vez que han sido desarrollados, para los propósitos de la guerra) (25).

De acuerdo con esa premisa teórica, durante la guerra de Vietnam el problema fue que la aproximación del Sistema de Planificación, Programación y Presupuesto (Planning, Programming and Budgeting System, PPBS) del secretario McNamara fue sólo la mitad de la ecuación, ya que hizo un excelente trabajo al obtener el control de las líneas de abastecimiento, por lo que fue y es sólo un sistema útil para la *preparación de la guerra* (75).

Siguiendo con la ilustración del tema, Summers afirma que las teorías de la guerra han sido nebulosas y confusas debido a la falta de un marco de referencia, función que cumplen justamente los principios y las reglas de la guerra de acuerdo con Clausewitz. Ejemplifica con una serie de conceptos que han recibido diferentes definiciones en distintos momentos:

El concepto de victoria ha variado desde la concepción del general McArthur, quien la entendía como la destrucción total de las fuerzas armadas del enemigo y su rendición incondicional (98), hasta —dada la imposibilidad de asumir la posición anterior exclusiva de los resultados de la segunda guerra mundial— la que —según algunos militares— es la que siempre ha prevalecido, esto es, el logro de los fines políticos por los que fue hecha la guerra (102).

El concepto de *guerra limitada* se asume en Corea en términos de objetivos limitados, es decir la destrucción de las fuerzas del agresor y la restauración de la integridad política y territorial de la nación amiga, en tanto que bajo el manto de la reacción flexible, en 1962 se redefine el concepto para limitar los medios más que el objetivo, asumiéndose el concepto de medios limitados, es decir terminar el conflicto rápida y decisivamente para prevenir su escalada a una guerra nuclear (104).

El concepto de espectro de la guerra también se introduce con la estrategia de la reacción flexible en 1962: definido en un abanico que va desde la guerra fría —una lucha por el poder entre naciones contendientes— a través de la guerra limitada y hasta la guerra general (nuclear), evidenciándose un problema de concepción ya que la guerra fría es una postura para tiempos de paz con un estado de tensión creciente, mientras que guerra limitada lo es para tiempos de guerra e implica hostilidades (104).

Otro problema que destaca es que la contrainsurgencia fue asumida como un *dogma.* El centro de la crítica en este sentido es que la contrainsurgencia limitó la autoridad de las fuerzas armadas para cumplir con aquellas tareas militares para las que son capaces: la guerra convencional.

El dogma de la contrainsurgencia permitió que el ejército asumiera funciones que no le correspondían, como es la propia contrainsurgencia más allá de la asesoría al ejército aliado, fuerza que debe hacerse cargo de semejante tarea y dejar al norteamericano la defensa de la agresión extranjera.

La guerra de guerrillas no era un problema ajeno, tenían la experiencia de la guerra contra los indios, la insurrección filipina, las "escaramuzas" en la frontera mexicana. En la "guerra partisana", durante la segunda guerra mundial, visualizaron a la guerrilla como un *auxiliar* de las operaciones convencionales normales (111).

En Corea asumieron esa perspectiva, dejando el problema de la seguridad interna al gobierno de la República de Corea y el papel de las fuerzas armadas norteamericanas se limitó a proteger a Corea del Sur de un ataque externo. Esa experiencia no se asimila en Vietnam, debido a que la contrainsurgencia como doctrina suponía que en Vietnam se libraba una *nueva* clase de guerra, para la cual las lecciones del pasado no tenían aplicación (112).

Esta confusión se reflejó en el *Field Service Regulation* de 1968 que estableció que "el propósito fundamental de las fuerzas militares norteamericanas es preservar, restaurar o crear un medio de orden o estabilidad en el cual los instrumentos de gobierno puedan funcionar efectivamente bajo un código de leyes" (116).

Oscureciendo la verdadera naturaleza de la fuerza militar, la propia doctrina norteamericana contribuyó a la subsecuente falla de la política nacional norteamericana en Vietnam, confusión doctrinaria destacada por el entonces comandante en jefe (y antiguo comandante del Comando de Asistencia Militar de Vietnam, MACV), general Fred C. Weyand en 1976:

El principal error militar fue su ineficacia para comunicar a los civiles que toman las decisiones las capacidades y limitaciones del poder militar norteamericano. Hay ciertas tareas que los militares norteamericanos pueden cumplir en defensa de otra nación. Pueden derrotar fuerzas del enemigo. Pueden cortar las líneas de abastecimiento y comunicación. Pueden llevar la guerra a la tierra, mar y aire del enemigo. Estas tareas requieren decisiones políticas antes de llevarse a cabo, pero están dentro de las capacidades de los militares.

Pero también existen limitaciones fundamentales sobre el poder militar norteamericano [...] el Congreso y el pueblo norteamericano no permitirán a sus militares tomar el control total de las instituciones políticas, económicas y sociales de otra nación a fin de orquestar completamente la guerra.

La ineficacia para comunicar estas capacidades y limitaciones tuvo por resultado el llamado a los militares para cumplir tareas políticas, económicas y sociales más allá de su capacidad, y al mismo tiempo limitó su autoridad para cumplir aquellas tareas militares para las cuales eran capaces (117).

Un planteamiento coincidente es expresado por el actual director del Instituto de Historia Militar del Ejército de Estados Unidos, y ex veterano de Vietnam, coronel Rod Paschall:

El ejército entró en la era de la contrainsurgencia con una doctrina defectuosa y la cambió durante el curso de la guerra de Vietnam. El primer error fue que esa doctrina previa de guerra contraguerrillera estaba basada en la subrayada suposición de que Estados Unidos debería tener un control sustancial del proceso gubernamental de la nación anfitriona [...] La guerra contraguerrillera es por naturaleza altamente política. La habilidad para ganarla se basa en acciones militares y políticas *del acosado gobierno anfitrión.*[17]

Para Summers, la *insurgencia* era una *pantalla táctica* que encubría los objetivos reales de Vietnam del Norte (la conquista de Vietnam del Sur), por lo que las operaciones de contrainsurgencia sólo podían ser tácticas (131). Por ello la llamada estrategia nunca lo fue del todo. En el mejor de los casos puede ser llamada una especie de gran táctica (129).

El problema de la incapacidad para definir la naturaleza misma

[17] Coronel Rod Paschall, "Low intensity conflict doctrine: who needs it?", *Parameters,* vol. xv, núm. 3, otoño de 1985, revista del US Army War College, Carlisle Barracks, Pa., p. 43 (cursivas nuestras).

de la guerra aparece obsesivamente a lo largo del libro. Desde el punto de vista de Vietnam del Norte la guerra era civil y las fuerzas regulares norvietnamitas eran una extensión del esfuerzo guerrillero, punto de vista que —según Summers— los hechos no sostenían.

Para reforzar su afirmación recurre al profesor Raymond Aron, quien afirma que es esencial distinguir la primera guerra de Indochina entre Francia y el Viet-Minh de la segunda entre Vietnam del Norte y Vietnam del Sur. La primera fue una guerra revolucionaria; la segunda no. Las fuerzas que sitiaron Dien Bien Fu procedían del movimiento guerrillero, las fuerzas que capturaron Saigón no procedían del Vietcong sino de las fuerzas armadas regulares de Vietnam del Norte. Según Summers, esa diferencia crítica valida la posición oficial del gobierno norteamericano de que la guerra de Vietnam fue causada por la agresión del norte (122).

El error básico para definir la naturaleza de la guerra fue haber entendido las operaciones guerrilleras como estratégicas en sí mismas, y no como la pantalla táctica que ocultaba el objetivo estratégico. De suerte que fueron incapaces como profesionales militares de juzgar la verdadera naturaleza de la guerra, lo que tuvo un gran efecto: terminó en una confusión en todo el aparato militar sobre táctica, gran táctica y estrategia, confusión que continúa hasta el presente (131).

Otro de los problemas de la relación con los civiles, según Summers, fue la falta de contacto con el Presidente y la erosión de la estructura del Consejo de Seguridad Nacional.

Desde 1942 el Estado Mayor Conjunto se desempeñaba como asesor estratégico del Presidente, acuerdo informal que se institucionaliza en 1947 con la creación de lo que sería el Departamento de Defensa. El secretario de Defensa fue nombrado asistente principal del Presidente en materia militar y miembro del Consejo Nacional de Seguridad. Por su parte, el Estado Mayor Conjunto era el principal asesor militar del presidente del Consejo de Seguridad Nacional y del secretario de Defensa, y el director de la misma era asesor estatuido del Consejo de Seguridad Nacional (196).

Con Kennedy se desechó la estructura completa del Consejo de Seguridad Nacional y, en su lugar, el Presidente prefirió confiar en reuniones irregulares en la Casa Blanca a las que asistían él mismo, el secretario de Estado Rusk, el secretario de Defensa McNamara y el asesor de Seguridad Nacional Bundy, y a las que posteriormente se incorporan el director del Estado Mayor Conjunto y el director de la Agencia Central de Inteligencia. El presidente Johnson hereda este "juego amorfo" de arreglos de formulación de política exterior, coordinación y control (199).

Summers retoma la observación de Hanson W. Baldwin, analista militar del *New York Times* en el sentido de que:

> El presidente Johnson como tal tuvo menos vinculaciones con los militares que como senador o vicepresidente. Como presidente tuvo desconfianza de los militares [...] No hubo tal cercanía de contacto entre el Comandante en Jefe [el Presidente] y sus asesores responsables en uniforme como existió entre los presidente Roosevelt, Truman o Eisenhower y sus Estados Mayores [...]
>
> En los doce meses cruciales de junio de 1965 a junio de 1966, cuando gran número de tropas norteamericanas de tierra fueron comprometidas en Vietnam [...] el Jefe del Estado Mayor del Ejército vio privadamente al Presidente un par de veces (79).

Otro de los aspectos conflictivos con los civiles es que la guerra de Vietnam fue peleada con *"sangre fría"*, lo que fue consecuencia de las teorías de guerra limitada que reducían la guerra a un modelo académico. Los escritos al respecto de los científicos políticos y de los analistas de sistema son notables por su "falta de pasión" al estar ausentes del horror, la matanza y la destrucción del campo de batalla (62). Todo esto tiene su historia:

> [...] empezamos a usar eufemismos para ocultar los horrores de la guerra. Nos convertimos en el Departamento del Ejército (no el Departamento de *Guerra*) y nuestra propia terminología evadía la mención del campo de batalla. No matábamos al enemigo, le "infligíamos bajas"; no destruíamos cosas, "neutralizábamos blancos". Estas evasiones permitían la creciente noción de que podíamos aplicar la fuerza militar de una manera sanitaria y quirúrgica (63).

Con el desarrollo de los medios de comunicación, particularmente de la televisión, resulta imposible ocultar estos horrores, y la censura de la información no puede ser la respuesta sino el abierto manejo de la dura realidad de la guerra. Desde la perspectiva de Summers ésta sería la manera de "calentar la sangre", contribuyendo así a disminuir las fricciones que se suscitaron entre pueblo y ejército durante la guerra de Vietnam.

Como contraparte a las críticas lanzadas contra los civiles, Summers señala que fue la negligencia de los militares la que permitió que la estrategia fuera dominada por analistas civiles, con lo cual el ejército

Cedió su única autoridad basada en su experiencia en el campo de batalla. Esta autoridad fue ya opacada por una falta de apreciación general del arte militar dentro del cuerpo de oficiales. En lugar de concentrar la atención en la estrategia militar que se ha puesto fuera de moda después de la segunda guerra mundial (y, para muchos, sería irrelevante en la era nuclear), ha habido un creciente énfasis en ocupaciones técnicas, administrativas y burocráticas. En lugar de estar siendo expertos en la aplicación de la fuerza militar para conseguir los objetivos de los fines políticos de Estados Unidos, nos hemos convertido en neófitos científicos políticos y analistas de sistemas y fuimos excedidos en facultades por los profesionales civiles, que dominaron la política de seguridad nacional durante el periodo de Robert S. McNamara (73-74).

Sin embargo, "nuestro problema no fue tanto mucha interferencia política como la falta de una estrategia militar coherente, una falta por la cual nuestros líderes militares comparten una gran carga de responsabilidad" (195).

La trinidad de la guerra: pueblo, ejército y gobierno

Los argumentos al respecto van orientados a lograr el consenso y la legitimidad de la injerencia bélica.

Summers reconoce un antimilitarismo norteamericano que surge de varias causas históricas, culturales y sociales. Una de ellas afirma que no es el soldado regular sino el "soldado-ciudadano" —la Guardia Nacional y la *reserva* del Ejército—[18] quien ha peleado en las guerras norteamericanas y quien ha sido el tradicional "salvador del país". De ello concluye que el antimilitarismo no fue exclusivo de la guerra con Vietnam, aunque en esa guerra

[18] La Guardia Nacional está constituida por las fuerzas armadas voluntarias de los estados. Cada gobernador es el comandante en jefe de la guardia nacional de su estado y puede llamarla para emergencias, como inundaciones, incendios, desórdenes civiles o raciales. Es una fuerza auxiliar del ejército regular y el Congreso puede llamarla a servicio en cualquier momento. Como comandante en jefe, el Presidente decide cuándo deben ser llamadas y la jurisdicción estatal deja de ser efectiva cuando la Guardia Nacional se transforma en parte del ejército regular.

Las *reservas* están compuestas en su mayoría por hombres que han cumplido su servicio militar activo en el ejército o en la Guardia Nacional, pero que están disponibles para complementar al ejército regular en caso de emergencia. Toman un entrenamiento semanal y asisten a campos de entrenamiento de verano. Pueden ser llamados a servicio activo por el Congreso o por el Presidente. Jack C. Plano y Milton Greenberg, *The American political dictionary,* Nueva York, Chicago, San Francisco, Toronto, Londres, Holt, Rinehart and Winston, Inc., 1967, p. 350.

las fuerzas armadas norteamericanas perdieron el respeto y la credibilidad de buen número de ciudadanos (61).

De acuerdo con Clausewitz, la tarea de los teóricos militares es desarrollar una teoría que mantenga un balance entre la trinidad de la guerra: el pueblo, el gobierno y el ejército. En la primera parte de su libro, Summers analiza críticamente esta relación concluyendo que posteriores injerencias militares no pueden ser asumidas por el pueblo como sucedió con Vietnam, que fue identificada como la "guerra de Johnson", la "guerra de Nixon" o la "guerra del ejército" (26). El apoyo público debe ser una parte esencial de los planes estratégicos y el Congreso tiene la responsabilidad constitucional de legitimarlo (27).

Durante la guerra de Vietnam no se movilizó a la población, no se invocó a la voluntad nacional (el factor moral de Clausewitz), lo que Summers asume como una de las mayores fallas estratégicas productora de una vulnerabilidad también estratégica que el enemigo pudo explotar (43).

Lo que Summers no asume es que no sólo no hubo apoyo sino que hubo una abierta oposición interna a la guerra. El general William C. Westmoreland señala lo siguiente:

> El mensaje que el enemigo recibió no fue de resolución y fuerza, sino de inseguridad y debilidad políticas, no sólo en virtud de los actos oficiales sino también de las expresiones de los elementos vocingleros y emotivos de nuestra sociedad que optaron por resistir activamente la política nacional.
>
> Mientras nuestros soldados combatían y morían por el principio de la libertad y el derecho de disentir, ¿qué cosas veían suceder en su patria? La quema de la bandera, virulentos ataques contra funcionarios públicos, destrucción de los cuarteles de reclutamiento, encomios en favor del Vietcong, mentiras y engaños de parte de los jóvenes para librarse del servicio militar [...] Es asombroso que un número de nuestros ciudadanos, incluso representantes de los medios de divulgación, se dejaran engañar por la propaganda de Hanoi.[19]

Según Summers, el error de no invocar a la voluntad nacional ya había sido visualizado durante la guerra de Corea, en donde tampoco se declara formalmente la guerra, elemento fundamental de legitimación,[20] apreciada por muchos como "inútil hoja de papel,

[19] General William C. Westmoreland, "Vietnam en perspectiva", en *Military Review*, edición hispanoamericana, vol. LIX, núm. 1, enero de 1979, Fort Leavenworth, Kansas, pp. 40-41.

[20] En el nivel constitucional sólo el Congreso norteamericano puede declarar la guerra, que es el anuncio formal del estado de hostilidades existente con otra nación. El procedimiento usual es que el presidente la solicite, el Congreso la adopte y el Presidente la firme.

visión semejante a lo que muchos perciben del certificado de matrimonio". Sin embargo, y de acuerdo con Summers:

> [...] las hojas de papel tienen valor. El certificado de matrimonio —o la declaración de guerra— legitima la relación a los ojos de la sociedad y la anuncia al mundo. Concentra la atención, provee ciertas responsabilidades y crea impedimentos para su disolución (41).

La declaración de guerra es una exposición clara de apoyo público *inicial* que concentra la atención de la nación en el enemigo (45), hace que la continuación de la guerra sea una responsabilidad compartida por el gobierno y el pueblo norteamericano y se basa en el principio del control civil de los militares (46). Su ausencia implica un vacío legal que coloca al ejército en medio del ejecutivo y del legislativo, ya que la declaración de guerra es atributo del Congreso. Al no movilizar la voluntad nacional a través de este instrumento, los presidentes Johnson y Nixon perdieron lo que Clausewitz llama "la fuerza de las pasiones del pueblo movilizado por la guerra" (54), colocando una cuña entre el ejército y amplios sectores del público norteamericano (46) —con lo peligroso que resulta para la república que el ejército se convierta en foco del sentimiento antibélico (54)— y dando lugar a la fricción que existe entre el pueblo norteamericano y su ejército.

La militancia antibélica en las escuelas, la falta de declaración de guerra y la decisión de no movilizar las fuerzas de reserva condujeron a que la guerra de Vietnam fuera peleada con *"sangre fría"*, lo que como ya vimos también fue consecuencia de las teorías de guerra limitada que reducían la guerra a un modelo académico (62).

Los principios clásicos de la guerra: errores y propuestas

La proposición más interesante de Summers es analizar la derrota estratégica en Vietnam en términos de los principios clásicos de la guerra, los que pueden proporcionar "interrogantes de planificación militar" tanto en el nivel táctico como en el estratégico.

En la literatura militar existen divergencias de opinión en torno al carácter de los principios. Por ejemplo, Clausewitz sostiene que no se alteran por elementos variables tales como el progreso de las armas de fuego o el incremento de los medios de destrucción; otros afirman que no son invariables.

En todo caso existe cierto número de principios sobre los cuales descansan las reglas de conducción de las operaciones que integran la "ciencia de la guerra".

Para Summers, los principios de la guerra son por definición de aplicación universal y proporcionan una base para la evaluación de la estrategia de Vietnam del Norte. Retomando al coronel Charles A. Hines, los describe como "interrogantes de planificación militar" (131).

Desde su punto de vista, el manual de la era de Vietnam (el *Field Service Regulations,* edición del 19 de febrero de 1962 del *Field Manual* 100-5) discutía los principios de la guerra sólo en términos de su aplicación táctica. Significativamente, su aplicación estratégica estaba perdida (134).

A partir de la aparición no comercial del libro de Summers, los principios son revisados para incluir ambas dimensiones y están contenidos en las ediciones de 1981 del *Field Manual* 100-5 *Operations* (149), ofreciendo un extracto de su contenido en un apéndice del libro que sintetizamos para facilitar la comprensión de sus críticas a los errores cometidos en Vietnam en cada uno de ellos.

Para el ejército norteamericano ahora los principios de la guerra son:

— Objetivo
— Ofensiva
— Masa
— Economía de fuerza
— Maniobra
— Unidad de mando
— Seguridad
— Sorpresa
— Sencillez

1. *Objetivo.* Toda operación militar debe ser dirigida hacia un objetivo claramente definido, decisivo y alcanzable.

Como una derivación del objetivo político, el objetivo militar *estratégico* de una nación en guerra debe ser aplicar cualquiei grado necesario de fuerza para permitir alcanzar el propósito político u objetivo por el cual la guerra se ha desatado.

Las operaciones militares *tácticas* deben dirigirse hacia objetivos tácticos claramente definidos, decisivos y alcanzables que ayuden finalmente a la consecución de objetivos estratégicos.

2. *Ofensiva.* Apoderarse, retener y explotar la iniciativa.

La acción ofensiva o el mantenimiento de la iniciativa es el camino más efectivo y decisivo para perseguir y ganar el "objetivo común". Esto es fundamentalmente cierto en dos *sentidos, el estratégico y el táctico.* Si bien puede ser necesario en algunos momentos adoptar una postura defensiva, ésta debe ser sólo una situación temporal hasta que estén disponibles los medios necesarios para reasumir operaciones ofensivas. Igualmente el espíritu ofensivo debe estar inherente en la conducción de todas las operaciones defensivas —debe haber una defensa activa, no pasiva. Sin importar el nivel (estratégico o táctico), el lado que mantenga la iniciativa mediante acciones ofensivas, forzará al enemigo a *reaccionar* más que a *actuar*.

3. *Masa*. Poder de combate concentrado en el tiempo y lugar decisivos.

En el *contexto estratégico*, este principio sugiere que se debe comprometer, o estar preparado para comprometer, el predominio del poder nacional en aquellas regiones o áreas del mundo donde la amenaza a intereses vitales de seguridad sea mayor.

En la *dimensión táctica*, el principio sugiere que el poder superior de combate debe ser concentrado en el tiempo y lugar decisivos con el fin de conseguir resultados también decisivos.

4. *Economía de fuerza*. Asignar un mínimo esencial de poder de combate a esfuerzos secundarios.

De modo recíproco al principio de masa, la economía de fuerza en su *dimensión estratégica* sugiere que, ante la ausencia de recursos ilimitados, una nación debe aceptar algunos riesgos en áreas donde intereses nacionales vitales no estén en peligro inmediato.

En el *nivel táctico*, el principio de economía de fuerza requiere que un mínimo de medios sea empleado en otras áreas que aquellas donde el esfuerzo principal intenta ser empleado.

5. *Maniobra*. Colocar al enemigo en una posición de desventaja a través de la aplicación flexible del poder de combate.

En el *sentido estratégico* este principio tiene tres dimensiones interrelacionadas: flexibilidad, movilidad y maniobrabilidad. La primera implica la necesidad de un criterio abierto en planes y operaciones. La segunda dimensión implica movilidad estratégica, la cual es especialmente importante para un poder aislado como es el de Estados Unidos. Con el objeto de reaccionar con prontitud y de concentrar y proyectar el poder en el objetivo principal, los transportes aéreos y marítimos estratégicos son esenciales. La última dimensión estratégica implica maniobrabilidad en el teatro de operaciones así como centralizar el máximo de fuerza contra los puntos más débiles del enemigo y ganar así ventaja estratégica.

En el *sentido táctico*, la maniobra es un elemento esencial del poder de combate. Contribuye significativamente a mantener la iniciativa, explotar el éxito, preservar la libertad de acción y reducir la vulnerabilidad. En todos los niveles, la aplicación exitosa de este principio requiere no sólo fuego y movimiento sino también flexibilidad de pensamiento, planes y operaciones, y la aplicación considerada de los principios de masa y economía de fuerza.

6. *Unidad de mando.* Para cada objetivo debe haber unidad de esfuerzo bajo la responsabilidad de un comandante.

Este principio asegura que todos los esfuerzos coincidan en un objetivo común. En el *nivel estratégico* este objetivo común iguala el propósito político de Estados Unidos y los amplios objetivos estratégicos que de allí surgen. Es el objetivo común el que, en el plano nacional, determina las fuerzas militares necesarias para alcanzarlo. La coordinación de estas fuerzas requiere unidad de esfuerzo. En el nivel nacional, la constitución proporciona unidad de comando designando al Presidente como Comandante en Jefe de las Fuerzas Armadas. Para cumplir su papel, el Presidente recibe ayuda de la organización nacional de seguridad, que incluye en su nivel más alto al secretario de Defensa, al Estado Mayor Conjunto, a los comandos unificados y especificados, y a las fuerzas de tarea conjuntas en los niveles operacionales.

En la *dimensión táctica* es axiomático que se requiere unidad de mando para el empleo de fuerzas militares, de manera que desarrollen por completo su poder de combate. Unidad de mando significa dirigir y coordinar la acción de todas las fuerzas hacia un fin u objetivo común. La coordinación se puede alcanzar por medio de la cooperación, sin embargo resulta mejor si se confiere mando táctico único con la autoridad suficiente para dirigir y coordinar todas las fuerzas empleadas en la persecución del objetivo común.

7. *Seguridad.* Nunca permitir que el enemigo adquiera una ventaja inesperada.

En el *nivel estratégico* la seguridad requiere de medidas pasivas y activas para proteger a Estados Unidos y a sus fuerzas armadas del espionaje, subversión y recolección de inteligencia estratégica. Desde este punto de vista, un conocimiento y entendimiento completos de la estrategia, táctica y doctrina del enemigo, junto con planes estratégicos detallados del estado mayor, pueden proporcionar seguridad y reducir la vulnerabilidad ante lo sorpresivo.

En el *nivel táctico* la seguridad es esencial para proteger y economizar fuerzas de combate.

8. *Sorpresa.* Golpear al enemigo en el tiempo y/o el lugar, y de cierta manera para la cual no está preparado.

En amplio grado, el principio de la sorpresa es recíproco del de seguridad. Sin embargo, la *sorpresa estratégica* es difícil de conseguir. Los rápidos avances en la tecnología de vigilancia estratégica la hacen cada vez más difícil. Sin embargo, Estados Unidos puede conseguir cierto grado de sorpresa psicológica debido a su capacidad estratégica de despliegue. El rápido desplazamiento de las fuerzas de combate norteamericanas dentro de un área crítica puede anticipar o desquiciar los planes y preparativos de un enemigo. Esta capacidad puede dar a Estados Unidos ventajas, en sentido físico y psicológico, negando al enemigo la iniciativa.

La sorpresa es importante en la *dimensión táctica* porque puede decidir el resultado de una batalla.

9. *Sencillez.* Preparar planes claros y sencillos, con órdenes concisas y claras para asegurar un completo entendimiento.

En ambas dimensiones, *estratégica y táctica*, guías, planes y órdenes deben ser tan simples y directos como lo permita el alcance del objetivo. La *importancia estratégica* va más allá de su tradicional aplicación táctica: es un importante elemento en el desarrollo y ampliación del apoyo público. Si el pueblo norteamericano tiene que comprometer sus vidas y recursos en una operación militar, debe entender el propósito que se alcanzará.

En el *nivel táctico,* la sencillez de planes e instrucciones contribuye a las operaciones exitosas. Planes directos y simples, así como órdenes concisas, son esenciales para reducir las posibilidades de malentendidos y confusiones.

Aplicación. Aunque cualquiera de los principios de la guerra adoptados por una nación tiene aplicación a lo largo de todo el espectro de la guerra, debe entenderse que estos principios son interdependientes y están interrelacionados. Ningún principio aislado puede unirse ciegamente u observarse con la exclusión de los otros; nadie puede asegurar la victoria en la batalla sin obtener refuerzo de uno o más de los otros principios (260-272).

En resumen, los errores cometidos en Vietnam de cara a los principios de la guerra, de acuerdo con Summers, serían los siguientes:

□ Aplicando el principio del *objetivo* —que dirige la atención hacia *lo que se quiere lograr*—, Vietnam del Norte se concentró en un objetivo, la conquista de Vietnam del Sur. En comparación, según Summers, Estados Unidos cayó atrapado en los objetivos conflictivos y algunas veces contradictorios de resistir la agresión y asumir la contrainsurgencia.

El objetivo de los líderes comunistas era instalar regímenes afines en toda Indochina (Vietnam, Laos y Camboya) (139). Como contraparte, el objetivo político norteamericano nunca estuvo claro durante el curso total de la guerra. Un estudio encontró 22 razones norteamericanas diferentes, que pueden ser agrupadas en tres categorías principales: de 1949 a aproximadamente 1962, lo primordial era resistir la agresión comunista; de 1962 a alrededor en 1968, el acento estuvo en la contrainsurgencia; después de 1968, preservar la integridad de los compromisos norteamericanos fue el objetivo principal (140).

Summers señala que en lugar de centralizar la atención en el enemigo, Vietnam del Norte —la fuente de la guerra—, cambiaron su atención al síntoma —la guerra de guerrillas en el sur— sus ataques sobre el norte se limitaron a acciones de aire y mar. En otras palabras, tomaron la tarea *política* (construcción nacional-contrainsurgencia) como la misión principal, relegando la tarea *militar* (derrotar la agresión externa) a un plano secundario (145).

Al concentrar la atención en los problemas internos de Vietnam del Sur más que sobre el enemigo externo, la definición geográfica del terreno de guerra sólo incluyó a Vietnam del Sur. Según Summers esta definición geográfica carecía de simetría con la del enemigo, el cual no mantuvo en secreto que estaba peleando la guerra de Indochina utilizando con impunidad Laos y Camboya. El mito de la neutralidad de estos países dio a Vietnam una inmensa ventaja táctica y estratégica (147-148).

Esta opinión es compartida por el coronel Paschall ya citado, quien en su análisis de la doctrina de la insurgencia marxista asiática —como la denomina— hace consideraciones sobre la teoría de Mao, Truong Chin y Giap, así como sobre el desarrollo de la guerra de Vietnam. Concluye que hay tres niveles creados por Mao y modificados por los otros: la guerra de guerrillas, la de movimientos y la de posiciones. En el primer nivel se enfrentan fuerzas irregulares contra fuerzas regulares, lo que sería estrictamente un conflicto de baja intensidad, pero en los otros dos niveles se enfrentan fuerzas regulares, por lo que ya se trata de un conflicto de mediana intensidad. Por ello afirma que:

> Nuestra nueva doctrina no debe estar basada en fuerzas norteamericanas peleando contra los insurgentes, a menos que exista un gobierno militar en Estados Unidos; debemos continuar una doctrina basada en la asesoría y asistencia norteamericana a los aliados acosados por insurgentes, y nuestra gama de opciones en contra de la insurgencia debe incluir operaciones ofensivas en el terreno de mediana intensidad, no de baja intensidad, en contra de aquellas naciones que patrocinen la insurgencia.[21]

Las operaciones de mediana intensidad son las relativas a la guerra convencional.

[21] Rod Paschall, *op. cit.*, p. 34.

□ El principio de la *ofensiva* dice en términos generales *cómo* lograr el objetivo.

Para conquistar Vietnam del Sur, Vietnam del Norte persiguió dicha ofensiva estratégica, cambiando de la ofensiva táctica a la defensa táctica y a la inversa. Sin saberlo, Estados Unidos confundió la ofensiva táctica con ofensiva estratégica y condujo la guerra sobre la defensa estratégica, persiguiendo un fin negativo —la contrainsurgencia— cuyos resultados debieron preverse.

El fin negativo al que se refiere Summers tiene relación con la concepción de Clausewitz al respecto, relacionada con el desgaste del enemigo, para lo cual es necesario que el tiempo esté en favor del que persigue el fin negativo, que no era el caso de Estados Unidos. Conforme pasaba el tiempo, la voluntad que se erosionaba era la norteamericana, no la norvietnamita (128).

Debido a la política de *contención* Estados Unidos entró en la guerra de Vietnam sobre la base de la *defensa* estratégica (156).

Esto está ligado a la concepción del peligro, que para Clausewitz "es parte de las fricciones de la guerra. Sin una correcta concepción del peligro, no podemos entender la guerra" (85).

En la guerra de Corea, cuando se produce la invasión china la doctrina de la represalia masiva no puede ser puesta en práctica por el temor a una guerra nuclear, lo que obliga a cambiar los objetivos de la guerra: desde detener el avance del comunismo, hasta la recuperación del *statu quo* anterior, fin que era militarmente alcanzable (93).

> Debido a nuestras abrumadoras victorias de la segunda guerra mundial, vimos nuestra limitada victoria en Corea como una especie de derrota. Al hacer esto, sacamos precisamente la lección equivocada de la guerra. En lugar de ver que *era* posible pelear y ganar una guerra limitada en Asia sin hacer caso de la intervención china, nuevamente (como lo habíamos hecho con la guerra nuclear) tomamos consejo de nuestros temores y aceptamos como artículo de fe la proposición de que nunca deberíamos llegar a involucrarnos en una guerra terrestre en Asia. Haciendo eso permitimos que nuestros miedos se convirtieran en una especie de disuasión autoimpuesta y le entregamos la iniciativa a nuestros enemigos (93-94).

De acuerdo con lo anterior, la estrategia de la reacción flexible, que sustituye a la de la represalia masiva, no deja de estar influida por el temor a la guerra nuclear, lo que se evidencia también en la negativa a asumir una ofensiva estratégica contra el núcleo del problema —Vietnam del Norte— por el temor, nuevamente, de una respuesta china y por la posibilidad de desencadenar la guerra nuclear.

Esta temática, desarrollada en abundancia al tratar los principios de la guerra, le sirve de justificación para criticar la incapacidad de vislumbrar que el peligro no era tal, que se debió atacar a Vietnam del Norte —la raíz del conflicto—, y para abogar por la necesidad de recuperar la ofensiva en sus dos niveles, estratégico y táctico.

Según Summers y otros autores, en la guerra de Vietnam se presentaron algunos momentos en los que se pudo haber tomado la ofensiva, pero fueron desaprovechados.

El general Westmoreland formula una reflexión similar respecto a la conducta seguida por el mando político norteamericano después de la ofensiva del Tet (1968), desencadenada por los patriotas vietnamitas con el apoyo de Vietnam del Norte, a la que califica de derrota militar "grave":

> [...] existe un viejo axioma militar que dice "cuando el enemigo sufre, no le des cuartel, presiónalo más". A pesar del asesoramiento militar en contrario, nuestros líderes políticos disminuyeron la presión contra el régimen de Hanoi y lo atrajeron a la mesa de conferencias.[22]

Regresando a Summers, él considera que irónicamente la ofensiva aérea tuvo un impacto estratégico pero no sobre Vietnam del Norte sino sobre las operaciones ofensivas norteamericanas. Se refiere a la teoría de la respuesta graduada (o gradual). Retomando el análisis del brigadier Palmer, narra cómo se produjo y cuáles fueron sus efectos:

> Dentro del gran marco del debate sobre qué bombardear, hubo un argumento sobre cómo hacerlo [...] Los planificadores civiles querían empezar suavemente y aumentar gradualmente la presión con incrementos precisos que podían ser reconocidos inequívocamente en Hanoi. Ho Chi Minh vería el firme ejemplo y detendría sensatamente la guerra en contra de Vietnam del Sur a tiempo para evitar la devastación de su propio territorio. El Secretario Adjunto de Defensa, John T. McNaughton, tituló a la estrategia como "lento agobio" y la explicó en términos musicales como una orquestación de actividades que podían dirigirse *in crescendo* hacia un *finale*. "El escenario", escribía, "sería diseñado para dar a Estados Unidos en cualquier punto la opción de continuar o no, de escalar o no, y de acelerar o no el paso".
>
> Al Estado Mayor Conjunto no le gustó la tonada de McNaughton. Los generales argumentaban que si la fuerza iba a ser usada del todo,

[22] William C. Westmoreland, *op. cit.*, p. 37.

debía ser aplicada fuerte y rápidamente para obtener máximo impacto con mínimas pérdidas. Empezar ligero y escalar despacio, sostenían, hubiera sido como sacar una muela pedacito por pedacito más que de una sola vez [...]

La comunidad de inteligencia —panel que comprendía miembros de la CIA, de la Agencia de Inteligencia de la Defensa y de la Oficina de Inteligencia del Departamento de Estado (State's Bureau of Inteligence)— entró fuertemente al debate del lado de los militares [...]

El presidente Johnson invalidó las objeciones de sus asesores militares y de inteligencia [...] *Entonces nació* la estrategia de la "respuesta graduada" (163-164).

La crítica puede ir más allá. De acuerdo con el general Westmoreland, tampoco se pudo cumplir con el gradualismo:

El presidente Johnson anunció que no extenderíamos la guerra, por lo cual se estableció una estrategia defensiva en tierra que dio al enemigo más libertad de acción [...] formuló una estrategia que puede describirse brevemente de la siguiente forma: contener al enemigo, derrotarlo en el Sur, ayudar a reconstruir la nación, y bombardear objetivos bélicos en el Norte en una escala gradualmente creciente, hasta que el enemigo percibiera el mensaje de que no podía ganar y, en consecuencia, negociara o aceptara tácitamente un Vietnam dividido.

Sin embargo, el bombardeo se llevó en forma esporádica, según los altibajos de las presiones políticas en Estados Unidos.[23]

Los puntos de vista coincidentes criticando al gradualismo se suman y serían determinantes en la reformulación estratégica. Apuntamos uno del mayor Wesley Clark:

La fase I comprendería vuelos de reconocimiento armados sobre Laos; en la fase II se emprenderían bombardeos prolongados norteamericanos contra el norte. El presidente Johnson puso en ejecución la fase I en diciembre de 1964. En febrero de 1965, después de una serie de ataques del Vietcong contra instalaciones norteamericanas, ordenó que la segunda fase fuera puesta en ejecución. Los objetivos de la escalada *nunca fueron delineados precisamente* [...] En resumidas cuentas, el gradualismo era una opción cuando no parecía disponerse de otras [...] *el gradualismo representó un esfuerzo desgraciado* por combinar el arte militar y la diplomacia.[24]

☐ Los principios de *masa, economía de fuerza y maniobra* son

[23] *Ibid.*, p. 37.

[24] Mayor Wesley K. Clark, "El gradualismo y la estrategia militar norteamericana", en *Military Review*, edición hispanoamericana, vol. LV, núm. 9, septiembre de 1975, Fort Leavenworth, Kansas, pp. 3-7.

elaborados sobre el segundo principio (ofensiva) y proporcionan más detalles sobre *cómo* conducir las operaciones. Estos principios describen una acción correlativa y son mejor entendidos en conjunto. Vistos separadamente, con frecuencia son mal interpretados (176).

Según Summers, a pesar de la enorme ventaja tecnológica norteamericana, los norvietnamitas fueron más capaces que sus enemigos de aplicar estos principios con efecto estratégico mayor, particularmente en su uso de la pantalla de la guerrilla como economía de fuerza, que obligó a aquéllos a disipar sus esfuerzos.

A Estados Unidos se le presentaba el dilema de masificar en Vietnam asumiendo el riesgo de sólo emplear una economía de fuerza en otra parte del mundo.

Por su parte los norvietnamitas habían encontrado el "centro de gravedad" del conflicto. Clausewitz había señalado: "si puedes vencer a todos tus enemigos derrotando a uno de ellos, esa derrota debe ser el objetivo principal de la guerra. En este enemigo golpeamos el centro de gravedad del conflicto entero." Es bajo la luz de este centro de gravedad como los norvietnamitas aplicaron masa, economía de fuerza y maniobra (181-182).

Basados en sus experiencias exitosas en contra de los franceses, el centro de gravedad que los norvietnamitas identificaron fue la alianza entre Estados Unidos y Vietnam del Sur.

Dado el alto precio que los norvietnamitas pagaron en 1965, 1968 y 1972 —cuando intentaron tomar la ofensiva—, en 1975 se manejaron muy cautelosamente. Su ofensiva de la primavera de ese año hizo un uso clásico de los principios de *masa, economía de fuerza* y *maniobra*. El uso de la llamada Ruta de Ho Chi Minh les dio la ventaja en las líneas interiores, desde las que pudieron maniobrar más rápidamente que los sudvietnamitas hacia cualquier lugar de Vietnam del Sur. Esto era especialmente cierto desde que sus unidades guerrilleras de economía de fuerza (según Summers para entonces compuestas principalmente de tropas regulares norvietnamitas) mantuvieron al ejército sudvietnamita desplegado en la forma contraguerrillera con poca habilidad para poder masificar (185-186).

Para Summers una de las grandes ironías de la guerra de Vietnam fue que la habilidad técnica norteamericana para usar los principios de masa, economía de fuerza y maniobra excedían de lejos a la de los norvietnamitas. El uso adecuado de estos principios había permitido frustrar las ofensivas norvietnamitas de 1965, 1968 y 1972. El problema estuvo en la falla estratégica para aplicar los principios de objetivo y ofensiva, con lo que desperdiciaron su ventaja en masa, economía de fuerza y maniobra en operaciones tácticas en lugar de aplicarlas con un propósito estratégico (189).

Por otra parte, sus aliados sudvietnamitas no poseían la ventaja de la habilidad en esos tres últimos principios, lo que puede argumentarse como una de las razones de su derrota. Según Summers, y contrariamente al juicio aceptado, no se crearon unidades regulares sudvietnamitas a imagen de las norteamericanas:

> Con excepción de sus unidades aerotransportadas y de marina, el ejército de Vietnam del Sur era más parecido a la milicia norteamericana de principios de la República. Estacionados en sus áreas de vivienda, con sus familias al lado en las posiciones de batalla, tenían gran estabilidad para operaciones de contraguerrilla (como nuestra temprana milicia lo hizo protegiendo a los colonos de los indios). La pantalla guerrillera de economía de fuerza de Vietnam del Norte los mantuvo desplegados a lo largo del país dentro de esta moda contraguerrillera. Ello les dio una gran fortaleza en la Ofensiva de Pascua de 1972, cuando el apoyo de los militares norteamericanos les permitió pelear en el lugar y destruir el ataque norvietnamita. Pero esta fuerza defensiva se convirtió en debilidad en 1975. Como vimos, el plan norvietnamita era atacarlos en detalle. Sin el apoyo norteamericano no podían detenerlos. La presencia de sus familias en sus posiciones de batalla inhibió su habilidad para maniobrar y comprobó la imposibilidad de masificar el ejército de Vietnam del Sur para enfrentar el ataque norvietnamita. Fue esa disposición errónea, más que la falta de espíritu de combate, lo que los llevó a la derrota (189-190).

Como señala Summers, tanto durante la guerra de Vietnam como después de ella se han dado argumentos y contraargumentos sobre si debieron haber entrenado a los sudvietnamitas para operaciones convencionales o guerrilleras. Para él, la palabra clave no es "convencional" o "contraguerrilla" sino *flexibilidad,* la habilidad para reaccionar a cambios rápidos de circunstancias:

> Fue esta falta de flexibilidad más que cualquier factor material o moral lo que contribuyó mayormente a la derrota del ejército sudvietnamita y a la caída de Vietnam del Sur. De todas las "lecciones aprendidas" de la guerra de Vietnam, la necesidad de flexibilidad en pensamiento y acción es quizás la más crítica (190).

☐ La razón del principio *unidad de mando* es facilitar el logro del objetivo. Mientras en el nivel táctico esto es mejor conseguirlo confiriendo autoridad a un solo comandante, en el nivel estratégico implica una coordinación política y militar (192).

Respecto a este principio son varias las críticas planteadas por

Summers, a partir —una vez más— de la falta de relación entre lo político y lo militar en la conducción de la guerra de Vietnam, debido a que sin un objetivo definido es imposible lograr unidad de mando.

Un elemento importante, relacionado con la participación de los militares en el proceso de toma de decisiones, es la crítica a la exclusión de los oficiales del gabinete presidencial y al "ninguneo" de sus posiciones durante el gobierno de Kennedy, aspecto que ya tratamos con anterioridad.

Asimismo, destaca la necesidad de una mayor centralización en el mando tanto en el nivel político como militar, destacando esto último debido a la falta de unidad de mando en el teatro mismo de operaciones durante la guerra de Vietnam. El llamado cuartel estratégico fue ubicado en Honolulú, a 5 mil millas de distancia.

Según Summers, la sencillez de la unidad de mando norvietnamita comparada con el complejo y enredado sistema a través del cual Estados Unidos llevó adelante la guerra, casi habla por sí misma. En el plano nacional su Buró Político y su Comité Central Militar del Partido trabajaron en estrecha coordinación para planificar y dirigir la guerra. En Washington no hubo tal unidad de esfuerzo. Según él, el conflicto inherente entre la tarea de tiempo de paz para la preparación de la guerra, necesaria para la contención continua de la Unión Soviética, y la tarea de tiempo de guerra para llevar adelante la guerra en Vietnam, nunca fueron reconciliadas.

La dirección estratégica estuvo fragmentada entre Washington, Honolulú y Saigón. Dentro del mismo Vietnam, la estructura de mando estaba enredada, confundida, extendiendo la autoridad y difundiendo responsabilidad entre el Comando de Asistencia Militar de Vietnam (Military Assistance Command Vietnam, MACV), el Estado Mayor Conjunto, el ejército de la República de Vietnam, el ejército norteamericano en Vietnam y las "fuerzas militares del mundo libre" (216).

Otro factor que contribuyó fue la misma estructura de mando militar. El Departamento de Defensa/Estado Mayor Conjunto fue modelado para la conducción de una guerra total donde todas nuestras energías fueran centralizadas en un solo objetivo. No fue diseñado ni organizado para conducir una guerra limitada donde nuestro foco era difuso. Como Hoopes apunta, este defecto fue ocultado durante la guerra de Corea por las personalidades involucradas y por la estructura del Consejo de Seguridad Nacional, la que forzó a trabajar al sistema a pesar de sí mismo. Pudimos reforzar a la OTAN en Europa para contener la amenaza soviética y pelear la guerra en Corea simultáneamente. En Vietnam no fuimos exitosos (199).

Esta falta de unidad de mando en Washington también se dio en el teatro mismo de operaciones:

Durante la segunda guerra mundial, el cuartel estratégico para la conducción de la guerra en Europa estuvo originalmente en Londres, pero fue desplazado más adelante conforme la guerra progresaba. Lo mismo sucedió en el Pacífico donde el cuartel de MacArthur se movió de Australia a Nueva Guinea y a las Filipinas para dirigir la guerra. Durante la guerra de Corea, el cuartel estratégico estuvo cerca, en Japón. En comparación, durante la guerra de Vietnam el llamado cuartel estratégico, el Comando del Pacífico (Pacific Command) estaba localizado en Honolulú, alrededor de 5 mil millas afuera. (201). [Y agrega]: pero más que establecer el cuartel en el país como el general Westmoreland previó, debió haber sido establecido fuera de la zona inmediata de guerra. Esto habría evitado involucrarse en los asuntos internos sudvietnamitas y habría facilitado una perspectiva sobre el teatro como un todo, lo que incluía operaciones no sólo en Vietnam sino también en Laos, Camboya y Tailandia. Tal ubicación hubiese podido ser conseguida en Filipinas (202).

El problema de unidad de mando con las fuerzas armadas de la República de Vietnam exacerbó los problemas que ya existían. No había ni un solo comando combinado Estados Unidos-República de Vietnam.

Según Summers la guerra fue dominada por Estados Unidos, sin embargo no sólo no promovieron el crecimiento de liderazgo y la adopción de una responsabilidad sino que también fallaron al dejar un país independiente en el momento de su retirada (225).

Finalmente señala que el hecho de no obtener unidad de mando en la guerra de Vietnam no fue la causa de la derrota, sino tan sólo el síntoma de una gran deficiencia, la incapacidad de fijar un objetivo político militarmente alcanzable:

Sin tal objetivo no tuvimos unidad de esfuerzo en nivel nacional, lo que hizo imposible, en el nivel de teatro de operaciones, obtener una acción coordinada entre la guerra terrestre en el sur, el esfuerzo de pacificación y la guerra aérea en el norte. "*Unidad de mando*", señala nuestra definición, es "obtener unidad de esfuerzo por la acción coordinada de todas las fuerzas *hacia un objetivo común*". Pero el reverso también es cierto. Sin un objetivo común es imposible tener acción coordinada ni obtener unidad de esfuerzo ni unidad de mando. Nuestra propia definición predijo el resultado. Sin unidad de mando no podíamos jamás tener "aplicación decisiva del poder de combate completo" (203).

☐ En lo que se refiere a *seguridad* y *sorpresa*, señala que aunque esta última es muy difícil de obtener en las guerras modernas, en el caso de Vietnam sí se consiguió, en 1965, debido a que las declaraciones presidenciales se pronunciaron en contra del bombardeo a Vietnam del Norte. Paradójicamente, se consigue la sorpresa por la falta de una estrategia.

El problema fue que los norvietnamitas leyeron mal la voluntad norteamericana, según lo acepta Summers del brigadier Dave Palmer:

> [...] En agosto de 1964, como cuestión de hecho el presidente Johnson había anunciado públicamente que no consideraría bombardear Vietnam del Norte o "comprometer muchachos norteamericanos para pelear una guerra que creo debe ser peleada por los muchachos de Asia para ayudar a proteger su propia tierra" [...]
>
> Habiendo estado al menos parcialmente convencidos por la declaración muchas veces repetida de que la guerra en Vietnam debía ser hecha por los vietnamitas, los líderes de Hanoi que quedaron mudos por la reacción de Washington. La consternación y la duda fueron sus reacciones iniciales. Sus aspiraciones para una victoria temprana fueron oscurecidas por las unidades norteamericanas que llegaron a tierra (209).

Por su parte, señala que los norvietnamitas también consiguieron la *sorpresa*: la Ofensiva del Tet en 1968.

Finalmente afirma que la prueba de que los principios de la guerra son guías para discernimiento y no reglas blindadas es la paradoja de que Estados Unidos pudo lograr la sorpresa estratégica debido a la *falta* de seguridad estratégica. En ambas instancias los norvietnamitas fueron engañados por la abundancia de información que tenían disponible, por la opinión pública norteamericana y la opinión del Congreso (213).

Como contraparte establece que la *seguridad* norvietnamita fue tan penetrante que incluso pudieron ocultar la verdadera naturaleza de la guerra hasta el final (216-217).

☐ Para Summers, el principio de la *sencillez* es la suma de los otros y no es fácilmente alcanzable ya que, como Clausewitz dice, en la guerra todo parece simple pero no es así (217).

La falla en la aplicación de este principio confundió y complicó su conducta en la guerra y también tuvo un efecto extenuante en el pueblo norteamericano. "Nuestra falta de habilidad para explicar en lenguaje claro y comprensible qué hacíamos en Vietnam cortó el apoyo norteamericano para la guerra" (217).

Las conclusiones y recomendaciones de Summers

☐ Respecto al *objetivo* reitera que antes de cualquier injerencia futura de las fuerzas militares norteamericanas, los líderes militares deben insistir en que el liderazgo civil proporcione objetivos tangibles y posibles de obtener políticamente. El objetivo político no puede ser meramente un lugar común, como el de que las fuerzas armadas están para proteger el acceso a materias primas vitales, sino que debe pronunciarse en términos concretos (246-247).

Nosotros (y probablemente, lo que es más importante, el pueblo norteamericano) necesitamos tener una definición de "victoria" (248).

Así como los militares necesitan ser enterados de los problemas políticos, económicos y sociales, nuestros líderes civiles deben ser enterados de los imperativos de las operaciones militares. Necesitan entender que la política nacional afecta no sólo la selección del objetivo militar, sino también las varias formas en que la guerra es conducida (249).

☐ En relación con la *ofensiva* afirma que hay que redefinir este principio en términos de *iniciativa* más que puramente en términos de acción ofensiva.

De mantenerse la iniciativa, a los comandantes de todos los niveles, estratégico y táctico, se les debe conceder máxima libertad de acción. Tal libertad de acción en el nivel estratégico parece haber sufrido un golpe durante la controversia Truman-MacArthur [...] Si vamos a operar con completa eficiencia, los militares deben recuperar la confianza de los líderes civiles para que, aun con las modernas comunicaciones instantáneas, sólo el comandante en el terreno pueda reaccionar a las rápidas situaciones cambiantes del moderno campo de batalla (250).

☐ En lo que se refiere a *masa* y *economía de fuerza* señala:

Constantemente fuimos atormentados durante la guerra de Vietnam con el dilema sobre masificar para pelear la guerra en Vietnam y emplear economía de fuerza en Europa, o intentar masificar en ambos lugares simultáneamente. El problema no ha desaparecido. Como dijo el comandante en jefe del Ejército, general Edward C. Meyer, en su *White Paper* de 1980:

"El reto más exigente que confrontan los militares norteamericanos en la década de los ochenta es desarrollar o demostrar la capacidad de enfrentar exitosamente las amenazas a los intereses vitales norteamericanos fuera de Europa sin comprometer el teatro decisivo de Europa Central" (252).

☐ Sobre *maniobra*:

La URSS puede influir en sucesos de Europa Occidental, el Medio Oriente y el noreste de Asia solamente masificando tropas en sus propias fronteras. En comparación, Estados Unidos es un poder aislado. Para influir en los sucesos debemos desplegar tropas en ultramar. Esto otorga prioridad al transporte marítimo y aéreo estratégico, así como derechos de base en áreas estratégicas del mundo (252-253).

☐ Acerca de *unidad de mando*:

En operaciones de contingencia futuras, el secretario de Defensa podría designar a un elemento específico para la tarea del mantenimiento de nuestra disuasión a través de la preparación para la guerra, y otro elemento separado para conducir la guerra misma (254).

☐ Sobre *sorpresa*:

Los intereses vitales norteamericanos están determinados en gran medida por el presidente, cuando toma la decisión de comprometer fuerzas norteamericanas para su defensa. La resultante volatilidad e impredictibilidad de la acción norteamericana promueve sorpresa y seguridad estratégicas, lo que nos da mayor ventaja. Al mismo tiempo impone un enorme peso sobre las fuerzas armadas, que deben mantener la flexibilidad para poder responder inmediatamente a tal decisión (255-256).

Para concluir: "La quintaesencia de las 'lecciones estratégicas aprendidas' de la guerra de Vietnam es que debemos convertirnos otra vez en maestros de la profesión de las armas. El pueblo norteamericano no merece, demanda ni espera menos de su ejército" (258).

Esta revisión detallada del texto de Summers y de otros estrategas que han analizado críticamente la injerencia norteamericana en Vietnam, son el punto de partida necesario para entender las transformaciones diseñadas para enfrentar los conflictos en el Tercer Mundo.

Cuando Carter asumió la presidencia, el debate se encontraba en un buen nivel de avance. El triunfo de la revolución nicaragüense y la toma de rehenes norteamericanos en Irán, a finales de su periodo, fueron el catalizador para que se materializara la propuesta que se venía manejando casi desde el principio de su gobierno: la creación de un mando que comandara fuerzas destinadas a intervenciones rápidas en el Tercer Mundo.

El gobierno de Reagan fomenta la consolidación de estas fuerzas y las prueba en Granada. La obsesión por recuperar por la vía de la fuerza la hegemonía norteamericana perdida le impone ese criterio, sustentado por una parte de la revisión doctrinaria. La globabilidad de la propuesta sólo será recuperada cuando la realidad lo impone. En Centroamérica no era viable una solución exclusivamente militar, y la pírrica victoria en Granada contra un ejército casi inexistente y evidentemente afectado por el asesinato de Bishop había demostrado que lo difícil no era entrar, sino salir.

Como resultado del debate de los errores cometidos en Vietnam, así como de lo que la realidad va imponiendo, se concretarán dos opciones que se empiezan a materializar con pocos años de diferencia y que tienen como sustento dos conceptos estratégicos: el despliegue rápido y la guerra de baja intensidad. El primero destinado a la intervención militar con fuerzas propias, y el segundo para tratar de evitarla hasta donde sea posible, enfrentando de una manera más global la gama de conflictos que se ubican por debajo del nivel de la guerra convencional. Ambos se tratan de operar en Centroamérica, tienen aplicación global en el Tercer Mundo y se encuentran contenidos en la concepción estratégica global de la reacción flexible, que continúa vigente en lo que se refiere a esa escalada militar ascendente en la injerencia norteamericana.

Las críticas planteadas por Summers a esta última concepción se centran en las limitaciones impuestas por la estrategia de la contención, que impedían asumir la ofensiva tanto en el nivel táctico como en el estratégico para revertir procesos, atacando de esa manera la fuente de los conflictos. En otras palabras, la contención impidió la escalada hacia el segundo nivel, el de la guerra convencional contra terceros países patrocinadores de la insurgencia. Por ello la flexibilidad —como principio— es reivindicada por Summers para reaccionar a cambios de circunstancias, siempre desde una óptica ofensiva, evitando el temor hacia el eventual escalonamiento del conflicto.

La construcción de las dos opciones para Centroamérica, la invasión y la guerra prolongada —despliegue rápido y guerra de baja intensidad— serán tratadas a continuación.

2. LAS FUERZAS DE DESPLIEGUE RÁPIDO Y LA OPCIÓN DE INVASIÓN

Dentro de la revisión doctrinaria, la recuperación del principio de la *ofensiva,* tanto en nivel táctico como estratégico, conduce de manera obligada a mejorar las capacidades con miras a la posible invasión militar directa en el Tercer Mundo, tratando de evitar el empantanamiento. Esta necesidad de la estrategia militar norteamericana se traduce en la materialización, en términos operativos, de un concepto: el despliegue rápido.

Puesto que ya hemos desarrollado el tema en trabajos anteriores,[1] nuestra aportación en este capítulo estará orientada a vincular de manera más estrecha el contenido de la revisión teórico-doctrinaria, expuesta anteriormente, con las medidas concretas destinadas a la operación del concepto.

En 1976 el coronel Fletcher Ware adelantaba que el nuevo concepto estratégico de intervención debería consistir en "una decisión rápida para emplear la fuerza, seguida de un despliegue rápido de fuerzas suficientes para lograr objetivos específicos probablemente dentro de limitaciones geográficas y de tiempo".[2]

Se necesitaba, por lo tanto, una fuerza ligera capaz de invadir rápidamente y, una vez cumplida su misión, salir lo antes posible.

[1] Lilia Bermúdez y Antonio Cavalla, *Estrategia de Reagan hacia la revolución centroamericana,* México, Nuestro Tiempo, 1982. Antonio Cavalla, Lilia Bermúdez y Ricardo Córdova, *El gobierno de Reagan frente a Centroamérica. Intervención contra liberación nacional* (*1981-1982*), Cuaderno núm. 6, Serie Análisis de Coyuntura, Centro de Estudios Latinoamericanos, Fac. de Ciencias Políticas y Sociales, UNAM, México, 1982. Lilia Bermúdez y Ricardo Córdova, "Estados Unidos: Centroamérica, cuatro años de intervención militar (1981-1984)", en *América Central: La estrategia militar norteamericana y el proceso de militarización* (*1980-1984*), Cuadernos de Trabajo núm. 4, Centro de Investigación y Acción Social, México, enero de 1985. Lilia Bermúdez y Raúl Benítez Manaut, "La Segunda Administración Reagan en América Central", en *Polémica* núm. 16, enero-marzo 1985, San José, Costa Rica. Una profundización sustancial en la temática se encuentra en Antonio Cavalla, "Estrategia norteamericana contra el Tercer Mundo", borrador de tesis para optar por el grado de maestro en ciencia política, Fac. Ciencias Políticas y Sociales, UNAM, 1983.

[2] Coronel Fletcher Ware, "La división de paracaidistas y un concepto estratégico", en *Military Review,* edición hispanoamericana, vol. VII, núm. 3, marzo de 1976, Fort Leavenworth, Kansas, p. 26.

Su proceso de constitución es resumido en un estudio del Servicio de Investigación del Congreso de Estados Unidos:

A principios de 1977, el *staff* de la Oficina del secretario de Defensa preparó un estudio clasificado conocido como PRM-10 (Presidential Review Memorandum), cuyo contenido fue informado hasta cierto punto a los medíos de comunicación. Este esfuerzo fue presentado para revalorar la situación internacional y diseñar una política de seguridad nacional que apoyara objetivos futuros de la política exterior norteamericana. El resultado fue una decisión presidencial [se refiere a la Directiva Presidencial 18, de 1978] que aprobaba, entre otras cosas, una estrategia para el uso de fuerzas de propósito general en situaciones fuera de la OTAN. Estas fuerzas deberían ser flexibles y capaces de operar independientemente de bases existentes o de la utilización de facilidades [logísticas] amigas. Las áreas geográficas iniciales de incumbencia eran Corea, el Medio Oriente y el Golfo Pérsico.

Mientras la planificación para contingencias mundiales fuera de la OTAN estaba probablemente bien encaminada en el momento de la revolución iraní en enero de 1979, resulta claro que los sucesos en el Golfo Pérsico añadieron nuevo ímpetu a este esfuerzo. A mediados de 1979 se habían decidido asignaciones específicas de fuerza, y los servicios fueron orientados para empezar la planificación de una Fuerza de Tarea Conjunta.

La planificación para la Fuerza de Despliegue Rápido estaba lo suficientemente avanzada, de manera que el 1 de octubre de 1979 el presidente Carter pudo anunciar que había ordenado la formación de la misma. A finales de octubre fue dada una orientación específica a los servicios, que establecieron la estructura de comando para la Fuerza de Tarea Conjunta de la Fuerza de Despliegue Rápido (Rapid Deployment Forces Joint Task Force). Los puntos clave incluían el hecho de que la planificación inicial estaría focalizada en el Caribe y el Golfo Pérsico, y que la estructura de comando debería estar en su lugar, dotada de personal y funcionando el 1 de marzo de 1980. El 29 de noviembre de 1979, el Departamento de Defensa anunció que el general de brigada P. X. Kelley, del Cuerpo de Marines iba a comandar la Fuerza de Tarea Conjunta de la Fuerza de Despliegue Rápido, con su cuartel general en la base aérea de MacDill, Tampa, Florida.[3]

[3] *Rapid Deployment Forces,* Issue Brief Number IB-80027, Congressional Research Service, Washington, 16 de enero de 1981. De acuerdo con el Pentágono, *fuerza de tarea* tiene varias acepciones: *a*] agrupación temporal de unidades bajo un comandante, formada con el propósito de llevar a cabo una operación o misión específica; *b*] organización semipermanente de unidades bajo un comandante, con el propósito de llevar a cabo una tarea específica continua; *c*] un componente de una flota organizada por el comandante de una flota de tarea o de una autoridad mayor para cumplir una o varias tareas específicas.

Fuerza de tarea conjunta sería una fuerza compuesta por elementos asignados o vinculados del Ejército, la Marina o el Cuerpo de Marines, y

Cabe destacar que la Fuerza de Despliegue Rápido (FDR) fue creada para intervenir preferente aunque no exclusivamente en el Medio Oriente y el Golfo Pérsico. En la cita resalta que también se pensaba utilizarla en el Caribe, y en general en cualquier zona fuera de la OTAN donde hubiera un conflicto.

A la FDR se le asignan unidades de las cuatro ramas de las fuerzas armadas norteamericanas: ejército, aviación, marina y cuerpo de *marines*. La función de la Fuerza de Tarea Conjunta de la FDR, según explicó el entonces secretario de Defensa Harold Brown, es examinar las contingencias que puedan surgir en el exterior, y "hará la planificación para el despliegue y operación en cualquier parte en que vayan a ser usadas las FDR en una contingencia dada".[4]

La especificidad conceptual y operativa de las FDR es analizada con claridad por Antonio Cavalla:

> El concepto actual de RDFJTF (Rapid Deployment Forces Joint Task Force) como es presentado en la prensa y en documentos oficiales del Pentágono no es el de una fuerza tradicional de unidades de combate. Lo usual es que la decisión sea formar una fuerza y asignarle sus propios combatientes en un lugar físico distante del que tienen las otras fuerzas. Aquí se trata de que el total de la fuerza no tiene asignadas fuerzas de combate totalmente pormenorizadas [...] al menos al comienzo. El concepto es presentado como destinado a tener una reserva central de combate efectivo (preparada para él), basado en fuerzas de los Estados Unidos exclusivamente, al que se le asignan fuerzas de otras unidades dislocadas en otros lugares del territorio donde se encuentra el comando (Headquarters o Joint Task Force). El lugar de donde provienen las tropas asignadas y la parte de las "fuerzas de base" que intervendrían en un conflicto dependerán entonces del tipo de crisis de que se trate y de la naturaleza de la amenaza. Por ejemplo, se concibe que inicie una intervención un batallón, al que se va asignando para el despliegue otras unidades hasta completar un "cuerpo" del ejército. En teoría (pues como veremos en la práctica no es totalmente así, ni mucho menos), no se agrega una *nueva* unidad a la estructura y organización de las fuerzas armadas norteamericanas. A pesar de ello se identifica claramente qué fuerzas y en qué lugares tienen las capaci-

la Fuerza Aérea, o dos o más de estos servicios, constituida y designada por el secretario de Defensa o por el comandante de un comando unificado, un comando específico o una fuerza de tarea conjunta existente. Department of Defense, *Dictionary of military and associated terms*, JCS Pub. 1, The Joint Chiefs of Staff, Washington, 1 de abril de 1984, pp. 367 y 201.

[4] Harold Brown, Press conference, The Pentagon, diciembre 14 de 1979 (U.S. Department of Defense transcript), citado por Michael T. Klare, *Beyond the "Vietnam syndrome"*, *op. cit.*, pp. 74-75.

dades indicadas para hacerse cargo de las diversas amenazas. Las unidades seleccionadas por la RDFJTF no pierden su dependencia del mando al que pertenecen antes de su elección; la única limitante explícita es que no estén asignadas a la hipótesis de guerra de la OTAN y de Corea.[5]

De esta suerte, la Fuerza de Tarea Conjunta de la FDR asume un papel de comando de una serie de unidades provenientes de las cuatro ramas del ejército, que no renuncian a su comando de origen sino que permanecen dentro de él a menos que sean llamadas para una contingencia en la que tengan que actuar como FDR. La Fuerza de Tarea Conjunta de la FDR, en su papel de comando, seleccionará las unidades y ramas que participarán en una determinada contingencia, lo que dependerá de la naturaleza de ésta. En tiempo de paz, la Fuerza de Tarea Conjunta de la FDR se subordinaría a uno de los comandos unificados con base en territorio norteamericano —el U.S. Readiness Command (Comando en Estado de Alerta)—, pero en tiempo de guerra asumiría el mando sobre las fuerzas de combate desplegadas en el exterior.

Otro elemento que nos parece importante dejar claro, es el hecho de que esta restructuración dentro del ejército no implica un aumento de efectivos destinados al despliegue rápido, sino que la FDR reclutará de entre los que ya existen dentro de las diferentes ramas del ejército, las que constituirían una "reserva" de tropas *con base en Estados Unidos*. Lo que va a cambiar es el concepto de fuerza y la forma de aplicarla en contra del enemigo. Si desde territorio continental norteamericano se pretende invadir rápidamente cualquier región del mundo —fuera de Europa—, se requerirá, entre otras cosas, una rápida transportación, así como otra concepción de la guerra convencional, lograda por un entrenamiento específico que se ensayará a través de maniobras, tanto en territorio norteamericano como en las áreas potenciales de conflicto.

En el cuadro 1 se aprecian las unidades asignadas como componentes de la FDR hacia 1982. La unidad denominada elemento central de la FDR es la 82a. División Aerotransportada. Una descripción de las "habilidades" de esta unidad, así como de otras componentes de la FDR, es proporcionada por Antonio Cavalla:

> La única unidad que ha sido denominada como el elemento central de la FDR es una División Aerotransportada, la No. 82, del Ejército, situada en Fort Bragg, Carolina del Norte.
>
> Está compuesta por tres brigadas de infantería con sus elementos de apoyo y transporte, cuya *élite* es una fuerza de muy alto despliegue de 4 000 hombres, denominada Division Ready Brigade (DRB), uno de

[5] Antonio Cavalla, *op. cit.*, pp. 153-154.

cuyos batallones (son tres en total) está en alerta máxima siempre, listo para abordar sus transportes y atacar al máximo de su potencialidad. Los planes desglosados de la DRB establecen incluso que una compañía del batallón *Ready* tendría capacidad de desplazamiento en dos horas, que el batallón en su conjunto lo haría en 14 horas y que la brigada completa lo lograría en 18 horas.

Según observadores militares norteamericanos, el despliegue de esta sola unidad asignada a un punto de crisis, como el Medio Oriente, requería cerca de 800 aviones C-141, sin incluir las unidades aéreas de protección, apoyo y abastecimiento en el aire [...]

La División Aerotransportada 101, considerada "hermana" de la 82, se encuentra dislocada en Fort Campbell, Kentucky. La característica principal de esta unidad combativa —de 18 mil hombres— es su alta calidad técnica de transporte en helicópteros modernos; usan casi en su totalidad el helicóptero de transporte de tropas UH-60 Sikosky "Black Hawk" artillado con misiles *smart* y diversas ametralladoras.

El *Marine Corps* agrega a la FDR la totalidad (casi la totalidad, según otras fuentes) de la Fuerza Anfibia de los Marines (Marine Amphibius Force, MAP), cuerpo de *élite* central, al que se suma la 7a. Brigada Anfibia de la Marina, lo que da un total de 50 mil combatientes. Naturalmente ellos van con sus transportes de mar y aire, y una alta capacidad aéreo-naval, que no se especifica más que en su "potente fuerza en cazas y helicópteros antitanques".

El Ejército agrega la 24a. División de Infantería Mecanizada, como cuerpo central, con numerosas unidades que no se especifican de Fuerzas Especiales en sus distintas armas.

La Marina aporta además los llamados *"pre-positioned ships"* (barcos pre-colocados) y bases navales, en las que se despliegan elementos de abastecimiento para las unidades de la FDR.

El *Military Airlift Command* y la Fuerza Aérea aportan un número que no se precisa en las fuentes, de grandes transportes C-141 y C-5. Una fuente señala que se trataría de 70 C-5A *Galaxy,* y 234 *Starlifter* C-141. El Comando Táctico Aéreo pondría a disposición de la fuerza 490 C-130 *Hércules.*

Entre los barcos "pre-colocados", dependiendo de las regiones que se consideran críticas, se han contabilizado más de 30 unidades, la mayoría de ellas con abastecimiento energético para los transportes y armas que lo requieren, aprovisionamiento de agua potabilizada y de armas mayores, cuyo peso retardaría el despliegue de las unidades. En tal sentido, la isla Diego García es considerada como una base crucial, una especie de gran "pre-posición" para el despliegue. Se sabe, por declaraciones del jefe de la unidad, que la Brigada Anfibia de la Marina posee allí todos los implementos pesados —incluidos 53 tanques M-60— para abastecer a 12 mil hombres, que saldrían desde California.[6]

[6] *Ibid.,* pp. 157-159.

CUADRO 1

UNIDADES ASIGNADAS COMO COMPONENTES DE LA FUERZA DE DESPLIEGUE RÁPIDO

Ejército

- 82a. División Aerotransportada, Fort Bragg, Carolina del Norte
- 101 División Aerotransportada (de asalto aéreo), Fort Campell, Kentucky
- 24a. División de Infantería (mecanizada), Fort Stewart, Georgia
- 9a. División de Infantería, Fort Lewis, Washington
- 194a. Brigada Blindada, Fort Knox, Kentucky
- 11a. Brigada de Artillería de Defensa Antiaérea, Fort Bliss, Texas
- 5o. Grupo de Fuerzas Especiales y dos Batallones Ranger

Fuerza Aérea

- 27a. Ala de Combate Táctico (con aviones F-111), Base Aérea Canon, Nuevo México
- 49a. Ala de Combate Táctico (con aviones F-15), Base Aérea Holloman, Nuevo México
- 347a. Ala de Combate Táctico (con aviones F-4), Base Aérea Moody, Georgia
- 354a. Ala de Combate Táctico (con aviones A-10), Base Aérea de Myrtle Beach, Carolina del Sur
- 23a. Ala de Combate Táctico (con aviones A-7), Base Aérea England, Louisiana
- 552a. Ala Aerotransportada de Alerta y Control (con aviones E-3A AWACS)
- Fuerza de Proyección Estratégica, 57a. División Aérea (con aviones bombarderos B-52H; de tanque o cisterna KC-135; y de reconocimiento SR-71 y U-2SR), Base Aérea Minot, Dakota del Norte
- 9 escuadrones de transporte seleccionados del Comando Militar de Transporte Aéreo (con aviones C-5, C-141 y C-130)

Cuerpo de *Marines*

- Una Fuerza Anfibia de *Marines* completa, compuesta de una División de *Marines,* un ala aérea de *Marines* y elementos de apoyo
- 7a. Brigada Anfibia de *Marines,* Base del Cuerpo de *Marines* Twenty-nine Palms, California (esta unidad tiene su equipo pesado almacenado en "barcos precolocados" en el Océano Índico)

Marina

- Tres grupos de combate de portaviones (cada uno constituido por un portaviones más tres o cuatro cruceros, destructores y fragatas)

- Tres grupos anfibios alistados, compuestos de barcos de asalto con helicóptero (LHA), barcos de asalto anfibio (LPH), barcos de desembarco con tanques (LST), y otras embarcaciones de desembarco
- 5 escuadrones de patrullaje marítimo

FUENTES: *Aviation Week & Space Technology,* febrero 16 de 1981, pp. 86-89; testimonio del general P. X. Kelley ante el Subcomité de Poder Marítimo y Proyección de Fuerza del Comité de Servicios Armados del Senado, 9 de marzo de 1981; tomado de Michael Klare, *Beyond the "Vietnam Syndrome", op. cit.,* p. 73. Carta II-28, *Military Posture FY 1983,* preparada por la Organization of the Joint Chiefs of Staff, Washington, 1982; tomado de Antonio Cavalla, *op. cit.,* p. 160.

El número de efectivos asignados a la FDR va aumentando paulatinamente. En un principio se habló de 100 mil, para 1981 se mencionaban 200 mil. La voluntad de incrementar su número recibió un fuerte impulso a raíz del ingreso de tropas soviéticas en Afganistán, en diciembre de 1979, y de la transformación de la original Fuerza de Tarea Conjunta de la FDR en el 6o. Comando Unificado de las Fuerzas Armadas norteamericanas, encargado específicamente del Golfo Pérsico.

De acuerdo con el citado *Diccionario de términos militares,* un comando unificado es "un comando con una amplia misión permanente sobre cierta área de responsabilidad, bajo un solo comandante, y constituido por componentes asignados de dos o más servicios".

La formación del nuevo comando unificado es anunciada en abril de 1981, a menos de año y medio de la introducción de las fuerzas soviéticas en Afganistán, recibiendo con posterioridad la denominación de Comando Central (U. S. Central Command, USCENTCOM):

Obviamente se necesitaba un comando más permanente con responsabilidad geográfica en la región para cumplir con el objetivo —en palabras del presidente Reagan el 1 de septiembre de 1982— de desarrollar "con nuestros amigos y aliados una política conjunta para disuadir a los soviéticos y a sus aliados de expansiones ulteriores y, si es necesario, de defendernos en contra de ellos". Así el USCENTCOM fue activado en 1983 (el 1 de enero) y se le ha dado responsabilidad sobre 19 países, desde el Cuerno de África, pasando por el Medio Oriente, hasta el borde oriental de Paquistán y Afganistán. Su establecimiento dio a Estados Unidos las herramientas necesarias para planificar y estructurar medidas de comando y control para cubrir con propiedad contingencias en la región. A finales de 1983, el USCENTCOM tomó también la función de administrar los programas norteamericanos de asistencia en el área, y estableció un pequeño Elemento de Cuartel General de Avanzada (Forward Headquarters Element), colocado a flote con la fuerza del Medio Oriente en el Golfo Pérsico, para trabajar con las embajadas norteamericanas en el cumplimiento de estos programas.[7]

El USCENTCOM es el único comando unificado que no tiene cuartel general en el área de responsabilidad, permaneciendo en la misma base aérea de MacDill, en Florida. Como comandante se nombra al teniente general Robert C. Kingston, un oficial Boina Verde veterano de Vietnam.

A estas alturas, ya la intervención soviética en Afganistán había modificado la concepción inicial sobre las FDR. Concebidas originalmente como una fuerza de ataque ligero, había que dotarlas también de armamento pesado para enfrentar a las fuerzas soviéticas; había que recurrir a bases terrestres cercanas al teatro de operaciones (Omán, Kenia, Somalia y Egipto) y a los barcos precolocados; y había que introducir una nueva "estrategia preventiva". Esta última —según fue descrita por el general Kelley el 18 de junio de 1980— "exigía una despliegue de tropas inmediato al primer indicio de una *posible* incursión soviética, con el fin de señalar la determinación norteamericana y así, con optimismo, desalentar cualquier movimiento soviético ulterior".[8]

Estas modificaciones en la estructura de comando y en la autoridad jurisdiccional de la anterior Fuerza de Tarea Conjunta de las FDR no alteran sustancialmente el concepto básico del despliegue rápido para enfrentar contingencias en el Tercer Mundo, ya que se mantiene como un concepto estratégico fundado en la movilidad de fuerzas de "reserva" con base en Estados Unidos y destinadas a una intervención rápida. En este sentido, no se altera la hipótesis que hemos manejado en nuestros trabajos anteriores, esto es, que las FDR son las destinadas a una intervención en la región centroamericana, como trataremos de demostrar más adelante. Por el momento es suficiente con recordar que el núcleo de esas fuerzas (la 82a. División Aerotransportada) junto con unidades de los *Marines* y de las Fuerzas Especiales fueron los que consumaron la invasión a Granada en 1983.

En el cuadro 2 se puede apreciar que el gobierno de Reagan plantea la duplicación de las fuerzas de despliegue rápido para 1989, pasando de 222 mil efectivos asignados en 1984 a 440 mil.

[7] Raphael Iungerich, "US rapid deployment forces (USCENTCOM). What is it? Can it do the job?", en *Armed Forces Journal International,* octubre de 1984, pp. 91-92.

[8] Michael T. Klare, *Beyond the "Vietnam syndrome", op. cit.,* p. 77.

En el cuadro se corrobora nuestra hipótesis anterior al señalar que estas fuerzas se encuentran a disposición de otros comandos unificados, que en el caso de América Latina sería el Comando Sur con base en Panamá:

Durante el último año, los planificadores militares se concentraron en expandir los efectivos disponibles para el USCENTCOM y *otros comandos unificados* de 222 mil a 440 mil para 1989. Las fuerzas adicionales asignadas no tendrán como resultado un incremento en el total de fuerzas norteamericanas, por ejemplo no se crearán "nuevas" unidades y las fuerzas designadas permanecerán sometidas a sus comandos de origen.[9]

CUADRO 2

FUERZAS DE DESPLIEGUE RÁPIDO PLANIFICADAS POR ESTADOS UNIDOS 1984-1989

	Año fiscal 1984	*Año fiscal 1989*
Marina		
Grupos de batalla de portaviones	3	3
Grupo anfibio preparado [a]	1	1
Fuerza Aérea		
Alas de combate táctico [b]	7	10
Fuerzas de tierra		
Fuerzas anfibias de *Marines* [c]	1½	2
Divisiones de combate del Ejército [d]	3½	5
Personal total	222 000	440 000

a. Típicamente constituido de tres a cinco barcos anfibios, incluyendo un barco de asalto anfibio.
b. Cada una constituida por aproximadamente 72 aviones.
c. Cada una conformada por una división de combate terrestre, un ala de combate táctico y apoyo sostenido.
d. Cada división compuesta de 16 mil a 18 mil soldados.

FUENTE: Barry M. Blechman y Edward N. Luttwak (comps.), *International Security Yearbook 1983-1984*, Nueva York, Georgetown University Center for Strategic and International Studies, St. Martin's Press, 1984, p. 153; tomado de Raphael Iungerich, *op. cit.*, p. 95.

[9] Raphael Iungerich, *op. cit.*, p. 97, cursivas nuestras.

Dentro de este reforzamiento de la capacidad de despliegue rápido se levanta desde 1983 una propuesta concreta dirigida a recuperar el sentido original de las FDR, lo que resulta un elemento definitivo para la comprobación de nuestra hipótesis: la formación de unidades de infantería ligera. Un ejemplo de este tipo de unidades es justamente la 82a. División Aerotransportada.

El comandante de la 1a. Brigada de esta División da cuenta de las bondades de las unidades de infantería ligera:

> Las fuerzas ligeras, particularmente las fuerzas aerotransportadas, poseen ventajas significativas cuando son usadas a tiempo y de manera audaz en respuesta a situaciones de riesgo. Puesto que son fuerzas ligeras, y son fuerzas cohesivas rápidamente desplegables con capacidad para comando extensivo, control y comunicaciones, es posible introducirlas en todo el mundo, en casi cualquier área, virtualmente sin notificación. El concepto de rapidez es importante por su correlación con la sorpresa y el impacto resultante en restringir las opciones del adversario [...]
>
> Las fuerzas aerotransportadas no necesitan aeropuertos seguros o puertos para su introducción en un área. Estas fuerzas pueden ser proyectadas en casi cualquier tipo de medio. En consecuencia, las fuerzas aerotransportadas proporcionan posibilidades únicas para la ubicación de la inserción, lo que otras fuerzas no pueden hacer. Esto permite la concentración de esfuerzo (masa) y, al mismo tiempo, obliga al adversario a dispersar sus esfuerzos, por lo que debilita sus fuerzas a fin de protegerse en todos los puntos posibles (o probables) de inserción. Las fuerzas aerotransportadas son capaces de depositar una fuerza de tarea de combate completa con todo tipo de elementos de combate, apoyo al combate y apoyo al servicio de combate en un recorrido del avión de transporte sobre múltiples zonas de descenso (con paracaídas).[10]

Otro de los elementos iniciales de las FDR que recupera la propuesta de constitución de unidades ligeras es la capacidad de despliegue global, es decir unidades que no están destinadas a un área en particular sino que pueden insertarse en cualquier parte en donde exista un conflicto de baja o mediana intensidad. Este reconocimiento es expresado por el comandante en jefe del Ejército general John A. Wickhman:

> Una carta presentada por Wickhman al Comité de Servicios Armados del Senado el 5 de febrero (1985) demostraba la "flexibilidad estratégica" de las divisiones ligeras dirigidas al sudoccidente de Asia, noreste de Asia, América Latina y a la OTAN.[11]

[10] Coronel Peter J. Boylan, US Army, "Power risk, projection, and the light force", en *Military Review*, vol. LXII, núm. 5, mayo de 1982, Fort Leavenworth, Kansas, p. 66.

[11] Michael Ganley, "Are soldiers headed for 'hot' spots doomed to train

Adicionalmente, otro elemento que también les es reconocido a las divisiones ligeras es el carácter preventivo de su injerencia, obviamente coherente con el principio de la ofensiva. En el Libro Blanco sobre Divisiones Ligeras de 1984, elaborado por el mismo general Wickhman, se plantea:

Al demostrar la determinación y capacidad norteamericanas pueden prevenir el estallido de la guerra. Esto es particularmente cierto ante amenazas de conflicto de baja a mediana intensidad, cuando su presencia puede afectar decisivamente el resultado [...] Especialmente en conflictos de baja intensidad deberán buscar y destruir al enemigo en su terreno, usando iniciativa, subrepción y sorpresa.[12]

Igualmente, se trata de fuerzas establecidas en Estados Unidos, y desde allí desplegables a cualquier zona de contingencia:

Es importante para todos reconocer el valor geoestratégico así como la utilidad en el campo de batalla del concepto de división de infantería ligera. El concepto tiene relevancia porque implica el desarrollo de unidades de combate golpeadoras *altamente desplegables* [...] Desde bases de Estados Unidos, estas divisiones serán capaces de reforzar rápidamente a fuerzas norteamericanas desplegadas en avanzada en la OTAN o el Lejano Oriente.[13]

En este punto podemos sacar una primera conclusión recuperando los elementos vertidos: las divisiones ligeras de infantería refuerzan el concepto inicial y la capacidad operativa de las FDR. Lo único que las diferencia del concepto inicial del FDR es el hecho de que también están pensadas para intervenir en algún conflicto convencional en terrenos de la OTAN, explícitamente vedado para las FDR:

Edward N. Luttwak es el actual gurú en infantería ligera en virtud de su

at frigid Fort Drum?", en *Armed Forces Journal International,* vol. 122, núm. 10, mayo de 1984, p. 79.

[12] General John A. Wickhman, "White paper on light divisions", reimpreso en *The Army Times,* 7 de mayo de 1984, pp. 10 y 12. Citado por el mayor Peter N. Kafkalas, U.S. Army, "The light divisions and low intensity conflict: are they losing sight of each other?", en *Military Review,* vol. LXVI, núm. 1, enero de 1986, Fort Leavenworth, Kansas, p. 20. Este artículo resulta particularmente interesante ya que recupera críticamente los recientes estudios sobre el tema, reconociendo que las contradicciones, la falta de precisión o los errores sobre varios aspectos de las divisiones ligeras, se deben justamente a que la doctrina se encuentra en "estado emergente".

[13] Wickhman, *op. cit.,* p. 12, y Kafkalas, *op. cit.,* p. 21.

reciente evaluación sistemática de la utilidad estratégica de las divisiones ligeras. Este estudio ve el uso de la división ligera en varios teatros:

- Teatro maduro, Grupo Central del Ejército, Europa Central, área de la OTAN.
- Teatro de contingencia, sudeste de Asia.
- Baja intensidad, Centroamérica.
- Intervención, incluyendo rescate y terrorismo.[14]

Esto no quiere decir que se piense también en ellas como grandes unidades convencionales sino que al igual que las Fuerzas de Operaciones Especiales (como ya veremos), refuerzan en un conflicto mayor a las fuerzas norteamericanas de ese tipo.

El secretario del Ejército, John O. Marsh, informa de la introducción de las nuevas unidades ligeras en la estructura del Ejército:

El Ejército está reconfigurando la 7a. División y la 25a. División en un sentido ligero [originalmente eran unidades de infantería tradicionales]. Se está incorporando a la 6a. División, que estará en Alaska, y a la 10a. División, que irá a Fort Drum, Nueva York. La quinta a la que se refiere es la activación de la 29a. División de la Guardia Nacional. Por eso no existen cinco *nuevas* divisiones.[15]

El *Military Posture* para 1986 da cuenta de una más y precisa que la división de infantería ligera de Alaska tendrá dos brigadas activas como componentes, una en ese estado, y otra en lo que se denomina el territorio continental norteamericano.[16]

La constitución de las divisiones ligeras no ha estado exenta de contradicciones, al igual que todas las transformaciones que han implicado cambios en la estructura del ejército. Llaman particularmente la atención las que se concentran en la 10a. División de Infantería Ligera de Montaña, con base en Fort Drum. Ubicada en una zona que se caracteriza por bajísimas temperaturas la mayor parte del año (—35°F desde finales de octubre hasta principios

[14] Edward N. Luttwak Inc., *Strategic utility of the light divisions, a systematic evaluation: status report for 2nd SAG meeting and partial draft report,* Contract Number DAB60-84-C-0099, Chevy Chace, Md., 19 de febrero de 1985, citado por Kafkalas, *op. cit.,* p. 23.

[15] Entrevista a John O. Marsh Jr., secretario del Ejército, *Armed Forces Journal International,* vol. 12, núm. 10, mayo de 1985, pp. 45-46.

[16] *United States Military Posture for FY 1986,* preparado por la Organization of the Joint Chiefs of Staff, 1985, p. 59.

de abril), obviamente se orienta a preparar a sus efectivos en ese tipo de clima, sin embargo:

> Desafortunadamente, dicen algunos críticos de alto nivel en el Ejército, la principal área potencial de combate de la nueva 10a. División es más probable que sean las arenas calientes del desierto del Medio Oriente, o los climas calurosos de América Latina, el Pacífico o Asia, que el sector del norte de la OTAN (unidades del Cuerpo de Marines ya tienen asignada esa responsabilidad principal para reforzar el flanco norte de la OTAN, y para ello se está precolocando equipo en este lugar).[17]

Pero lo más interesante es la más reciente modalidad introducida en el entrenamiento de esa división, que en efecto confirma que la zona principal de compromiso sería más bien cualquier parte del Tercer Mundo:

> El general John Wickhman, comandante en jefe del Ejército y padre de las divisiones ligeras, las ha instruido recientemente para empezar un entrenamiento en manejo de mulas. Aunque es un hombre del Ejército, Wickhman pudo haber sido inspirado por la experiencia de los *marines* durante la guerra de 1927-1933 contra Sandino en Nicaragua. De acuerdo con un artículo de 1929 de la *Marine Corps Gazette,* las mulas son "el animal más adecuado obtenible en Nicaragua". Un artículo de 1965 en la *Gazette* sobre las "lecciones" que la guerra en contra de Sandino dejó para pelear en Vietnam y República Dominicana destaca las virtudes del uso de las mulas en patrullas montadas con el objeto de conservar "la energía de los cansados *marines* rezagados para el más importante negocio de pelear".[18]

Recuperando la idea que venimos desarrollando, los elementos planteados demuestran que el despliegue rápido es un concepto estratégico destinado a intervenir rápida y contundentemente en el Tercer Mundo, para cuya realización se han destinado unidades de cada una de las ramas de las fuerzas armadas norteamericanas, ahora reforzadas por la constitución de estas nuevas unidades ligeras de infantería. Las modificaciones en la estructura de mando original de la FDR y su transformación en el sexto comando unificado encargado del área del Golfo Pérsico no cambian el

[17] Michael Ganely, *op. cit.,* p. 79.

[18] "Profesional notes", *Marine Corps Gazette,* vol. 14, núm. 4, diciembre de 1929, p. 298, y "Guerrilla lessons from Nicaragua", en *ibid.,* vol. 49, junio de 1965, pp. 32-40; tomado de Joshua Cohen y Joel Rogers, *Inequity and intervention. The Federal Budget and Central America,* PACCA Series on the Domestic Roots of United States Foreign Policy, Boston, South End Press, p. 47.

sentido inicial del concepto estratégico. Ante la eventualidad de una contingencia, se han construido, reforzado a las FDR, y se planea para ellas un crecimiento mayor. La definición del número y tipo de unidades a involucrar, así como el mando de éstas, recaerá en el comando unificado de la zona de incumbencia.

Antes de pasar a analizar la instrumentación de la estrategia del despliegue rápido en Centroamérica durante el gobierno de Reagan, nos interesa redondear el análisis concluyendo con algunos señalamientos en torno a la coherencia lograda entre la revisión doctrinaria y la materialización operativa del concepto, para lo cual recurriremos a los Principios de la guerra.

El *objetivo* "claramente definido, decisivo y alcanzable" en términos generales es detener la supuesta expansión soviética en el Tercer Mundo a través de operativos militares rápidos y contundentes. La crisis de Irán y la presencia soviética en Afganistán precisó a tal punto el objetivo que se concreta a 19 países de esa área, bajo la responsabilidad del nuevo comando central, encargado del Golfo Pérsico. No obstante, el objetivo de las fuerzas rápidamente desplegables continúa siendo el turbulento Tercer Mundo, para responder a las contingencias con niveles apropiados de fuerza.

Con la formación del USCENTCOM se avanza también en el principio de *unidad de mando.*

Además de que la propia constitución de las FDR evidencia ya de por sí el carácter *ofensivo* de la estrategia norteamericana, en la medida en que son fuerzas destinadas para la intervención, el postulado de "apoderarse, retener y explotar la iniciativa" se evidencia en el carácter "preventivo" de la estrategia. Se trata de destruir al enemigo antes de que éste tome la iniciativa. Como ya señalábamos, se buscará un despliegue inmediato de tropas frente a indicadores de una *posible* incursión soviética.

Con el concepto del despliegue rápido se busca, en términos operativos, superar uno de los principales errores de la guerra de Vietnam, que fue el gradualismo de la intervención, por lo que se reivindica el principio de *masa,* entendido como "poder de combate concentrado en el tiempo y lugar decisivos". Como lo señala Antonio Cavalla:

> Hay que desplegar esas fuerzas rápidamente, en número suficiente, en teatros restringidos, con objetivos políticos precisos. Despliegue rápido más saturación del teatro es el binomio en términos militares.[19]

[19] Antonio Cavalla, *op. cit.,* p. 95.

Como veíamos, en el contexto estratégico el principio de *masa* "sugiere que se debe comprometer, o estar preparado para comprometer, el predominio del poder nacional en aquellas regiones o áreas del mundo en donde la amenaza a intereses vitales de seguridad sea mayor". Los 222 mil efectivos asignados al despliegue rápido en la actualidad y su duplicación ulterior dan cuenta de esa preparación para "comprometer el predominio del poder nacional".

En el sentido estratégico se señala que el principio de *maniobra* tiene "tres dimensiones interrelacionadas: flexibilidad, movilidad y maniobrabilidad [...] Con el objetivo de reaccionar con prontitud y de concentrar y proyectar el poder sobre el objetivo principal, los transportes aéreos y marítimos estratégicos son esenciales". Esta necesidad, la del equipo precolocado y la de bases cercanas al teatro de operaciones, son inherentes al concepto de FDR. El estudio ya citado del congreso norteamericano explicita:

> El transporte aéreo ofrece la capacidad de responder rápidamente, pero tiene serias limitaciones en la cantidad de equipo de combate y de apoyo logístico que puede ser transportado al área de operaciones. Un remedio a este problema de transporte rápido y de falta de profundidad en el apoyo es precolocar equipo y abastecimiento. Con esto, el avión necesita transportar sólo tropas para "conectarse" con el apoyo logístico.
>
> Por otro lado, el transporte marítimo puede proporcionar tropas en cantidades y una buena gama y profundidad de apoyo logístico, por ejemplo, comida suficiente, municiones y equipo pesado de campaña. La experiencia anterior ha mostrado que una abrumadora parte del abastecimiento de tiempo de guerra es entregado a la zona de combate por barco (entre 90 y 95% durante Vietnam y la segunda guerra mundial). El problema con el transporte marítimo es que los primeros implementos llegan muy lentamente en comparación con el transporte aéreo y, por otra parte, está la amenaza de pérdida de líneas marítimas [...]
>
> Ninguno de estos tres elementos, transportación aérea, marítima o precolocado, es visto como totalmente aceptable por sus propios méritos. Los planificadores militares preferirían una mezcla de los tres.[20]

Antes de ser nombrado comandante de la FDR, el general Kelley anunciaba lo siguiente:

> Para empezar, el Pentágono asignaría seis mil millones de dólares para la adquisición de 50 nuevos aviones de transporte de largo alcance, conocidos como C-X (para carga experimental), y gastaría otros tres mil millones en una flota de 15 barcos "precolocados" aprovisionados con armas y municiones para tres brigadas de *marines* de 16 mil hombres cada una. Una vez pertrechados, los barcos precolocados se estacionarían

[20] *Rapid deployment forces,* Issue Brief, *op. cit.,* pp. 2-3.

permanentemente en el Océano Índico donde servirían como una suerte de "arsenal flotante" para cualquiera de las unidades enviadas al área.[21]

Otra necesidad es la puesta en práctica (el ensayo) del principio de *maniobra* a través de la realización de maniobras militares, ejercicios y operaciones en las regiones de conflicto. En julio de 1984, el comandante del USCENTCOM, teniente general Robert C. Kingston, informaba que:

> Desde la formación de la Fuerza de Tarea Conjunta de la FDR, y ahora el Comando Central, hemos conducido completamente, 16 grandes ejercicios, cinco de los cuales han recaído en el área del Golfo Pérsico. La coordinación y cooperación en la planeación y despliegue hacia y desde el área, más el empleo de fuerzas durante estos ejercicios, incrementan nuestra destreza. Nuestra habilidad para penetrar en esa área desde Estados Unidos y nuestro trabajo con los militares de los países ha aumentado tremendamente.[22]

Lo mismo se ha conseguido con los ejercicios militares realizados de manera casi permanente en la región centroamericana y en las aguas del Caribe desde 1983. Por último, con la creación de las FDR también se pretende cumplir con el principio de la *sorpresa.* Como la propia definición del contenido lo expresa, y partiendo de la dificultad en poder conseguir la sorpresa estratégica:

> Sin embargo, Estados Unidos puede conseguir un grado de sorpresa psicológica debido a su capacidad estratégica de despliegue. El rápido desplazamiento de las fuerzas de combate norteamericanas dentro de un área crítica puede anticipar o desquiciar los planes y preparaciones de un enemigo. Esta capacidad puede dar a Estados Unidos la ventaja en un sentido físico y psicológico, negando al enemigo la iniciativa.

Por otra parte, y atendiendo a los elementos que Clausewitz considera determinantes en la formulación estratégica, con la FDR se crea la *fuerza* necesaria para la intervención global de carácter convencional, cuyo signo distintivo es la capacidad de saturar el teatro de operaciones, que en términos de *tiempo* puede ser involucrada rápida y contundentemente para resolver con la mayor rapidez posible las crisis y en un *espacio* lo más reducido posible —que en Centroamérica se suponía podía ser Nicaragua o El Salvador.

Con respecto a la instrumentación de esta estrategia en la región

[21] *The Wall Street Journal,* 6 de diciembre de 1979, citado por Michael T. Klare, *Beyond the "Vietnam syndrome", op. cit.,* p. 74.

[22] Entrevista con el teniente general Robert C. Kingston, en *Armed Forces Journal,* julio de 1984, Washington, p. 71.

centroamericana, encontramos varias evidencias. En primer lugar, el 1 de octubre de 1979, el presidente Carter declara que se había establecido una Fuerza de Tarea Conjunta sobre el Caribe y Centroamérica (Joint Task Force on Caribbean and Central America), basada en Key West, Florida, a la que "asignaré fuerzas de todos los servicios militares para la expansión y conducción de operaciones", que —añadía— "si se requiere empleará fuerzas diseñadas para la acción". A esta Fuerza de Tarea, el gobierno de Reagan le sumará el 1 de diciembre de 1981 el Comando de Defensa de las Antillas (anteriormente situado en Puerto Rico); un "componente naval activo" (fuerza operativa especial, directamente disponible por el comandante), y unidades del Ejército, la Fuerza Aérea y el Cuerpo de Marines. Ellos conformarán el Comando del Caribe de las Fuerzas de Estados Unidos (U.S. Forces Caribbean Command). Como comandante se nombra al contralmirante Robert P. Mackenzie, quien dirigía la Fuerza de Tarea Conjunta para Contingencia del Caribe (Caribbean Contingency Joint Task Force), dependiente del Comando Sur.

De acuerdo con nuestra interpretación, este comando es una ampliación de la FDR, a la que —de acuerdo con el secretario de Defensa, Caspar Weinberger— se le asignan directamente "el área del Caribe, que incluirá las aguas e islas del mar Caribe, el Golfo de México y las partes del Océano Pacífico que bordean América Central".[23]

A diferencia de la FDR central, ha habido escasa información respecto a este comando, sin embargo se sabe que ha coordinado los ejercicios de guerra norteamericanos desarrollados en el Caribe.[24]

Una punta de lanza de la estrategia de despliegue rápido norteamericana en la región ha sido, sin duda, Honduras. Vietnam había demostrado el mito de la neutralidad de los países vecinos a las zonas de conflicto, de ahí que se reivindique la necesidad política y militar de asegurar su alineamiento a la estrategia norteamericana. En el caso de Honduras la necesidad es mayor, ya que su ubicación geográfica es idónea para los planes de guerra norteamericanos, pues colinda con los tres países más conflictivos para

[23] "Pentagon reorganizes Caribbean command", *The Washington Post*, 24 de noviembre de 1981; "Navy forms Key West post", *The New York Times*, 24 de noviembre de 1981.

[24] *On a short fuse: militarization in Central America*, Caribbean Basin Information Proyect, Washington, editado por Public Media Center, San Francisco, s/f. Véase el capítulo "Military Bases, Construction and Training".

Estados Unidos: Nicaragua, El Salvador y Guatemala. Para concretarlos ha sido necesaria la ocupación militar de su territorio, que se dio de manera acelerada a partir de 1983 con el inicio de la nueva fase de maniobras militares.

Bajo su manto se ha logrado imponer la presencia militar norteamericana permanente en la región y, fundamentalmente, se ha levantado la infraestructura necesaria para la eventualidad de una invasión. Los 14 aeropuertos construidos o ampliados por el ejército norteamericano sitúan a Honduras a la cabeza de toda América en cuanto a densidad de aeródromos con fines militares en relación con la superficie de su territorio (112 mil kilómetros cuadrados). Con la construcción del último en Durzuna, ubicado en la Mosquitia hondureña, el ejército de Estados Unidos cerró el cinturón de aeropuertos militares que bordea con precisión la fronteras del país con Guatemala, El Salvador y Nicaragua. Su capacidad para la recepción de efectivos militares norteamericanos es ilustrada por la revista *Time* en abril de 1984, cuando sumaban 11: tenían la posibilidad de recibir en una sola tarde a 15 mil hombres de la 82a. División Aerotransportada.[25]

Todas las pistas pueden recibir aviones de transporte Hércules C-130. La base aérea de Palmerola permite el aterrizaje de cualquier avión de la flota norteamericana, tanto de combate como de transporte, incluyendo los F-15 y el *Galaxie* C-5A.

Otras construcciones realizadas durante las maniobras que empalman con las necesidades del despliegue rápido son los depósitos de municiones construidos en las bases aéreas de Palmerola y San Lorenzo, y el de combustible en esta última para almacenar 100 mil galones (propuesto en 1984).

También revisten importancia militar los radares instalados en la Isla del Tigre (en medio del Golfo de Fonseca) y en la Sierra de La Mole.

En la base aérea de Palmerola también destaca la construcción de un hospital de campo en el que se ubican 250 médicos militares.

Otro de los beneficios proporcionados por las maniobras es la instalación de un comando norteamericano en la región. En consonancia con los planteamientos de Summers al respecto, este comando se establece en un país vecino, no en la "zona inmediata de guerra":

> Cuando los ejercicios concluyeron [Pino Grande II], el Departamento de Defensa reveló que una unidad de cuartel general de 1 200 hombres,

[25] *Time,* 2 de abril de 1984, p. 10.

conocida como Fuerza de Tarea Conjunta Alfa (Joint Task Force Alpha), permanecería en [la base aérea de] Palmerola para preparar la siguiente ronda de maniobras. Sacada del U.S. Readiness Command de la base aérea de MacDill en Florida, la unidad es un equipo autocontenido de control de combate, completamente capaz de dirigir una fuerza de batalla de decenas de miles de tropas.[26]

Esta fuerza coordinó las Granadero I, y permanece hasta la fecha en la base de Palmerola bajo otro nombre: Fuerza de Tarea Bravo (Bravo Task Force).

Esto quiere decir que a partir de las maniobras Pino Grande II se ha instalado un comando norteamericano permanente en la región, especializado en el despliegue rápido.

Asimismo la preparación de las tropas norteamericanas para el despliegue rápido se ha dado a través de las maniobras militares llevadas a cabo en tierra de manera conjunta con el ejército hondureño. Si efectuamos un recuento somero de las principales maniobras realizadas, focalizando la atención en el objetivo que se plantean, el despliegue rápido se mantiene como constante. Por otra parte, la 82a. División Aerotransportada ha participado en varios de ellos: [27]

☐ En las *Pino Grande I* (1 al 6 de febrero de 1983) por primera vez son utilizadas las FDR, y su objetivo era atacar la posición del "enemigo rojo" de un hipotético país, "Corinto", y se desarrollan a 16 km de la frontera con Nicaragua.

☐ En las *Pino Grande II* (5 de agosto de 1983 al 8 de febrero de 1984), el comandante general de la maniobra, coronel Schlossberg, afirma que "servirán para comprobar la capacidad de intervención rápida en cualquier país".[28] Éste dirigía el grupo de 50 in-

[26] Michael T. Klare, "Maneuvres in search of an invasion", *The Nation*, junio 9 de 1984; reimpreso en *Reprint*, Washington, Institute for Policy Studies.

[27] Hemos desarrollado el tema en otros trabajos. Véase Lilia Bermúdez y Antonio Cavalla, *Maniobras militares de Estados Unidos en América Central*, ponencia presentada para el XI Congreso de Latin American Studies Association (LASA), México, 29 de septiembre al 1 de octubre de 1983. También Lilia Bermúdez y Ricardo Córdova, "Estados Unidos: Centroamérica, cuatro años de intervención [...]", *op. cit.* Para un análisis amplio de las maniobras militares desarrolladas en Centroamérica, véase Ricardo Córdova, *Evaluación de las maniobras militares de los Estados Unidos en América Central (1983-1985)*, tesis para obtener el título de licenciado en sociología, Facultad de Ciencias Políticas y Sociales, UNAM, 1986.

[28] *Unomásuno*, México, 20 de agosto de 1983.

tegrantes de las FDR que conformaron la Fuerza de Tarea Militar Conjunta (Joint Military Task Force), que provenía de la base aérea de MacDill y que instaló su cuartel general en la base aérea de Palmerola para coordinar las maniobras. Éstas incluyeron ejercicios de desembarco anfibio masivo.

□ *Relámpago I* y *Kilo Punch* (2a. quincena de marzo de 1984) incluyen ejercicios de desplazamiento rápido en los que participan fuerzas de la 82a. División Aerotransportada.

□ El *Ejercicio de Estado de Alerta para Despliegue de Emergencia* (Emergency Deployment Readiness Exercise, última semana de marzo de 1984) cuenta con la participación de 250 paracaidistas de la 82a. División Aerotransportada. Su objetivo era probar la capacidad de despliegue y operación en situaciones reales y en un periodo extremadamente corto.

□ En las *Granadero I* (1 de abril al 30 de junio de 1984) participan 1 200 hombres en la primera fase estacionados en la base aérea de Palmerola, que forman parte de las FDR Alfa, a las que aludíamos con anterioridad.

□ En las *Pino Grande III* (11 de febrero al 3 de mayo de 1985), en su segunda fase del 8 al 13 de abril, se realiza una práctica de guerra convencional "de carácter defensivo" con medios blindados y antiblindados. Uno de los objetivos era la movilización de medios a un teatro de operaciones. El ejercicio fue coordinado por fuerzas de infantería mecanizada y fue la primera vez en la historia militar de América Latina en que Estados Unidos desplaza tanques a la región. También se menciona como objetivo el desplazamiento rápido.

□ En las *Cabañas 86* (iniciadas el 3 de marzo de este año) participaron 2 mil efectivos norteamericanos provenientes de Fort Bragg, Carolina del Norte, entre los que destacan miembros de la 82a. División Aerotransportada. Lo interesante de esta maniobra es el puente aéreo sin escalas logrado entre Fort Bragg y la Mosquitia hondureña. El objetivo era el adiestramiento en ingeniería militar y la construcción del aeropuerto de Durzuna, sin embargo se aprovecha para ensayar el desplazamiento rápido de maquinaria pesada y de efectivos. Una flotilla de cuatro aviones *Hércules* C-130 y dos flotillas de C-141 (8 aviones) mantuvieron el puente aéreo hasta completar el traslado de 400 efectivos y unas 450 toneladas de equipo en tres horas, mismas que fueron descargadas en paracaídas.

□ Durante los *Vicente Tosta* (iniciados el 18 de marzo de 1986) participan principalmente miembros de la 82a. División Aerotransportada, dirigidos por un comando de la FDR basado en

MacDill, Florida. Su objetivo fue la unificación en el comando de tropas para enfrentar la hipótesis de un conflicto bélico grave.

Por lo que se refiere a las maniobras navales, daremos sólo ejemplo de tres de ellas:

□ *Ocean Venture 81* (1 de agosto al 15 de octubre de 1981) fue un ejercicio de invasión en la isla de Vieques, Puerto Rico, en donde se desplazaron más de dos mil aviones, 240 barcos y 120 mil efectivos. Además del contingente norteamericano, participaron también otros de la OTAN, Argentina, Colombia, Uruguay y Venezuela. Usando el nombre clave de "Ámbar y Ambarinas", en clara alusión a Granada y las islas Granadinas, el ejercicio de invasión tenía por objeto liberar a rehenes norteamericanos del régimen de la isla. Dos años después, el 25 de octubre de 1983 se pone en práctica lo ejercitado, concretándose la invasión real a Granada.

En ella participaron *marines, rangers* y elementos de la 82a. División Aerotransportada, todos componentes de las FDR:

El despliegue y actuación "in vivo" demandó en sus comienzos "más de 5 600 efectivos" según el *Times,* integrados por Infantes de marina, "rangers" del Ejército y paracaidistas, transportados en portaviones, fragatas misileras, cruceros y destructores; total de efectivos utilizados en la operación, 9 182 en los dos primeros días inmediatos a la agresión e invasión, cifra que posteriormente se ha hecho ascender a 15 000.[29]

De manera coherente con las necesidades del despliegue rápido, en Granada se realizó una operación de saturación.

□ La maniobra *Ocean Venture 84* (20 de abril al 6 de mayo de 1984) es la maniobra marítima más importante efectuada por Estados Unidos en la región desde la *Ocean Venture 81.* Participan 32 mil hombres y su objetivo específico es efectuar ejercicios de rápido desplazamiento. El teatro de operaciones va desde el Golfo de México, Florida y la costa atlántica de Estados Unidos hasta el sur de Puerto Rico. Las unidades que incluyen dichas maniobras son la 82a. División Aerotransportada, la 26a. Unidad Anfibia y algunos elementos del 250o. Comando Aéreo Estratégico y Comando Táctico Aéreo. Parte importante de las operaciones se basan en ejercicios anfibios de desembarco y ejercicios aerotransportados de desembarco de paracaidistas. La revista *Newsweek* ilustra cómo se desarrollaron los "juegos de guerra":

[29] Gregorio Selser, "Granada: primer ejercicio 'in vivo' de la *Rapid deployment force*", en *El Día,* México, 31 de octubre de 1983.

El escenario del juego de guerra queda chico frente a la imaginación. Un gran país de Europa central ("Orange") inicia actos desestabilizadores fuera de su hemisferio, conjuntamente con su aliado en el Caribe ("Khaki"). Orange busca desestabilizar un país de Centroamérica ("Amber"). Amber es un aliado de Estados Unidos ("Blue"). Blue es forzado a intervenir y a probar acciones conjuntas de su Ejército, Marina, Fuerza Aérea y *marines,* en la labor de salvar al vecino de Washington que desarrolla una guerra contra el comunismo [...]

Las maniobras comenzaron con misiones de bombardeo y guerra antisubmarina efectuadas por el portaviones *U.S. America,* y con la falsa evacuación de esposas e hijos militares de la base de Guantánamo, Cuba. En el "Día D" (1 de mayo de 1984) temprano en la mañana se da la invasión en gran escala a Vieques, Puerto Rico, bajo la vigilancia real de una nave soviética de inteligencia que se divisaba en el horizonte, 800 *marines* lanzados por helicópteros y F-16 después de saturar las playas se trasladan en vehículos anfibios y se mueven hacia el interior del territorio para buscar la seguridad de la "embajada". A media mañana, alrededor de 750 hombres de la 82a. División Aerotransportada —más de la mitad de ellos son veteranos de la invasión a Granada— se lanzaron en paracaídas sobre Campo Santiago, en Puerto Rico.[30]

□ En las *Universal Trek 85* (12 al 27 de abril de 1985) participan el 6o. Escuadrón Anfibio, el 26o. Escuadrón Destroyer, la Fuerza Naval del Caribe, la 101 División Aerotransportada y dos comandos tácticos aéreos. En total participaron 7 030 efectivos norteamericanos y 5 mil hondureños. Su objetivo es "aumentar la preparación y confiabilidad de los militares hondureños, e intimidar al gobierno sandinista izquierdista". Se realizan en Puerto Castilla y La Ceiba (Honduras). Entre las operaciones ejercitadas se encuentran:

Asalto anfibio cerca de Puerto Castilla, más el despliegue de efectivos norteamericanos desde helicópteros COBRA y barcos. Al mismo tiempo una fuerza de asalto aéreo de la 101 División Aerotransportada, junto con unidades de los *marines,* se internan en territorio hondureño a un lugar no especificado.

En estas acciones desembarcarán tropas para hacer prácticas de invasión anfibia, apoyadas por barcos armados de misiles guiados *Crucero,* así como por barcos destructores, fragatas y helicópteros de ataque. Las fuerzas hondureñas se unirán a las norteamericanas en las últimas fases de las maniobras.[31]

[30] "Playing invasion games?", en *Newsweek,* 14 de mayo de 1984.

[31] "Maniobras militares conjuntas Estados Unidos-Honduras: 1981-1985", México, INSEH, mimeo., p. 4.

A partir de estos elementos se puede entender con mayor claridad nuestra afirmación anterior. El concepto del despliegue rápido y las unidades asignadas a él para intervenir en el Tercer Mundo se han mantenido independientemente de los cambios en la estructura del ejército norteamericano, que transformó su original Fuerza de Tarea Conjunta en el sexto Comando Unificado encargado del Golfo Pérsico.

De esta suerte nos enfrentamos a un concepto estratégico en donde la intervención basada en el despliegue rápido se justifica doctrinaria y prácticamente. Prueba de ello son las maniobras descritas, cuyos objetivos son precisamente el entrenamiento norteamericano en esta concepción, y el hecho de que se siguen realizando después del 1 de enero de 1983, fecha de conformación oficial del USCENTCOM.

Esta preparación para la invasión a Centroamérica con fuerzas propias y la vigencia estratégica del concepto en el que se fundamenta han tenido, sin embargo, limitaciones para ser puestas en práctica.

El dique fundamental para la utilización de las FDR no es militar sino político, por lo que la noción estratégica del despliegue rápido se trata de instrumentar con los ejércitos aliados para que sean ellos los que saturen el teatro de la guerra y derroten al enemigo. Tal es el caso de las fuerzas armadas salvadoreñas a las que se les trata de entrenar en estas habilidades.

La clave de la estrategia militar de 1981 a 1983 fue el entrenamiento por parte de Estados Unidos de grandes batallones que saturaran el teatro de la guerra del FMLN, mediante operativos de "cerco y aniquilamiento". Para contrarrestar la iniciativa militar conquistada por el FMLN en la Ofensiva de enero de 1981, se entrena al Batallón Atlacatl, que será el puntal de las fuerzas gubernamentales durante ese año, y posteriormente los batallones Atonal y Ramón Belloso, este último más tecnificado y basado en la helitransportación.

Con ello se buscaba lograr una victoria militar rápida utilizando fuerzas aliadas, pero siempre reservando la posibilidad de que ante una derrota pudieran invadir las FDR. Sin embargo, la fortaleza militar demostrada por el FMLN coloca en tela de juicio la posibilidad de lograr una victoria instantánea y contundente, planteando la posibilidad de un nuevo empantanamiento militar.

Otro elemento que se añade es que la opción tampoco opera para Nicaragua. Los costos serían infinitamente mayores dado el fortalecimiento del gobierno sandinista.

A ello se añade el hecho de que la revisión de las opciones para enfrentar los conflictos en el Tercer Mundo por parte de los estrategas norteamericanos no se constreñía a la de la invasión, sino que incluía también alternativas que pudiesen colocarla como la última salida. A este análisis dedicaremos nuestro tercer capítulo.

3. LA GUERRA DE BAJA INTENSIDAD: SUS CONTENIDOS Y SU IMPOSICIÓN EN CENTROAMÉRICA

El primer paso que tuvo que dar el gobierno de Ronald Reagan fue reconocer el fracaso de la estrategia militar aplicada hasta ese momento en Centroamérica. El segundo, aplicar los renovados principios de la guerra a que hacíamos referencia en el primer capítulo. Paralelamente había que fomentar una discusión que se empieza a dar en los últimos años de la década anterior, cuyos objetivos eran buscar alternativas de política para enfrentar la crisis en los incontrolables países subdesarrollados, y que sería el semillero de un nuevo concepto que, aunque controvertido, terminó por imponerse: el Conflicto de Baja Intensidad (CBI) o la Guerra de Baja Intensidad (GBI).[1]

El libro de texto del coronel Summers, publicado por primera vez en 1982, llamaba la atención —entre muchos otros aspectos— en torno de una de las lecciones de la derrota en Vietnam: más que caer en el círculo vicioso de argumentos y contraargumentos sobre si se debió haber puesto mayor atención al entrenamiento convencional o irregular de las fuerzas aliadas, la palabra clave es la *flexibilidad,* es decir la habilidad para reaccionar a cambios de circunstancias rápidos. "De todas las 'lecciones aprendidas' de la guerra de Vietnam, la necesidad de flexibilidad en pensamiento y acción es quizás la más crítica."[2] Si más de dos años de fracasos en Centroamérica hacían evidente que la estrategia no funcionaba, era tiempo de que la flexibilidad se aplicara. A todas luces, la victoria militar rápida contra el FMLN estaba cada vez más lejana, y las primeras medidas orientadas para desestabilizar al régimen sandinista no eran suficientes, por el contrario las tendencias se orientaban hacia la consolidación del mismo.

[1] Las primeras reflexiones sobre el tema las planteamos en Lilia Bermúdez, "La revaloración de los conflictos de baja intensidad y la reactivación de las fuerzas de operaciones especiales", en *Estudios Geopolíticos y Estratégicos* núm. 10, 1985, Lima, Perú; y Lilia Bermúdez, "El 'nuevo' modelo de intervención norteamericana en Centroamérica: La 'guerra de baja intensidad' ", ponencia presentada en las Primeras Jornadas Universitarias por la Paz en Centroamérica, organizadas por el Centro de Relaciones Internacionales de la FCPYS, el Programa Justo Sierra y la Coordinación de Humanidades de la UNAM, 9-13 de septiembre de 1985.

[2] Harry G. Summers, *op. cit.,* p. 190.

La interminable revisión crítica de los errores cometidos en Vietnam se materializaba una vez más en documentos oficiales de las fuerzas armadas norteamericanas. En agosto de 1981, el Manual de Campo *Field Manual 100-1, The Army* aparece incorporando en su tercer capítulo los principios de la guerra, revisados a partir de la perspectiva que impone la reflexión de Summers. Como ya señalábamos, las recomendaciones de Summers en torno al principio de la *ofensiva* se centran en redefinirlo en términos de *iniciativa* más que puramente en términos de acción ofensiva, por lo que en el Manual de Campo queda definido este principio como "apoderarse, retener y explotar la iniciativa". La consideración final sobre el mismo reza: "no importa el nivel, estratégico o táctico, el lado que mantenga la iniciativa mediante acciones ofensivas fuerza al enemigo a *reaccionar* más que a *actuar*".[3]

Además había que asumir con todas sus consecuencias el concepto de *victoria* más adecuado, no el que remitía a la que se había conseguido durante la segunda guerra mundial —que si bien a un costo altísimo para los aliados, había logrado la derrota total de las fuerzas armadas del enemigo y su rendición incondicional. En El Salvador se había cometido el error de empujar al ejército aliado a buscar una solución rápida y exclusivamente militar y a preparar todo lo necesario para una invasión de fuerzas propias en caso de ser necesario.

En la nueva concepción de *victoria* —que según algunos es la de siempre— es sustancial el rescate del elemento *político*: en Summers está clara la posición al respecto ("Victoria es el logro de los objetivos políticos por los que fue hecha la guerra") y la generalidad de la literatura sobre CBI es coincidente con esta definición. Es una característica fundamental de la nueva propuesta, que en Centroamérica estaba muy lejos de siquiera insinuarse hasta 1982.

En un estudio publicado a mediados de 1983 que recoge lo que hasta la fecha se había publicado sobre CBI, elaborado por Kupperman Associates por encargo del Comando de Entrenamiento y Doctrina del Ejército, lo anterior se incorpora en su definición de trabajo:

> [...] debido a que las tácticas no convencionales son usadas frecuentemente, el éxito en el CBI rara vez es aquel de la victoria convencional

[3] *Ibidem*, p. 264.

por la fuerza de las armas; frecuentemente el triunfo es medido sólo por lograr evitar ciertos resultados o por cambios de comportamiento en el grupo que es objetivo.[4]

Más claramente, en un artículo del general de división Donald R. Morelli (hasta su muerte jefe de Estado Mayor Asistente para Doctrina del mismo Comando de Entrenamiento y Doctrina del Ejército) y del mayor Michael M. Ferguson (asignado a la Oficina del anterior), se afirma:

El conflicto de baja intensidad no admite soluciones puramente militares. Requiere una aproximación multidisciplinaria que reconozca la interrelación de factores sociales, económicos, políticos y militares. Debemos reconocer que el CBI no es simple ni de corto plazo. Es un problema complejo de varios niveles y dimensiones, que tiene sus raíces en el cambio [...]

En el CBI, la iniciativa descansa en aquellos que puedan influenciar o explotar el proceso de cambio. Ese proceso debe ser influenciado donde y cuando sirva a *nuestro* interés nacional. Es un proceso de largo plazo en el cual las opciones políticas, económicas y psicológicas, proveen el mejor camino para el triunfo final [...]

La diferencia básica entre operaciones militares en CBI y en los niveles de mediana y alta intensidad, es la naturaleza del triunfo militar. En estos últimos el triunfo está medido en términos de ganar campañas y batallas. En el CBI, *es alcanzando objetivos nacionales norteamericanos sin recurrir al combate prolongado.*[5] .

La adopción de esta postura como uno de los elementos de consenso al respecto del CBI se expresó recientemente en la voz del secretario de Estado George Shultz:

Algunas veces, como en el caso de Granada, el éxito tomará la forma de una victoria militar total y la remoción de tropas extranjeras. En otros casos el triunfo consistirá en negar la victoria al adversario de modo que se vuelvan posibles las soluciones políticas.[6]

[4] Robert H. Kupperman Associates, Inc., *Low intensity conflict.* Preparado para U. S. Army Training and Doctrine Command, vol. I, Main Report, julio 30 de 1983, Contract No. DABT 60-83-C- 0002, p. 21.

[5] General de División (retirado) Donald D. Morelli, U. S. Army, y mayor (P) Michael M. Ferguson, U. S. Army, "Low-intensity conflict: an operational perspective", en *Military Review,* vol. LXIV, núm. 11, noviembre de 1984, Fort Laevenworth, Kansas, pp. 4, 6 y 9, cursivas nuestras.

[6] George Shultz, *Low-intensity warfare: The challenge of ambiguity,* address by Secretary Shultz before the Low Intensity Warfare Conference, National Defense University, Washington, D.C., enero 15 de 1986, en

Si el objetivo de la guerra es político, las propuestas para enfrentarla tenían necesariamente que estar basadas en análisis más objetivos. Había que descorrer un poco la venda que impedía ver nada que no fuese la interpretación maniquea de la "mano negra" del comunismo internacional aprovechando, orquestando y dirigiendo las crisis políticas del Tercer Mundo.

En un estudio hecho por Ernest Evans para el American Enterprise Institute [7] —uno de los "tanques pensantes" (*think tanks*) más importantes del neoconservadurismo norteamericano— se analizan las características de los nuevos movimientos revolucionarios de Centroamérica y sus diferencias con la guerrilla latinoamericana de la década de los sesenta. Las conclusiones del trabajo señalan cuatro razones por las cuales los costos de una intervención militar en la región serían mucho más altos y riesgosos que los de las realizadas contra la anterior generación de movimientos revolucionarios:

a] La mayor fortaleza interna de los movimientos guerrilleros contemporáneos.

b] Por lo anterior, la mayor dificultad para que una intervención militar sea efectiva. A ello se añade el problema de la necesidad de una nueva concepción en este tipo de guerra, ya que aunque los militares norteamericanos pueden cambiar sus modelos organizativos, la guerra de Vietnam demostró que son extremadamente renuentes a modificar sus inclinaciones por las grandes unidades militares y la alta tecnología.

c] La situación política interna en Estados Unidos, debido a que los movimientos revolucionarios han sido muy "hábiles" para lograr apoyo dentro del país.

d] La reacción de la comunidad internacional, producto de los esfuerzos de estos movimientos por conseguir apoyo en el denominado "frente externo de lucha".

Este tipo de posiciones "antinvasionistas" se multiplican como resultado de un análisis más realista. La Fundación Heritage, en su *Mandato para un segundo liderazgo* [8] —publicación que marcó la

Current Policy núm. 783, United States Department of State, Bureau of Public Affairs, Washington, D.C., p. 2.

[7] Ernest Evans, "Revolutionary movements in Central America; the development of a new strategy", en *Public Policy Week*, American Enterprise Institute, s/f. El artículo se anuncia como parte del libro *Rift and revolution*: *The Central American imbroglio*, que habrá sido editado por la misma institución a principios de 1984.

[8] Richard H. Schultz *et al.*, "Low intensity conflict", en *Mandate for*

línea conservadora para el segundo periodo presidencial de Ronald Reagan—, aboga por la reactivación de una guerra de baja intensidad, ya que sería una estrategia a través de la cual los programas de ayuda pueden ser realizados en regiones conflictivas sin la carga ominosa que significa la intervención militar.

Aún ejerciendo la misma función en Colombia, el futuro embajador en Costa Rica, Lewis Tambs, afirma que

> Introducir fuerzas de tierra norteamericanas a Centroamérica no es necesario ni deseable. Los elementos de la victoria ya están colocados en el pueblo y en el pasado de El Salvador. La intromisión extranjera, ya sea angloamericana o cubano-sandinista, sólo provocaría una reacción nacionalista negativa, pues un país sólo puede ser conquistado por sus propios ciudadanos. Estados Unidos, por lo tanto, debe limitarse a lo que puede hacer mejor, esto es, proveer la ayuda necesaria. La ayuda más la política de "manos afuera" pueden con el tiempo solucionar la situación. Lo opuesto fue practicado en el sudeste asiático. La empresa fracasó.[9]

Sin duda, el Informe Kissinger es el ejemplo más importante de la introducción de la dimensión política en el análisis y las propuestas para enfrentar la crisis centroamericana. El estrecho marco "analítico" que circunscribía las causas de la explosión revolucionaria en Centroamérica al conflicto Este-Oeste había encontrado serios obstáculos para generalizarse no sólo en países clave de América Latina, sino también entre los aliados occidentales europeos e incluso en el interior mismo de Estados Unidos. Daban prueba de ello la búsqueda de una solución política de los países de la región constituyentes del Grupo Contadora, el reconocimiento de la representatividad política del FDR-FMLN a través de la Declaración Franco-Mexicana, y los obstáculos introducidos a iniciativa del gobierno y la franca oposición demócrata a la política centroamericana de Reagan en el seno del Congreso norteamericano.

El documento, que buscaba el necesario acuerdo bipartidista, introduce una serie de modificaciones que, vistas en perspectiva, vienen a configurar la primera expresión pública de la nueva estrategia de guerra de baja intensidad para la región.

Por primera vez se reconoce que la crisis en Centroamérica tie-

leadership II. Continuing the conservative revolution, Washington, D.C., The Heritage Foundation, 1984.

[9] Lewis A. Tambs y Frank Aker, *Destruyendo el síndrome de Vietnam: una perspectiva para el triunfo en El Salvador,* Department of History, Arizona State University, Tempe, Arizona. Traducción inédita sin fecha, p. 21.

ne causas internas, que la drástica contracción económica de finales de la década de los sesenta en la región contribuyó a una creciente frustración política en varios países del área, y que "Cuba y Nicaragua no inventaron los sufrimientos que hicieron posible la insurrección en El Salvador y otras partes", que éstos son "reales y agudos".[10]

Sin embargo, este matiz no deja de enmarcarse en la interpretación más global de la confrontación Este-Oeste. Para el Informe Kissinger el factor complementario y decisivo para que ocurran estos procesos de insurgencia es un factor externo a la crisis: la acción del poder soviético que, manipulando estados "clientes" —Cuba y Nicaragua—, utiliza las condiciones que invitaron a la insurrección para controlar a los movimientos revolucionarios y proyectar su poderío en América Latina y en Centroamérica.

No obstante, el reconocimiento de los factores internos de la crisis, la necesidad de apoyos internos e internacionales, y la discusión en curso sobre los contenidos de la guerra de baja intensidad, conducen a la Comisión Kissinger a incorporar de lleno un planteamiento que había sido sólo esbozado a principios del gobierno de Reagan, relativo a una propuesta económica semejante a la de la Alianza para el Progreso, combinada con la implantación de una política de contrainsurgencia en El Salvador "al estilo americano", y con la "contención activa" del gobierno sandinista. Más adelante retomaremos el análisis de estas dos últimas propuestas.

El paquete de recomendaciones de corto y mediano plazo encaminado a enfrentar la crisis económica y política de Centroamérica contenido en el Informe Kissinger, tendría como objetivos: *a*] estimular el desarrollo económico y social que beneficie a todos de manera justa; *b*] desarrollar economías fuertes y libres, y *c*] impulsar el desarrollo regional integral, tomando como marco de referencia el programa de la Alpro.

Con dicha propuesta se buscaría paliar los efectos de la crisis económica y, a través de ello, ampliar las bases de apoyo internas a los regímenes aliados. Por ello se propone un paquete de medidas económicas y políticas destinadas a promover un conjunto de reformas (por ejemplo, una tibia reforma agraria).[11]

[10] *Report of the National Bipartisan Commission on Central America,* 11 de enero de 1984, p. 86. En español, consúltese la traducción comentada de Gregorio Selser, *Informe Kissinger contra Centroamérica,* México, El Día en Libros, 1984, p. 224; en las próximas notas se citará sólo esta versión.

[11] Un amplio análisis de estas propuestas se encuentra en el trabajo de

La globalidad de la propuesta de la GBI, que mantiene como fundamental la respuesta militar siempre y cuando se relacione con las otras de carácter económico, político y social, es asumida claramente por el Informe:

> Los programas políticos, sociales y económicos no derrotan por sí solos a tales insurgencias, aunque sí abordan una parte central del problema. Si las reformas deben ser efectivas, la violencia debe ser encarada, lo que significa que la situación de seguridad debe mejorar drásticamente.[12]

Al igual que una de las partes componentes de la GBI (la contrainsurgencia), el Informe Kissinger recupera la globalidad de la política aplicada hacia América Latina en la década de los sesenta, combinando la defensa en contra del "enemigo interno", apoyado supuestamente desde el exterior, y el desarrollo interno que suprimiría las condiciones que invitan a la insurrección.

La *flexibilidad* empezaba a manifestarse en documentos y propuestas concretas.

LOS CONTENIDOS DEL CONFLICTO O GUERRA DE BAJA INTENSIDAD

En la literatura revisada sobre el tema son usados indistintamente ambos términos, pero el que en definitiva se ha impuesto es el de *conflicto*. En ello la casualidad no tiene ningún espacio, y de esto pueden dar mejor opinión los psicólogos de la comunicación. Un objetivo que resulta evidente es el de la "desmilitarización" del término frente a la opinión pública norteamericana, lo que se refuerza con el calificativo de baja intensidad. Ideológicamente se pretende minimizar el nivel de injerencia norteamericano para enfrentar los procesos de liberación en el Tercer Mundo. En una de las primeras definiciones del concepto se afirma:

> Conscientes de la dificultad para definir y conceptualizar el término, hemos formulado, sin embargo, una definición de trabajo para el con-

Edgar Jiménez, "Comentarios en torno a las recomendaciones 'económicas' en el Informe Kissinger", en *América Central y el Informe Kissinger,* Cuadernos de Trabajo núm. 1, México, Centro de Investigación y Acción Social, agosto de 1984, y en la *Revista Mexicana de Sociología,* vol. XLV, núm. 3, julio-septiembre de 1984, México, Instituto de Investigaciones Sociales, UNAM.

[12] Gregorio Selser, *Informe Kissinger, op. cit.,* p. 226.

flicto de baja intensidad [. . .] "Conflicto de baja intensidad" como fue usado aquí [Layola Wrokshop on Low-Intensity Conflict, noviembre de 1979] se refiere a la serie de actividades y operaciones en el extremo más bajo del espectro del conflicto, incluyendo el uso de fuerzas militares o semimilitares (tanto de combate como de no-combate) de parte de un poder interventor para influenciar y obligar al adversario a aceptar una particular condición político-militar. El empleo de la fuerza es un concepto estrechamente relacionado, pero más extenso en alcance y en opción política. El empleo de la fuerza no es exclusivamente concerniente al combate, incluye una variedad de métodos y estrategias en las que la fuerza militar o la percepción de su uso pueden influenciar el medio y acciones de otros Estados sin recurrir necesariamente a la batalla. Abarca la amenaza del uso de la fuerza (sin emplearla o combatir) y el uso de la fuerza en combate. Empleo de la fuerza y conflicto de baja intensidad, como conceptos, se entremezclan uno con el otro. Es difícil desarrollar credibilidad para una política de empleo de la fuerza sin estar preparados para involucrar fuerzas para combatir. Un Estado extranjero (o Estados) debe estar convencido de que el Estado que está empleando la fuerza también está preparado para usarla en combate. Sin embargo, con el propósito de lograr una claridad metodológica, se hacen las distinciones entre los dos conceptos.[13]

Como veremos, de parte del gobierno norteamericano hay un empleo limitado y diferente de las fuerzas militares en las zonas de conflicto. Dentro del marco de la nueva doctrina, la baja intensidad puede corresponder al nivel de injerencia de sus fuerzas armadas en relación con su capacidad y poderío bélico. Sin embargo, para la contraparte, es decir aquellos países o movimientos de liberación a los que se les ha declarado la guerra, la intensidad es altísima. Desde el ángulo del gobierno sandinista, por ejemplo, la guerra de defensa es total porque el conjunto de los recursos del país se destinen al esfuerzo bélico.

Otra definición señala:

La guerra de baja intensidad es el recurso de naciones y organizaciones para el uso limitado de la fuerza o la amenaza de su uso, para conseguir objetivos políticos sin el involucramiento pleno de recursos y voluntad que caracteriza las guerras de Estado-nación de supervivencia o conquista. Típicamente el conflicto de baja intensidad involucra relativamente poco número de participantes de todos lados, en relación con la importancia de los objetivos políticos en riesgo; éstos siempre son formas

[13] Sam C. Sarkesian, "American policy and low-intensity conflict: an overview", en Sam Sarkesian y William L. Scully (comps.), *U.S. Policy and low intensity conflict. Potentials for military struggles in the 1980s*, New Brunswick (EU) y Londres (GB), Transaction Books, 1981, pp. 2-3.

de acción política altamente poderosos, usualmente asimétricos. El conflicto de baja intensidad (ya sea conducido por Estados Unidos o por otros) puede incluir diplomacia coercitiva, funciones policiacas, operaciones psicológicas, insurgencia, guerra de guerrillas, actividades contraterroristas y despliegues militares-paramilitares con objetivos limitados. En tanto que la intensidad puede ser baja, la duración puede ser muy larga. Debido a que las tácticas no convencionales son usadas frecuentemente, el triunfo en el conflicto de baja intensidad rara vez es aquel de la victoria convencional por la fuerza de las armas; frecuentemente el triunfo es medido sólo por evitar ciertos resultados o por cambios de comportamiento en un grupo que es el objetivo. Las operaciones de baja intensidad no se limitan al extranjero, ya que pueden ser necesarias en el interior de Estados Unidos en respuesta a desórdenes civiles o terrorismo. El ejército norteamericano se ocupa del conflicto de baja intensidad como la principal misión en apoyo de los intereses globales norteamericanos y con el apoyo de la población norteamericana.

Para los propósitos de esta definición de trabajo, los términos conflicto de baja intensidad y guerra no convencional pueden ser usados intercambiablemente. Sin embargo, tácticas no convencionales pueden ser usadas en cualquier momento del conflicto.[14]

Un espacio de confusión posible respecto a los contenidos de la GBI o del CBI es su restricción al campo de la contrainsurgencia. Como veremos, en el Manual de Campo 100-20 dedicado al Conflicto de Baja Intensidad, la definición de los dos tipos de CBI se circunscribe a la lucha contrainsurgente. Evidentemente el objetivo del Manual es proporcionar los elementos teóricos y operativos para la lucha contrainsurgente, el problema es que este concepto y el de CBI o GBI no se pueden asimilar como sinónimos porque son mucho más amplios.

La GBI es una guerra contrarrevolucionaria prolongada que se maneja sobre tres ejes sustanciales: la contrainsurgencia en aquellos países en donde exista una amenaza evidente al orden establecido (El Salvador), o una amenaza potencial aunque sea incipiente (Honduras) o hipotéticamente potencial (Costa Rica); la reversión de procesos populares y revolucionarios triunfantes (Nicaragua, Angola, Mozambique, Afganistán), y el anti o contraterrorismo, no porque el terrorismo sea revolucionario sino porque a los movimientos populares o a los gobiernos "enemigos" se les ubica como patrocinadores del mismo de una manera maniquea.

La imposición del nuevo concepto estratégico de GBI ha destapado contradicciones naturales con estrategas —tanto civiles como

[14] Robert H. Kupperman, *op. cit.*, pp. 21-22.

militares— que se inclinan más a priorizar el desarrollo doctrinario, tecnológico y presupuestario de las áreas convencional y nuclear, con miras a un enfrentamiento con la Unión Soviética. No obstante lo anterior, el concepto ha encarnado una doctrina que cada vez se perfila con mayor claridad, que ha delimitado cada uno de sus tres ejes de manera relativamente rápida, que ha reactivado su instrumento militar más idóneo —las fuerzas de operaciones especiales— y, fundamentalmente, que ya se ha puesto en práctica.

En cuanto a los orígenes del CBI, una de las últimas elaboraciones sostenidas por George Shultz, secretario de Estado, expresa que

> El hecho irónico es que estos nuevos y evasivos retos han proliferado, en parte *por* nuestro éxito en la disuasión nuclear y de la guerra convencional. Nuestros adversarios saben que no pueden ser superiores a nosotros en cualquier tipo de guerra. Por ello han hecho lo lógico; han cambiado los métodos. La guerra de baja intensidad es su respuesta a nuestra fortaleza convencional y nuclear, una maniobra de flanco en términos militares. Esperan que las complejidades legales y morales de este tipo de retos nos entrampen en nuestros propios escrúpulos y exploten nuestras inhibiciones humanas en contra de aplicar la fuerza para defender nuestros intereses. La guerra ambigua ha mostrado una grieta en nuestra armadura.[15]

La necesidad de resanar esa "grieta" es el punto de partida de los defensores de la GBI. La limitación norteamericana para responder a estos retos tiene relación con las contradicciones a las que aludíamos con anterioridad, expresadas en prioridades de defensa. Nuevamente, y al igual que en la década de los sesenta, la "turbulencia" en el Tercer Mundo sorprende a la primera potencia sin una propuesta concreta para enfrentarla. Summers lo explica en términos de dos principios de la guerra, que imponen la disyuntiva de dónde masificar y dónde aplicar economía de fuerza:

> La más alta prioridad dentro del interés nacional vital es la defensa del territorio norteamericano, asegurando especialmente la sobrevivencia disuadiendo la guerra nuclear con la Unión Soviética. La prioridad siguiente más alta —por los riesgos culturales y económicos involucrados— es la disuasión de la guerra convencional con la Unión Soviética en Europa Occidental. Estos intereses fundamentales limitan la habilidad de Estados Unidos para aplicar la fuerza en otras áreas del mundo, y

[15] George Shultz, *op. cit.*, p. 1.

la cuestión de dónde masificar y dónde usar economía de fuerza ha importunado a Estados Unidos por muchos años.[16]

La falta de capacidad norteamericana para responder a los CBI tendría como premisa las prioridades expuestas. La gravedad de esto se acentuaría debido a la amplia gama de retos implícitos en el CBI. Según Kupperman:

> Para este medio del CBI el ejército no está preparado; el mayor énfasis se ha puesto sobre el apoyo del ejército a gobiernos en la contrainsurgencia, con la presunción de que las guerrillas son soviéticas o están inspiradas por ellos. El abanico de probabilidades políticas es mucho más amplio, y para responder exitosamente a los retos previstos en este extremo más bajo del espectro de la violencia, el ejército necesitará doctrina, organización, tácticas y equipo nuevos.[17]

Un elemento de análisis fundamental para entender la complejidad de la estrategia de GBI y la urgencia para "cerrar las grietas de la armadura" es su ubicación dentro de la estrategia global de defensa promovida por el gobierno de Reagan, destinada a desarrollar capacidades para enfrentar las "amenazas" soviéticas a lo largo de todo el mundo:

> La teoría de la escalada horizontal, también conocida como escalada geográfica y estrategia de guerra ampliada, es una política que busca vencer a la fuerza soviética en el teatro central de la OTAN, o sus incursiones en el Golfo Pérsico, amenazando las vulnerabilidades soviéticas en cualquier otra parte del globo.[18]

Obviamente que lo anterior presupone el patrocinio soviético de las "turbulencias" y de los procesos de liberación del Tercer Mundo, por lo que atacarlos implica atacar indirectamente al poderío soviético.

La GBI se ubica en el extremo más bajo del espectro del conflicto, cuyo punto intermedio es la guerra convencional y su cúspide es la guerra nuclear total, pero algunos sostienen que la GBI puede incluir una guerra convencional de carácter limitado.

El secretario de Estado, George Shultz, ilustra con nombre y apellido el abanico de posibilidades de la GBI ejemplificando lo que decíamos antes: se maneja en torno a tres ejes sustanciales,

[16] Harry G. Summers Jr., U. S. Army, "Principles of war and low intensity conflict", en *Military Review,* vol. LXV, núm. 3, marzo de 1985, Fort Leavenworth, Kansas, p. 47.

[17] Robert H. Kupperman, *op. cit.,* p. viii.

[18] Mayor Peter N. Kafkalas, *op. cit.,* p. 27, n. 10.

la contrainsurgencia, la reversión de procesos y el anti o contraterrorismo.

El problema de la guerra de baja intensidad requiere que confrontemos una multitud de cuestiones políticas, militares, intelectuales y morales. La etiqueta puede ser efectivamente engañosa.

Se trata de un conjunto de retos nuevos y no convencionales más complicados para nuestra política. Es el azote del terrorismo en el mundo; la lucha en Nicaragua entre la resistencia democrática y el régimen comunista; las insurgencias en contra de la intervención soviética y cubana en Angola y Etiopía; la guerra civil y el terrorismo en Líbano; nuestro rescate de Granada; y la resistencia de Camboya en contra de la ocupación vietnamita. Es la heroica lucha del pueblo afgano en contra de la agresión y ocupación soviética. Es una matriz de diferentes tipos de retos que varían en su alcance y escala. Si tienen un rasgo distintivo, ésa es su ambigüedad: el hecho de que nos sacan de balance, que buscamos a tientas medios apropiados para responder, y que nosotros como sociedad algunas veces aún debatimos sobre la necesidad de responder.[19]

Es claro que las áreas más probables para el estallido de CBI se ubican en el Tercer Mundo, sin embargo, con la incorporación del problema del terrorismo, el área geográfica se globaliza incluyendo el territorio mismo de Estados Unidos, tal y como lo señala Kupperman en su citada definición: "[...] Las operaciones de baja intensidad no se limitan al extranjero ya que pueden ser necesarias dentro de Estados Unidos *en respuesta a desórdenes civiles o terrorismo.*"

De acuerdo con el mismo estudio, en el continente americano "las arenas más probables de conflictos de baja y mediana intensidad hasta el año 2000 están en Centroamérica, México, Colombia, Venezuela y posiblemente Puerto Rico", concluyendo que "la escalada de este conflicto a nivel convencional es posible".[20] Se pronostica que la violencia político-militar se incrementará durante las dos próximas décadas, tomando en su mayoría la forma de CBI.

Si bien las recomendaciones apuntan a destacar que el CBI no puede enfrentarse rígidamente a través de manuales o premisas dadas, sino que es necesario ahondar en la especificidad de cada caso inmerso en una realidad nacional particular, algunos de sus teóricos llaman la atención sobre la importancia de la dimensión

[19] George Shultz, *op. cit.*, p. 1.
[20] Robert H. Kupperman, *op. cit.*, p. 5.

regional. En la actualidad, Centroamérica es ilustrativa de la preponderancia de esa dualidad:

Es importante reconocer que nuestro interés nacional está normalmente expresado en un contexto regional, donde la ejecución de la política frecuentemente tiene lugar sobre una base de país por país. En cierta región cada nación es única en su relación con los intereses norteamericanos. Sin embargo, cada una es afectada por eventos que tienen lugar en cualquier parte, como efecto de esa relación. Así el CBI debe ser visto tanto en su perspectiva regional como específica por país.[21]

Si el CBI es asumido por sus defensores como la amenaza más importante a la "seguridad nacional" norteamericana, cuya duración es prolongada y en donde la respuesta tiene que ser global con un énfasis especial en el elemento político, existen una serie de premisas que deben ser cumplidas para enfrentarlo. En primer lugar, lograr la cohesión de la trinidad clausewitziana a la que hacía referencia Summers y que recogimos en nuestro primer capítulo, en donde el elemento central es poder ganarse la opinión pública norteamericana, para que se vincule a los otros dos vértices del triángulo, el gobierno y el ejército. Nuevamente, el estudio de Kupperman es ilustrativo al respecto de esa preocupación:

El público norteamericano no deberá estar predispuesto a apoyar cualquiera de las formas de operaciones de baja intensidad que parecieran ser "intervenciones en el exterior", especialmente aquellas manchadas con la etiqueta de "operaciones encubiertas". Operaciones de rescate, abiertas o encubiertas, destinadas a poner fin a la captura de rehenes debían ser la excepción.

Sólo hasta el final de los ochenta es probable que el Congreso y el público se den cuenta del significado de las lentas pero seguras ganancias estratégicas soviéticas durante la década para los intereses norteamericanos de seguridad nacional. Entonces, Estados Unidos se dirigirá hacia un periodo de "intervencionismo" apoyado por la complacencia pública, sacrificándose por la defensa para preservar agresivamente los intereses vitales norteamericanos en el extranjero, sólo para encontrar que las decisiones no tomadas a principios y mediados de los ochenta en materia del ejército, y más específicamente en sistemas de armas, constreñirán las capacidades de las misiones.[22]

Para el secretario de Estado, "la discusión pública y el debate sobre

[21] Donald R. Morelli y Michael Ferguson, *op. cit.*, p. 5.
[22] Robert H. Kupperman, *op. cit.*, pp. 7-8.

el problema debe continuar, no para magnificar nuestros titubeos sino para cristalizar un consenso nacional".[23]

El trabajo interno de legitimación de la nueva doctrina y de la política de defensa pasa necesariamente por la legitimación y credibilidad de las fuerzas apoyadas en el exterior:

> La intervención militar norteamericana en apoyo de una élite gubernamental o de un sistema político que no tiene un mínimo nivel de apoyo interno, probablemente erosionará cualquier apoyo público existente [...] esto significa que la intervención norteamericana debe ser política y militarmente balanceada, principalmente en lo concerniente al esfuerzo y legitimación del régimen existente.[24]

Así, para El Salvador se ha levantado la imagen del presidente Duarte como la opción democrática entre la extrema izquierda y la extrema derecha, y para la contra nicaragüense se ha tratado de hacer creíble el adjetivo de "luchadores de la libertad".

La forma se impone al contenido y para el gobierno norteamericano las elecciones son sinónimo de democracia, todas menos las realizadas en Nicaragua. Dentro de la estrategia global era necesario que se generara ese proceso de democratización que se pudiera contraponer al "totalitarismo" nicaragüense.

Después del triunfo de la revolución sandinista y por presiones norteamericanas, en Honduras se realizan elecciones para asamblea constituyente en abril de 1980 y en noviembre de 1981 es electo un presidente civil, Roberto Suazo Córdova, quien termina su periodo con una convocatoria a elecciones de las que surge un segundo presidente civil, José Azcona Hoyo. El Salvador recorre el mismo camino eligiendo primero asamblea constituyente, y después a Napoleón Duarte en marzo de 1984, claramente apoyado por el gobierno norteamericano frente a una extrema derecha fortalecida. En Guatemala se produce el remplazo de los gobiernos militares a través de las elecciones que llevan a la presidencia al demócrata cristiano Vinicio Cerezo, que asume a inicios de 1986. En Costa Rica se da una sucesión normal de gobiernos también a principios de ese mismo año, con Óscar Arias como nuevo jefe de Estado.

Evidentemente cada cambio de gobierno responde a dinámicas internas completamente diferentes, que no pueden ser ceñidas solamente a la simple voluntad norteamericana, pero que por ser útiles y congruentes con sus objetivos regionales son promovidas en clara contraposición a otros momentos históricos nada lejanos en

[23] George Shultz, *op. cit.*, p. 4.
[24] Sam C. Sarkesian, *op. cit.*, pp. 7-8.

los que la opción golpista militar fue la impulsada. No obstante lo anterior, en el caso de Honduras y Guatemala lo que subsiste es un problema real entre gobiernos civiles débiles que se enfrentan y tienen que negociar con el poder real de los militares; y en El Salvador, la dualidad de poderes y el control de un tercio del territorio nacional por parte del FMLN es una realidad insoslayable.

Frente a cada uno de los ejes del CBI se han ido construyendo propuestas específicas. A diferencia de la reversión de procesos y del contraterrorismo, la contrainsurgencia tiene una larga historia y sus contenidos no difieren sustancialmente de los anteriores. Respecto a los dos primeros, los antecedentes tienen una naturaleza diferente, ya que la anteriormente llamada desestabilización siempre fue una acción encubierta realizada por los servicios de inteligencia y ahora es una política de Estado; el terrorismo que se ubica fuera del CBI, en un nivel menor, ahora resulta ser una guerra permanente patrocinada por estados.

Frente a las insurgencias populares y los gobiernos "enemigos" se plantea una guerra de desgaste prolongada que incorpore elementos económicos, políticos, sociales, psicológicos y, por supuesto, militares. Frente al terrorismo, la experiencia demuestra que la opción es preponderantemente militar (operaciones quirúrgicas y de rescate), aunque no se descartan medidas políticas y económicas.

Para las dos primeras, la opción de intervención militar directa norteamericana queda como el último recurso de ninguna manera descartable y con modalidades acordes a cada situación específica. En la ya citada definición de trabajo de Sarkesian se señala:

> Empleo de la fuerza y conflicto de baja intensidad, como conceptos, se entremezclan uno con otro. Es difícil desarrollar credibilidad para una política de empleo de fuerza sin estar preparados para involucrar fuerzas para combatir. Un Estado extranjero (o estados) debe estar convencido de que el Estado que está empleando la fuerza está también preparado para usarla en combate.[25]

Morelli y Ferguson amplían:

> La importancia debe recaer en proporcionar a los nativos las capacidades para lograr el éxito táctico, asegurando la estabilidad regional y desarrollando una infraestructura de inteligencia logística y psicológica que remplace a las fuerzas norteamericanas.
>
> Sin embargo, si las fuerzas locales no son exitosas, la preparación del área de conflicto debe apoyar planes de contingencia para el empleo de

[25] *Ibidem*, p. 3.

fuerzas norteamericanas cuando se soliciten. Un ejemplo de este enfoque podría ser el empleo de elementos selectos del Comando de Apoyo de la División de Infantería Ligera o una fuerza de asistencia para la seguridad en apoyo de los esfuerzos de desarrollo nacional [...]

El objetivo en el comprometimiento de fuerzas norteamericanas en el combate o en el apoyo al combate sería efectuar un cambio decisivo en el conflicto. Otros objetivos son preservar los intereses norteamericanos en riesgo serio o proporcionar tiempo y espacio a las fuerzas nativas para recuperar la iniciativa táctica y reasumir el control de las operaciones tácticas.[26]

En el mismo sentido se pronuncia el coronel Graves, comandante en jefe de la 20a. Brigada de Ingeniería de la XVIII Unidad Aerotransportada de Fort Bragg:

Si las fuerzas de combate fueran empleadas, el compromiso más probable podría involucrar fuerzas pequeñas en misiones claramente definidas en área geográfica, objetivo y tiempo, seguidas de un retiro rápido de la fuerza una vez que el objetivo se haya logrado [...] Los objetivos de las fuerzas norteamericanas en tales operaciones limitadas podrían ser cumplir una misión limitada bien definida y retirarse del área, no derrotar o destruir las fuerzas opositoras. Las misiones más probables en este nivel de intensidad incluyen rescate, evacuación, protección y misiones contraterroristas.[27]

Esto necesariamente nos remite a lo tratado en el capítulo 2: la vigencia y profundización del despliegue rápido como concepto estratégico, y la existencia de unidades entrenadas en el mismo, susceptibles de ser utilizadas por cualquiera de los comandos unificados. La última propuesta en torno a la reorganización e incremento de las divisiones de infantería ligera se orienta en tal sentido.

Así, el abanico de instrumentos de la GBI va desde la diplomacia coercitiva hasta la intervención militar directa norteamericana en cualquiera de sus modalidades.

Un aspecto que vale la pena destacar es que como la estrategia se vuelve compleja y el objetivo es global y no sólo militar, la respuesta es a largo plazo: "debemos reconocer que el CBI no es simple ni de corto plazo. Es un problema complejo, de varios niveles y dimensiones que tiene sus raíces en el cambio".[28] Algunos estrategas lo asumen explícitamente para el caso de Centroamérica:

[26] Donald R. Morelli y Michael Ferguson, *op. cit.*, pp. 12 y 14.
[27] Howard D. Graves, "U.S. capabilities for military intervention", en Sam C. Sarkesian y William L. Scully, *op. cit.*, p. 71.
[28] Donald R. Morelli y Michael Ferguson, *op. cit.*, p. 4.

La continua campaña para igualar Centroamérica con el Sudeste de Asia ha sido un esfuerzo para influir en la decisión. Pero Centroamérica no es el Sudeste de Asia. Esta vez la logística está del lado de Estados Unidos. Al proporcionar fondos, capacitación y tecnología, Estados Unidos puede ayudar a sus aliados para enfrentar una guerra prolongada que tal vez dure décadas.[29]

Para depurar las opciones, el Departamento de Defensa estableció el llamado Centro para Conflictos de Baja Intensidad en la base Langley de la Fuerza Aérea, en Virginia. De acuerdo con el portavoz de la fuerza aérea, capitán Scott Woodham:

El centro es un esfuerzo dirigido a los servicios, cuya misión es mejorar la posición del Ejército y la Fuerza Aérea para el comprometimiento en conflictos de baja intensidad, elevar el conocimiento del papel del poder militar en este tipo de conflicto y proporcionar una infraestructura para una eventual transición hacia una actividad conjunta y quizás de interagencias.[30]

Antes de que el conflicto escale y para diferentes aspectos de cada uno de los ejes de la GBI, las fuerzas de operaciones especiales son el instrumento militar que —una vez reactivadas— se ha considerado idóneo para enfrentar en este nivel al CBI. Por ello nuestro paso siguiente será analizarlas en profundidad, para después entrar en el estudio de cada uno de los ejes de la GBI.

LA REACTIVACIÓN DE LAS FUERZAS DE OPERACIONES ESPECIALES

En el terreno militar, la GBI es una guerra irregular, especial, no convencional, por lo que no puede ser enfrentada con tropas convencionales sino con fuerzas especializadas en habilidades de guerra irregular: las Fuerzas de Operaciones Especiales (FOE). Históricamente, el objetivo de esta guerra han sido las fuerzas insurgentes, por lo que se necesita dotar a las FOE de habilidades nuevas para combatir los nuevos retos: el terrorismo y la reversión de procesos a través de insurgencias contrarrevolucionarias.

[29] Capitán de Corbeta Frank Aker, "The third world war and Central America: U.S. strategic and security considerations in the caribbean bassin", Military Symposium, U. S. Army War College, November 1982, p. 9; citado por Sara Miles, "The real war. Low intensity conflict in Central America", en *NACLA Report on the Americas,* vol. XX, núm. 2, abril-mayo de 1986, Nueva York, p. 27.

[30] Virginia Biggins, "DoD's 'unconventional war' study center", en *Jane's Defense Weekly,* vol. 5, núm. 7, 22 de febrero de 1986, p. 299.

La doble finalidad en este terreno es perfeccionar a este tipo de fuerza dentro de la estructura del ejército norteamericano —aumentar su número, solucionar problemas de comando y control— y crear fuerzas similares dentro de las fuerzas armadas de los países afectados real y potencialmente por "desórdenes" sociales.

Si bien la maduración de las FOE se da durante la "era de la contrainsurgencia" de John F. Kennedy, la preocupación por la guerra especial data de la década anterior a su presidencia, con la creación en 1952 del Centro de Guerra Psicológica:

> En 1952 el Ejército creó la primera fuerza formal de guerra no convencional en su historia, el 10o. Grupo de Fuerzas Especiales, asignado al Centro de Guerra Psicológica, una institución creada el mismo año en Fort Bragg, Carolina del Norte. Desde ese año hasta el presente, esta institución, conocida consecutivamente como Centro de Guerra Psicológica, Centro de Guerra Especial (1956) y finalmente Centro John F. Kennedy para Asistencia Militar (1969) ha constituido el cuartel general para la "guerra especial" del Ejército.[31]

Utilizadas de manera eficiente en la contrainsurgencia latinoamericana de la década de los sesenta, principalmente en Colombia, Venezuela, Guatemala y Bolivia, las FOE fueron congeladas después de la guerra de Vietnam por diversos problemas, y ahora se les está rescatando con fuerza. Las FOE son tropas altamente entrenadas con capacidades y misiones diferentes a las de las fuerzas convencionales. En esencia son entrenadas para operar como guerrillas y para realizar actividades clandestinas.

El programa de reactivación de las FOE se inició en 1982 y terminará en 1990. Según el secretario de Defensa, Caspar Weinberger, "la revitalización de las fuerzas de operaciones especiales es una de las más altas prioridades del gobierno".[32] Para el ex subsecretario de Defensa Asistente para Asuntos de Seguridad Internacional, Noel C. Koch, las FOE "pueden proporcionarnos la capacidad para responder eficientemente a la agresión en cualquier nivel de conflicto (así como en situaciones de preconflicto y posconflicto) sobre una base global" [33]

[31] Alfred H. Paddock Jr., *U.S. Army special warfare. Its origins. Psychological and unconventional warfare, 1941-1952,* Washington, National Defense University Press, Fort Lesley J. McNair, 1982, p. 1.

[32] Report of the Secretary of Defense Caspar Weinberg to the Congress on the FY 1985 Budget, FY 1986 Authorization Request, and FY 1985-89 Defense Programs, febrero 1 de 1984, p. 276.

[33] *Statement by Mr. Noel C. Koch, Principal Deputy Assistant Secre-*

El avance del programa de reactivación de dichas fuerzas es notorio. Su presupuesto para el año fiscal de 1985 fue de 500 millones de dólares, aumentándose a 1 200 para 1986 y a 1 600 para 1987, planificándose 2 500 para el año fiscal siguiente. Otros indicadores demuestran que ha habido un incremento importante en el número de efectivos, así como pasos firmes hacia la unificación de su mando, y la voluntad de dotarlas de nuevo armamento y equipo, particularmente aviones, helicópteros, lanchas especiales y submarinos.

En el nivel doctrinario, las misiones asignadas a las FOE

fueron extendidas en la Circular de Entrenamiento 31-20-1 *The Role of US Army Special Forces,* del 22 de octubre de 1976, y en el Manual de Campo (*Field Manual*) 31-20, *Special Forces Operations,* del 30 de septiembre de 1977:

- Guerra no convencional:
  - — Guerra de guerrillas
  - — Escape y evasión
  - — Subversión
  - — Sabotaje

- Operaciones especiales:
  - — Inteligencia-reconocimiento estratégico
  - — Objetivos estratégicos-adquisición, designación o ataque
  - — Rescate-prisioneros de guerra, prisioneros
  - — Antiterrorismo

- Defensa interna extranjera [34]

Estas funciones establecen una clara diferenciación entre las FOE y las fuerzas regulares de los ejércitos, además de que "el soldado de las fuerzas especiales es principalmente un entrenador (*un multiplicador de fuerza*) en un medio benigno o semihostil, mientras que el soldado convencional es un jugador de equipo en un campo de batalla letal".[35]

Recordando las críticas de Summers a los errores cometidos en

tary of Defense (*International Security Affairs*) *before the Subcommittee on Defense,* Committee on Appropriations, House of Representatives, Second Session, 98th Congress, Defense Department, *Special Operation Forces,* abril 10 de 1984, p. 4.

[34] Coronel David J. Baratto, U.S. Army, "Special forces in the 1980s: a strategic reorientation", en *Military Review,* vol. LXIII, núm. 3, marzo de 1983, Fort Leavenworth, Kansas, p. 5.

[35] *Ibidem,* p. 11.

Vietnam, la tarea fundamental a que se deben abocar las FOE para enfrentar a las insurgencias sería multiplicar las habilidades de las fuerzas armadas locales para que sean ellas las que realicen la tarea de la contrainsurgencia y no el ejército norteamericano, que deberá reservarse para una eventual contingencia mayor, destinada a atacar el foco del conflicto. La búsqueda de este objetivo queda clara en la actualidad bajo el gobierno de Reagan:

> El uso más extensivo de las FOE es en los Equipos de Entrenamiento Militar (EEM, Military Training Teams). Estos equipos de tropas norteamericanas mandados al extranjero para entrenar a ejércitos operan en docenas de países. Bajo el gobierno de Reagan, el número de hombres-semana de EEM se ha incrementado en más de 5 veces, de 1 161 en 1980 a 5 787 en 1984, de manera estimada. Las FOE constituyen entre el 25 y el 30% de todos los EEM, incluyendo virtualmente todos aquellos empleados en contrainsurgencia y entrenamiento de guerrilla.[36]

Por su parte, el secretario de Defensa, Caspar Weinberger, siguiendo esta línea, define tres situaciones generales en las que las FOE pueden ser usadas, incluyendo situaciones de crisis y de un conflicto mayor:

> Primero, su participación en programas de ayuda para la seguridad, entrenamiento de fuerzas armadas extranjeras para enfrentar la inestabilidad y la agresión, aumentar las habilidades de nuestros amigos para enfrentar el expansionismo soviético, reducir las probabilidades de que las fuerzas armadas norteamericanas puedan ser comprometidas en luchas extranjeras, y demostrar la determinación norteamericana de ser consecuentes con sus compromisos. También ayudan a fomentar la buena voluntad entre EU y las naciones ayudadas (actualmente alrededor de 15). Éstas son, esencialmente, funciones de "tiempo de paz" en el sentido de que las fuerzas de EU no están comprometidas en conflictos como combatientes.
>
> Segundo, ante crisis las FOE proporcionan a los que toman las decisiones una alternativa ajustada a situaciones donde las fuerzas convencionales no son apropiadas. Pueden ser usadas, por ejemplo, donde la seguridad de los ciudadanos o de instalaciones norteamericanos haya sido amenazada (la situación de Granada es ilustrativa). Pueden también ser útiles ayudando a cubrir crisis o conflictos en niveles relativamente bajos de tensión o violencia.
>
> Tercero, comprometidas en un conflicto mayor, las FOE pueden aumentar las capacidades convencionales, empleadas en diferentes pape-

[36] "America's secret soldiers: the buildup of U.S. Special Operation Forces", *The Defense Monitor,* vol. XIV, núm. 2, 1985, Washington, Center for Defense Information, p. 2.

les: guerra no convencional, operaciones contraterroristas, asistencia para la seguridad, operaciones psicológicas y misiones de inteligencia, por nombrar algunas.[37]

Dada la experiencia en Centroamérica, otros beneficiarios de la primera función, el entrenamiento, son las insurgencias contrarrevolucionarias. Las dos características fundamentales de las FOE son su entrenamiento en habilidades múltiples y su alta movilidad. En términos operativos:

Las fuerzas especiales pueden ser empleadas en destacamentos que van desde un equipo "A" de 12 soldados, hasta un grupo de 1 400 hombres. El núcleo de empleo de las fuerzas especiales es el equipo "A", compuesto de dos oficiales y diez soldados de alto grado enlistados, con entrenamiento cruzado en una variedad de destrezas. La organización celular flexible, la multiplicidad de habilidades y la alta densidad de oficiales y suboficiales aumentan la utilidad de las fuerzas especiales en misiones de asesoría. El grupo de fuerzas especiales puede proporcionar personal de comando y control para cualquier cantidad de sus equipos "A" asignados, o ser empleados en su totalidad como el núcleo de la Fuerza de Asistencia en Seguridad (FAS), con un aumento ajustado. El aumento puede incluir policía militar, operaciones psicológicas, asuntos civiles y elementos de ingeniería y medicina. Aunque su principal empleo deba ser para misiones de entrenamiento y asistencia, las unidades de fuerzas especiales también reciben entrenamiento para tareas de acción directa tales como reconocimiento, destrucción de objetivos estratégicos y misiones de contraterrorismo y rescate.[38]

Desde marzo de 1981, Noel C. Koch, el entonces subsecretario de Defensa Asistente para Asuntos de Seguridad Internacional, asumió la jefatura de la Dirección de Planeación Especial del Departamento de Defensa. En tal calidad era el responsable de la política del Departamento de Estado sobre terrorismo, contraterrorismo y fuerzas especiales, incluyendo planeación estratégica y doctrina y desarrollo de fuerza. Presidía el Grupo de Trabajo sobre Terrorismo de la Defensa, formado por representantes de la Oficina del Secretario de Defensa, el Estado Mayor Conjunto, la Agencia Conjunta de Operaciones Especiales (de reciente creación), la Agencia de Inteligencia de la Defensa, y la Oficina del Asistente Especial para Energía Atómica del Secretario de Defensa.[39] Koch fue

[37] Citado por el teniente coronel John M. Oseth, U. S. Army, "Intelligence and low-intensity conflict", en *Naval War College Review*, vol. 37, núm. 6, noviembre-diciembre de 1984, p. 21.

[38] Howard D. Graves, *op. cit.*, p. 74.

[39] Datos de presentación en la entrevista con Noel C. Koch, Principal

sustituido en el cargo por Richard L. Armitage, otro abogado de las operaciones especiales.

La mejor investigación sobre el estado actual de las FOE a partir de la aprobación de su programa de reactivación es en definitiva la realizada por el Center of Defense Information, publicada en el número ya citado del *Defense Monitor.* Como para nuestros objetivos dicha información es muy importante, la incorporaremos de manera detallada, haciendo las acotaciones pertinentes sólo cuando las fuentes de información sean otras.[40]

El Ejército tiene con mucho el mayor número de tropas de FOE con casi 9 100 efectivos en servicio activo y otros 13 300 en la reserva. La Fuerza Aérea tiene 4 100 activos y 2 500 reservas, mientras que la Marina tiene 1 700 activos y 1 300 reservas. Para 1990 el número de las FOE activas del Ejército se elevará a 12 400, el de la Fuerza Aérea a 5 800 y el de la Marina a 2 700; también habrá pequeños incrementos en las fuerzas de reserva.

La Fuerza Aérea, sin embargo, está obteniendo la mayor tajada del presupuesto de las FOE, principalmente para adquirir nuevos aviones. En el año fiscal 1985, la Fuerza Aérea obtuvo el 47% (231 millones de dólares) del presupuesto de las FOE, el Ejército 29% (144 millones), y la Marina 24% (119 millones). Paradójicamente, esta última es la rama que menor interés ha mostrado en la reactivación de las FOE.

En cada una de las ramas —Ejército, Marina y Fuerza Aérea—, la situación actual de las FOE es la siguiente:

□ *Ejército.* Las FOE del Ejército están divididas en seis grupos: Boinas Verdes, *Rangers,* Asuntos Civiles, Operaciones Psicológicas, Fuerza Delta, y la 160a. Fuerza de Tarea de la 101 División de Asalto Aéreo del Ejército. Las dos últimas son unidades ultrasecretas.

La mayoría reciben entrenamiento y tienen su base en Fort Bragg, Carolina del Norte, sede del Primer Comando de Operaciones Especiales y de la Escuela de Guerra Especial John F. Kennedy, aunque algunas unidades están ubicadas en otras partes de Estados Unidos y en países extranjeros.

— *Boinas Verdes.* Son quizá la más conocida de todas las FOE norteamericanas. Pasan por seis meses de entrenamiento en Fort Bragg a un costo para el Ejército de cerca de 40 000 dólares por soldado. Están organizados en cuatro Grupos de Fuerzas Especia-

Deputy Assistant Secretary of Defense International Security Affairs, en *Armed Forces Journal International,* vol. 122, núm. 8, marzo de 1985, p. 36.

[40] "America's Secret Soldiers...", *op. cit.,* pp. 5-7.

les (GFE), cada uno con 776 hombres distribuidos en tres batallones. El 5o. y el 7o. GFE tienen su base en Fort Bragg, el 10o. GFE en Fort Devens, Massachusetts, y el 1er. GFE en Fort Lewis, Washington. Este último fue reactivado en septiembre de 1984, y otro GFE será añadido en 1990. También hay cuatro Grupos de Fuerzas Especiales en la reserva del Ejército.

Un batallón (el 3o.) del 7o. GFE está estacionado permanentemente en Panamá; el 1er. batallón del 10o. GFE de Fort Devens está estacionado en Bad Tolz, Alemania Occidental; el 1er. batallón del 1er. GFE de Fort Lewis está estacionado en Okinawa, Japón. Adicionalmente hay destacamentos de fuerzas especiales en Corea del Sur y Berlín, cuya composición es secreta.

La mayoría de los equipos de entrenamiento militar mandados al extranjero a entrenar ejércitos están compuestos de Boinas Verdes. De acuerdo con el Ejército, su función en tiempo de paz se limita a enseñar, pero los Boinas Verdes también poseen formidables habilidades de combate, como lo demuestra su experiencia en Vietnam.

— *Rangers.* En contraste con los Boinas Verdes, los *Rangers* están principalmente entrenados para combatir en territorio enemigo. Como lo dijo al *Washington Post* el teniente coronel W. B. Taylor, comandante del 1er. Batallón de *Rangers,* "nuestro trabajo es matar gente y destruir cosas [. . .] Somos asesinos, no entrenadores".

Los *Rangers,* que usan boinas negras, pasan por un riguroso y exigente periodo de entrenamiento de 58 días que incluye adiestramiento en el desierto en Nuevo México y Texas, maniobras en pantano en Florida, escalamiento de montaña en Georgia, y técnicas de combate general en Fort Benning, Georgia. La mayoría, aunque no todos, están capacitados en vuelo. *Rangers* paracaidistas integraron la mayor parte de la fuerza de asalto inicial en Granada.

Entre sus habilidades destacan las de paracaidismo de altura además de la de francotirador, de infiltración acuática, demoliciones y operaciones militares en áreas edificadas. El conjunto de capacidades reseñadas "los hacen idealmente aptos para pequeñas contingencias independientes de naturaleza militar, políticamente sensitivas". Pueden ser introducidos por helicóptero, paracaídas, a pie o sobre la playa. También están especialmente entrenados en rescate y operaciones de guerra urbana.[41]

Los *Rangers* están organizados dentro del 75o. Regimiento de

[41] Howard D. Graves, *op. cit.,* p. 73.

Infantería (*Rangers*), que consiste de tres batallones de 660 hombres en el campo de aviación de Hunter Army, Georgia (el 1o.), Fort Benning, Georgia (el 3o.), más un Cuartel General de Regimiento (Regimental Headquarters) y un Cuartel General de Compañía (Headquarters Company). El batallón de Fort Benning y las unidades de Cuartel General fueron añadidas en 1984. Los tres batallones alternan periodos de responsabilidad para la Fuerza Ranger de Alerta (Ranger Ready Force), una fuerza de reacción rápida capaz de salir, completamente lista para entrar en combate, en 18 horas.

De acuerdo con el secretario del Ejército, John O. Marsh, Jr., las medidas para centralizar el mando de los *Rangers* tendrían el siguiente sentido, dada la reciente creación de su tercer batallón:

> En Granada, según observamos, se desplegaron juntos dos batallones de Rangers. Ahora, con tres batallones de Rangers, la doctrina, comando y control, supervisión de entrenamiento y mantenimiento de normas pueden ser mejor realizadas para tres batallones por un cuartel general de regimiento.
>
> En segundo lugar, las capacidades que se podrían obtener en un cuartel general de regimiento de Rangers darían a las FOE una aptitud que bien podría ir más allá del empleo de Rangers. En una situación de guerra podrían operar como un ejército o como una unidad de coordinación de las FOE en el teatro mismo de lucha.[42]

— *Asuntos civiles.* Los especialistas en Asuntos civiles están organizados dentro del 96o. Batallón de Asuntos Civiles con base en Fort Bragg. Además de ese batallón activo hay tres Comandos de Oficiales Generales (General Officer Commands), cuatro grupos, cinco brigadas y 24 compañías en la reserva del Ejército.

En tiempo de guerra, de acuerdo con el Departamento de Defensa, el trabajo de los especialistas en Asuntos civiles es "minimizar la interferencia de la población local con las operaciones militares norteamericanas". Su lema es "intensificar las operaciones de combate a través de la cooperación cívico-militar". Tomaron parte en la invasión de Granada.

En tiempos de paz trabajan en países extranjeros con las autoridades militares y civiles en áreas tales como salud pública, educación, sanidad, trabajos públicos, agricultura, transporte, comunicaciones y administración civil. Entrenan y asesoran fuerzas militares extranjeras en acción cívica, definida por el Manual de Cam-

[42] Entrevista con John O. Marsh Jr., secretary of the Army, en *Armed Forces Journal International*, vol. 122, núm. 10, mayo de 1985, p. 48.

po del Ejército (Army Field Manual) 33-5 como el uso de fuerzas militares en proyectos útiles a la población local, que servirán para aumentar la reputación de las fuerzas militares con la población local. También dan apoyo a otros equipos de entrenamiento de las fuerzas especiales norteamericanas.

— *Operaciones psicológicas.* Las tropas de operaciones psicológicas consisten en un grupo de operaciones psicológicas en servicio activo con tres batallones estacionados en Fort Bragg y tres grupos de operaciones psicológicas en la reserva con 9 batallones y 22 compañías. Se añadirá otro batallón activo en 1990.

Básicamente, las tropas de operaciones psicológicas son especialistas en propaganda. El Manual de Campo del Ejército 33-5 define las operaciones psicológicas como el uso de propaganda y otros medios para influir en opiniones, actitudes, emociones y otras conductas de grupos neutrales u hostiles. El Manual de Campo del Ejército 100-20 (sobre CBI) afirma que, en operaciones de contrainsurgencia, "las operaciones psicológicas están dirigidas a explotar resentimientos y levantar expectativas, para influir en la población y para promover la cooperación de miembros de la insurgencia".

Las tropas de operaciones psicológicas usan todas las formas de comunicación masiva, televisión, radio, prensa, así como carteles, panfletos y uso de altoparlantes. En Granada, las tropas de operaciones psicológicas norteamericanas montaron una enorme campaña de propaganda. También están entrenadas para interrogatorios.

La actividad de operaciones psicológicas es llevada a cabo antes, durante y después de operaciones de combate.

— *Fuerza Delta.* Es una unidad supersecreta con base en Fort Bragg, Carolina del Norte. Es el principal elemento de la fuerza contraterrorista norteamericana, ayudada por la Fuerza de Tarea 160 y el Equipo SEAL 6. Su número y equipamiento son información confidencial, pero se piensa que es una fuerza de varios cientos de hombres.

NBC News y otros han reportado que la Fuerza Delta voló a Omán y practicó un rescate durante el secuestro del avión de Kuwait en Irán en diciembre de 1984. También ha sido mencionada en el discurso de toma de posesión del presidente en enero de 1985, en la crisis en la embajada de Libia en Londres en 1984, en los juegos olímpicos de verano en Los Ángeles, en el secuestro en Venezuela en 1983 y en el rescate del general Dozier en Italia en 1982.

Pero Delta no es sólo una fuerza antiterrorista; está también entrenada para misiones encubiertas especializadas y para asistir a fuerzas convencionales, como lo hizo en Granada.

— *Fuerza de Tarea 160.* FT-160 de la 101 División de Asalto Aéreo del Ejército, establecida en Fort Campbell, Kentucky, es otra unidad ultrasecreta del Ejército. Tiene el tamaño de un batallón y es la única unidad de aviación de las fuerzas especiales del Ejército, aunque una unidad adicional se está formando este año en la reserva. Conocida como "Cazadores Nocturnos al Acecho", proporciona transporte en helicóptero y apoyo al ataque a la Fuerza Delta y a otras fuerzas armadas norteamericanas. En una presentación ante el Congreso en 1984, el general de División William Moore, director de la Oficina del Asistente del Estado Mayor para Operaciones y Planes, informó que la Fuerza de Tarea 160 tiene el avión más sofisticado en el Ejército y "probablemente los mejores pilotos de helicóptero del mundo".

□ *Marina.* Las fuerzas de operaciones especiales de la Marina son conocidas como tropas de Mar-Aire-Tierra o SEAL (Sea-Air-Land). Descendientes directos de los "hombres rana" o equipos de demolición submarina de la segunda guerra mundial, los primeros dos equipos SEAL fueron creados en 1962 y fueron usados extensamente durante la guerra de Vietnam.

La mayoría de los 1 700 SEAL en servicio activo están divididos en dos grupos de guerra especial de la Marina bajo los comandantes de las flotas del Atlántico y del Pacífico. El Grupo 1 tiene su base en Coronado, California, el 2 en Little Creek, Virginia. Además están divididos en seis equipos SEAL, dos equipos SEAL de Medios de Rescate (Delivery Vehicle Teams), dos escuadrones de lanchas especiales (Special Boat Squadrons), dos unidades de lanchas especiales (Special Boat Units) (con cuatro más en la Reserva), tres unidades de guerra especial y 41 grupos de 16 hombres.

Los SEAL son generalmente considerados como los mejor entrenados entre las FOE. Algunos pasan por un año completo de entrenamiento —el doble que los Boinas Verdes y seis veces más que los *Rangers*— incluyendo demolición submarina y sabotaje, combate cuerpo a cuerpo, sobrevivencia en la soledad, buceo, paracaidismo, espionaje, minado, interdicción marítima, operaciones de contrainsurgencia, reconocimiento y recolección de inteligencia. También enseñan estas habilidades, particularmente contrainsurgencia y técnicas de interdicción, a marinas de guerra extranjeras.

Se espera que los SEAL realicen reconocimiento de playa, de costa y fluvial previo al combate, defensa de puertos amigos, estrechos y caminos costeros, destrucción de instalaciones, puentes, líneas de tren o cualquier otra instalación en áreas de puertos enemigos, limpieza de playas y puertos, interdicción y desorganización de flota enemiga, infiltración a profundidad en territorio enemigo y conducción de operaciones clandestinas. En la invasión a Granada, los SEAL fueron usados para reconocimiento y temprana infiltración en la isla.

El objetivo de la Marina para los próximos cinco años es la constitución de 70 grupos SEAL.[43]

□ *Fuerza Aérea.* Los 4 100 efectivos de las FOE de la Fuerza Aérea son menos conocidos que sus contrapartes del Ejército o la Marina. Están organizados principalmente bajo la 23a. Ala de la Fuerza Aérea, Primera de Operaciones Especiales, en Hurlburt Field, Base Elgin de la Fuerza Aérea, en Florida, creada en 1983. Adicionalmente se incluyen cinco escuadrones de operaciones especiales —tres en la base anterior (el 8o., 16o. y 20o.), uno en la base aérea Clark en Filipinas (el 1o.) y uno de la base aérea Ramstein en Alemania Occidental (el 7o.)— y un destacamento de helicópteros en la base aérea Howard en Panamá. También existen tres escuadrones de operaciones especiales en la reserva. Las FOE de la Fuerza Aérea son responsables de infiltración en gran escala, exfiltración y operaciones de rescate en combate —llevan y sacan tropas— y de apoyo aéreo general a las FOE del Ejército. En la invasión a Granada, pilotos de la Primera Ala de Operaciones Especiales transportaron *Rangers* para el asalto aéreo inicial.

El recuento anterior quedaría incompleto si no se mencionan los pasos dados en el terreno de la centralización del mando de las FOE. Además de lo ya avanzado, las propuestas han llegado a solicitar —no sin una fuerte oposición— que las FOE constituyan un servicio aparte dentro de la estructura de las Fuerzas Armadas. Salvo que se indique lo contrario, nuestra principal fuente al respecto continuará siendo el *Defense Monitor.*[44]

El primer paso significativo en la reconstitución de las FOE en el nivel organizativo, tuvo lugar en octubre de 1983, unos días antes de la invasión a Granada. En ese momento, el Estado Mayor conjunto aprobó el establecimiento de una agencia conjunta de operaciones especiales, ACOE (Joint Special Operations Agency), una oficina de planificación interservicios para operaciones especiales. Con 61 hombres dirigidos por el general de División del Cuerpo de Marines, Wesley Rice, la ACOE fue puesta en marcha el 1 de

[43] "US Special Operation Revisited", en *Defense & Foreign Affairs,* octubre de 1985, p. 32.

[44] "America's secret soldiers [. . .]", *op. cit.,* p. 8.

enero de 1984 para asesorar al Estado Mayor Conjunto en todos los aspectos de operaciones especiales, incluyendo estrategia, planificación, presupuesto, desarrollo de recursos y distribución, doctrina, entrenamiento y uso de fuerzas. La ACOE tiene cuatro divisiones (Investigación, Desarrollo y adquisiciones; Acciones conjuntas; Inteligencia especial, y Operaciones de apoyo) y muchas secciones, incluyendo Guerra no-convencional/Acción directa, Operaciones de contingencia, Operaciones psicológicas, Seguridad operacional/Engaño, y Actividades de apoyo.

Ya apuntábamos que estas medidas no han sido tomadas sin oposiciones. El senador republicano William Cohen (miembro del Comité de Servicios Armados y del Comité Selecto sobre Inteligencia del Senado) proporciona algunas evidencias al señalar que "la ACOE ha sido vista como irritante por los servicios (las diferentes ramas de las Fuerzas Armadas), quienes están tan renuentes como siempre a abandonar su control sobre las unidades y recursos de las FOE". Asimismo señala también las limitaciones a las funciones de la ACOE ya que "sólo como un cuerpo asesor, la ACOE no está en posición de efectuar la tarea vital de coordinar las actividades de las FOE".[45]

No obstante lo anterior, "la ACOE continúa completando su estructura, y uno de sus comandos de teatro de operaciones especiales, cuidadoso de su dependencia de recursos no disponibles de inmediato, está desarrollando su propia compañía de comunicaciones".[46]

Hacia finales de 1983, el Pentágono estableció formalmente el Grupo Asesor de Política de Operaciones Especiales (Special Operations Policy Advisory Group). El grupo está formado por cinco generales retirados (Jim Ahmann, Don Blackburn, Roy Manor, Dick Secord, Sam Wilson) y un almirante retirado (Jim Holloway).

El Ejército creó su Primer Comando de Operaciones Especiales en octubre de 1982, unificando todas las FOE del Ejército al mando de un solo comandante en Fort Bragg. Posteriormente, el Ejército formó el Comité Directivo de Oficiales Generales (General Officer Steering Committee) para dar dirección a la expansión de las FOE.

El comandante del Primer Comando de Operaciones Especiales del Ejército, general de brigada Joseph C. Lutz, señaló que éste

[45] Sen. William S. Cohen (R-ME), "A defense special operations agency: fix for an SOF capability that is most assuradly broken", en *Armed Forces Journal International,* enero de 1986, p. 38.

[46] "US special operation revisited", *op. cit.,* p. 32.

será responsable de la preparación, empleo y sostenimiento de las fuerzas especiales en la conducción de la defensa interna extranjera, guerra no convencional, operaciones psicológicas, operaciones *Ranger* y operaciones relacionadas en apoyo de los objetivos nacionales norteamericanos y de la estrategia militar en tiempos de guerra y paz.[47]

Asimismo aclara que no estará ligado a la unidad antiterrorista cuyo cuartel general también se encuentra en Fort Bragg, pero que será parte de las fuerzas de despliegue rápido, añadiendo que las misiones prioritarias del comando serán los países en desarrollo de América Latina y África.

En 1983 todas las unidades de búsqueda y rescate de la Fuerza Aérea y sus FOE fueron unificadas y ubicadas en la recientemente creada 23a. Fuerza Aérea. Además la reorganización tuvo lugar con la creación de la Primer Ala de Operaciones Especiales de la 23a. Fuerza Aérea en Jurlburt Field, Base Elgin de la Fuerza Aérea, Florida.

Uno de los principales abogados —junto con Noel Koch— de la reactivación y centralización del mando de las FOE es el representante demócrata por Virginia, Dan Daniel, presidente del Subcomité de Preparación del Comité de Servicios Armados de la Cámara de Representantes. En la edición de agosto de 1985 del *Armed Forces Journal* llega a proponer la creación de un sexto servicio para operaciones especiales dentro de la estructura de las Fuerzas Armadas norteamericanas, argumentando la existencia de conflictos entre las operaciones especiales y la estructura de la fuerza convencional (filosofía, profesionalismo, promociones, presupuesto, continuidad, soluciones únicas a problemas únicos, apoyo y relaciones con las autoridades del Comando Nacional) y el frecuente descuido de las necesidades y capacidades de las FOE por la ausencia de una voz efectiva dentro del sistema.

Su última propuesta, a la que se suma el senador Cohen, es la creación de la Agencia de la Defensa de Operaciones Especiales (Defense Special Operations Agency), moldeada conforme a la Agencia de Seguridad Nacional. En palabras del senador Cohen:

En líneas generales, una Agencia de la Defensa de Operaciones Especiales tendría dos componentes principales —un *staff* de agencia y un comando conjunto subordinado— y podría estar apoyada por comandos mayores dentro de los servicios participantes. Su misión podría ser prepararse para conducir operaciones especiales conjuntas [...]

El comando y control de operaciones especiales podría ser ejercido a

[47] Cable UPI, nota de Richard C. Gross, 17 de septiembre de 1982.

través del comando conjunto subordinado. Por consideración del argumento lo llamaremos Comando de Guerra Especial (CGE).

Todas las FOE del Ejército, Marina, y Fuerza Aérea (¿y el Cuerpo de Marines?) deberían ser asignados al CGE en tiempo de paz [...]

El CGE podría mantener elementos de enlace con cada uno de los Comandos Unificados. En época de guerra, se podría desplegar a uno de los teatros para servir como el Comando de Operaciones Especiales del Estado Mayor Conjunto [...]

Del lado civil, un subsecretario asistente de Defensa para Operaciones Especiales podría proveer los medios a través de los cuales el control de las operaciones especiales pudiera ser ejercido. Los requerimientos aquí son de una autoridad que pueda articular la política de las FOE y los objetivos y, más importante, la ejecución exterior de esa política [...]

Puede ser apropiado consolidar actividades tales como las del Centro de Guerra Especial JFK del Ejército, la Escuela de Operaciones Especiales de la Fuerza Aérea, y el Centro Conjunto para Conflicto de Baja Intensidad, dentro de una institución conjunta de operaciones especiales similar al existente comando y *staff* y colegios de guerra.[48]

Entre julio y agosto de 1986 es aprobada esta propuesta en su esencia por el Comité de Servicios Armados de la Cámara de Representantes, dándose el paso definitivo en la centralización de las funciones y el mando de las FOE. Con la aprobación del Congreso se constituirá un Comando Conjunto de Operaciones Especiales, formado por miembros de las cuatro ramas de las fuerzas armadas norteamericanas, al mando de un comandante, así como el puesto de subsecretario de Defensa para Operaciones Especiales y Conflictos de Baja Intensidad.

Los nombres de candidatos para ocupar ambos cargos ya se empiezan a barajar. El subsecretario de Defensa para Asuntos de Seguridad Internacional, Richard L. Armitage, que según versiones periodísticas se opuso a algunos aspectos del plan de reorganización debido a que el nuevo puesto burocrático usurpará funciones que anteriormente le correspondían, impulsa la nominación de Clinton Dan McKinnon. Activista republicano de California, editor y locutor de radio, McKinnon dirigió el Consejo de Aeronáutica Civil en donde tuvo experiencia en tareas de prevención de terrorismo, publicó un nuevo libro titulado *Todo lo que usted necesita saber antes de ser secuestrado,* se supone que ha hecho algunos trabajos para la CIA, y es poseedor de la marca de rescates en helicóptero de la Marina desde 1958, con un total de 68 rescates marítimos por aire.

[48] William S. Cohen, *op. cit.*, p. 43.

Para el mismo cargo de subsecretario, en el Congreso se menciona a William V. Cowan, asistente del senador republicano Warren B. Rudman. Sus méritos estriban en ser teniente coronel retirado del cuerpo de *marines*, veterano de combate condecorado, con experiencia en Vietnam como asesor de contrainsurgencia y, más recientemente, miembro de una de las unidades secretas antiterroristas.

Para el puesto de comandante del nuevo Comando Conjunto, el representante demócrata Dan Daniel promueve la candidatura del general Robert C. Kingston, quien asumió la primera comandancia del flamante Comando Central (USCENTCOM), del que dimos cuenta en nuestro segundo capítulo, y que estaría en estos momentos en retiro de acuerdo al *New York Times.* Otro candidato sería otro general retirado, Edward C. Meyer, ex jefe de Estado Mayor del Ejército.[49]

Por otra parte, también se logra percibir una tendencia destinada a lograr una mayor especialización en el área geográfica de entrenamiento y en el aprendizaje de lenguas de los efectivos de las FOE del Ejército, el que:

> Está intentando aplicar su sistema experimental "de regimiento", en donde el servicio de todos los soldados es pasado con elementos de la misma unidad en Estados Unidos o en el extranjero. Así, un soldado asignado al 10o. Grupo de Fuerzas Especiales en Fort Devens debería pasar la mayoría de su tiempo de servicio bien sea en Fort Devens o en el 10o. Batallón destacado en Bad Tolz, Alemania.[50]

El cuadro 3 muestra el estado de las FOE en enero de 1985 y las iniciativas para continuar con su fortalecimiento, tanto en su componente activo como de reserva.

Una última consideración referente al programa de reactivación de las FOE que tampoco puede pasar inadvertida se refiere al manejo de la opinión pública norteamericana para lograr su apoyo al mismo, a través de la promoción del nuevo prototipo de superhombre: el Boina Verde, ex combatiente de Vietnam, adiestrado de tal manera en todas las habilidades de la guerra irregular que puede sustituir a una compañía en el enfrentamiento con el subdesarrollado enemigo —comunista o corrupto dictadorzuelo—, de

[49] Véase Gregorio Selser, "Créase el Departamento de Fuerzas Especiales: La guerra no convencional", en *El Día,* México, 8 de agosto de 1986; y John H. Cushman Jr., de *The New York Times,* "Especial atención pone EU en estos momentos a las 'operaciones especiales' ", en *Excélsior,* México, 24 de diciembre de 1986.

[50] "U.S. special operation revisited", *op. cit.,* p. 32.

sangre fría pero con "nobles sentimientos" hacia su familia, con puntería inmejorable y ferocidad para el combate, en suma, el hombre invencible representado en los *Rambos* y *Comandos* que han inundado las pantallas de los cines de casi todo el mundo.

LAS FUERZAS DE OPERACIONES ESPECIALES EN CENTROAMÉRICA

El desarrollo de la guerra en Centroamérica cambia cualitativamente con la introducción de las FOE, bien sea para el entrenamiento de las fuerzas armadas aliadas en la contrainsurgencia o para actividades clandestinas en contra de Nicaragua.

La asesoría prestada y el entrenamiento de soldados salvadoreños en Honduras por miembros de las FOE ha desempeñado un

CUADRO 3
FUERZAS DE OPERACIONES ESPECIALES DEL EJÉRCITO DE ESTADOS UNIDOS
(*enero de 1986*)

Servicio	*Fuerzas actuales*	*Iniciativas*
Ejército	1 comando de operaciones especiales	Un grupo adicional de fuerzas especiales
	8 grupos de fuerzas especiales	Incrementos en personal, helicópteros y apoyo de *staff* de las fuerzas especiales y operaciones psicológicas
	24 batallones de fuerzas especiales	
	4 grupos de operaciones psicológicas	
	13 batallones de operaciones psicológicas	Mejoras en el equipo
	2 batallones de aviación de operaciones especiales	Un batallón adicional de aviación de operaciones especiales
	1 cuartel general de regimiento de *Rangers*	
	3 batallones de *Rangers*	
	1 batallón de asuntos civiles (activo)	
	3 comandos de asuntos civiles	
	5 brigadas de asuntos civiles	

	4 grupos de asuntos civiles	
	24 compañías de asuntos civiles	
Marina	4 grupos de guerra especial de la Marina	1 nuevo equipo SEAL
	7 unidades de guerra especial de Marina	Adquisición de equipo especializado.
	2 equipos de vehículos de rescate SEAL	Construcción de instalaciones especiales y barcos de apoyo
	6 equipos SEAL	
	2 escuadrones de lanchas especiales	
	6 unidades de lanchas especiales	3 submarinos de cubierta seca con capacidad de refugio por flota.
	2 escuadrones de ataque ligero	
	3 submarinos de cubierta seca (*dry-deck*) con capacidad de refugio	Capacidad de operaciones especiales de las unidades anfibias de la Marina
	4 grupos de asuntos civiles	
Fuerza Aérea	1 división aérea	Aviones adicionales *Combat Talon* (MC-130)
	1 ala de operaciones especiales	Mejorar avión EC-130 E *Volant Solo II*
	5 escuadrones de operaciones especiales	Mejorar sistemas de sobrevivencia y de reabastecimiento de combustible en vuelo
	1 destacamento de helicópteros	
	1 escuadrón de control de combate	
	2 grupos de operaciones especiales de reserva	Mejorar equipo de navegación y electrónica de la aviación
	3 escuadrones de operaciones especiales	Helicópteros adicionales HH-53 *Pave Low*
		Aviones artillados adicionales AC-130H

FUENTE: *United States military posture for FY 1987*, prepared by the Organization of the Joint Chiefs of Staff, 1986.

papel importante en la transformación de la estructura de las fuerzas armadas salvadoreñas, con la constitución de fuerzas élite entrenados para la guerra irregular: los Batallones de Cazadores y las Patrullas de Reconocimiento de Largo Alcance.

El 14 de julio de 1983 empiezan a llegar al Centro Regional de Entrenamiento Militar (CREM) de Honduras alrededor de 125 instructores de las FOE, provenientes del Centro de Ayuda Militar John F. Kennedy, de Fort Bragg, Carolina del Norte, para iniciar un programa de entrenamiento a 2 400 salvadoreños y 1 400 hondureños. De acuerdo con el plan, los instructores permanecerían en la base para entrenar a seis batallones salvadoreños y por lo menos una unidad hondureña para fines de 1983. Hacia agosto del mismo año llegaron más asesores de las FOE del Ejército, la Marina y la Fuerza Aérea para continuar el entrenamiento de fuerzas hondureñas cerca de La Ceiba.

En Choluteca, 70 Boinas Verdes del 2o. batallón del 7o. Grupo de Fuerzas Especiales de Fort Bragg fueron desplegados en los alrededores del lugar durante septiembre y octubre de 1983 para entrenar cuatro batallones de infantería hondureños en ejercicios de contrainsurgencia.

Para 1984, el número de Boinas Verdes en el CREM se elevó a 179 con el objeto de entrenar a tres batallones hondureños y nueve salvadoreños.[51]

En El Salvador, Estados Unidos mantiene hasta 55 asesores-entrenadores militares de las fuerzas especiales [...] Las fuerzas especiales están involucrados en casi todos los aspectos de las fuerzas armadas salvadoreñas. Equipos de entrenamiento militar se rotan proveyendo instrucción en uso de armas, inteligencia, táctica, planeación, comunicaciones, logística, mantenimiento y demás. Enseñan todo, desde disparar un rifle hasta volar un helicóptero. Han entrenado varios batallones de contrainsurgencia, que ahora son considerados la élite de las fuerzas armadas salvadoreñas. Los SEAL han entrenado con la Marina salvadoreña en La Unión.

En teoría, los asesores militares no están autorizados a estar en o cerca de áreas de combate, y pueden portar sólo armas ligeras. En la práctica, sin embargo, esta política ha sido veladamente impuesta. El personal norteamericano ha entrado varias veces en áreas de combate con el ejército salvadoreño. El *Washington Post* reportó en octubre de 1984 que altos asesores norteamericanos incluso han pasado la noche en puestos de mando en el corazón de territorio rebelde en la primera noche de una ofensiva del Ejército. Los reportes de personal militar nor-

[51] Leslie Parks *et al.*, "Background information on U.S. security assistance and military operations in Honduras", en *Resource*, Institute for Policy Studies, Update 9, Washington, 30 de mayo de 1984, pp. 8-13.

teamericano proveyendo apoyo al combate y disparando han sido frecuentes.[52]

Un indicador nítido del reacomodo de la estrategia militar norteamericana en Centroamérica son las maniobras militares desarrolladas en la zona. La yuxtaposición de la estrategia del despliegue rápido con la de GBI se evidencia en las maniobras Pino Grande II (agosto de 1983 a febrero de 1984). En este apartado atenderemos sólo al tipo de fuerzas que participan, recuperando con posterioridad el ejemplo para ilustrar el entrenamiento en otros aspectos de la GBI. De acuerdo con el comandante general de la maniobra, coronel Schlossberg, ésta "serviría para comprobar la capacidad de intervención rápida en cualquier país",[53] de donde se concluye que tropas convencionales entrenadas en el despliegue rápido fueron el componente sustancial de los efectivos que la realizaron. Sin embargo, paralelamente:

> Soldados de fuerzas especiales del 7o. Grupo de Fuerzas Especiales condujeron tácticas de infantería con los batallones 11, 1, 7 y 12 de Infantería, que mejoraron la habilidad de todas las unidades en la conducción de operaciones de contrainfiltración, así como la realización de sus tradicionales misiones como soldados.[54]

> [Asimismo] los SEAL de la Marina han conducido varios ejercicios en el Golfo de Fonseca —supuestamente la principal ruta marítima para cargamentos de armas de Nicaragua a los rebeldes salvadoreños—, principalmente instruyendo y practicando interdicción marítima con marinos hondureños y salvadoreños. A principios de diciembre de 1984, dos SEAL murieron en Honduras. [55]

Otras maniobras o ejercicios en donde participan efectivos de las FOE son el Ejercicio de Estado de Alerta para Despliegue de Emergencia (Emergency Deployment Readiness Exercise, última semana de marzo de 1984); la maniobra Granadero I (1 de abril al 8 de junio de 1984); ejercicios de contrainsurgencia sin nombre, realizados desde el 23 de julio hasta comienzos de agosto de 1984; las maniobras Lempira 85 (27 de enero al 15 de febrero de 1985); la tercera fase de las Pino Grande III, realizada del 17

[52] "America's secret soldiers...", *op. cit.*, pp. 12-13.
[53] *Unomásuno,* México, 20 de agosto de 1983.
[54] James Strachan, declaraciones al diario *Tiempo,* San Pedro Sula, Honduras, 8 de febrero de 1984; citado por Ricardo Córdoba, *op. cit.*, p. 177.
[55] "America's secret soldiers...", *op. cit.*, p. 13.

al 21 de abril de 1985, y la segunda fase de las Cabañas 86, iniciada el 5 de junio de este año.

La constitución de FOE y la conducción de ejercicios conjuntos también se ha extendido al Caribe. En septiembre de 1985 se efectuaron los ejercicios *Exotic Palm* en Santa Lucía, cuyo objetivo era la simulación de una respuesta del sistema Regional de Seguridad a una llamada de auxilio de una nación caribeña que confrontara una amenaza apoyada por fuerzas externas. Las tropas caribeñas que participaron (junto con Estados Unidos y Gran Bretaña) pertenecían a las Unidades Especiales de Servicio, grupos paramilitares entrenados y armados por Estados Unidos durante dos años, especializados en técnicas de contrainsurgencia. Los países participantes fueron Jamaica y los pertenecientes al Sistema Regional de Seguridad (que con la maniobra desarrollaron su primera prueba): Barbados, San Vicente, Las Granadinas, Granada, Antigua y Barbuda, St. Kitts-Nevis, Santa Lucía y Dominica.[56]

La presencia de FOE en Centroamérica no ha dejado de causar alarma entre los sectores progresistas norteamericanos ya que se considera que, al igual que en Vietnam, puede significar el primer paso para un involucramiento mayor. Siendo esta lectura parcialmente correcta ya que de ninguna manera se aleja de la realidad, a lo que hay que prestar mayor atención en la reflexión es a los cambios que este tipo de unidades introducen en la guerra en la región y a lo que esto significa en términos de la prolongación del conflicto. Para ello es fundamental estudiar aquellos elementos no militares de la estrategia, cuestión que abordaremos en los siguientes apartados.

Por último, a las contradicciones que se han expresado por parte de los sectores más tradicionales de las fuerzas armadas norteamericanas en torno al programa de reactivación de las FOE, hay que sumar aquellas que tienen su origen en su propia actividad en Centroamérica.

A finales de 1985, un reportaje de primera plana de *The Washington Post* informa sobre una investigación por fraude dentro de las FOE, en la que se pretendía esclarecer el gasto de más de 300 millones de dólares en los últimos 5 años. Como resultado de las primeras investigaciones, un oficial del ejército fue acusado de fraude mediante un proceso civil y otros tres deberían enfrentar a la corte marcial, además de que 80 miembros de la Fuerza Delta resultaron sancionados. Las diligencias también abarcaron a una

[56] *El Día*, México, 25 de agosto de 1985, y *El Nacional*, México, 7 de septiembre de 1985.

fuerza de aviación conjunta del Ejército y de la CIA, conocida como *Seaspray,* que tuvo a su cargo vuelos de vigilancia especiales ordenados por la Casa Blanca durante las elecciones de 1982 en El Salvador.

El periódico revela que la mencionada unidad especial compró un avión *King Air* a través de una compañía de fachada, de nombre *Shenandoah Aerolease,* mediante una transacción secreta que precisamente ahora está siendo investigada. El avión fue acondicionado con equipo electrónico comprado a una compañía de New Hampshire y posteriormente fue piloteado desde un campo de aterrizaje hondureño hasta San Pedro Sula, donde lo hicieron pasar por "un avión civil tomando fotografías aéreas".

La verdadera misión consistía en interceptar transmisiones radiales de los rebeldes y entregar la información a la Agencia Nacional de Seguridad en Estados Unidos. La información fue posteriormente entregada al gobierno de El Salvador para uso de sus tropas.

La misión fue considerada tan exitosa que el avión fue reasignado, con un nuevo número, a vigilancia aérea desde La Ceiba, en Honduras, valiéndose de otra compañía de fachada. En la misma fecha, la CIA preparaba su propio avión con similares propósitos. Sin embargo, la nave resultó "muy pesada" y se estrelló durante un vuelo de prueba [...]

La legalidad de las misiones descritas no ha sido cuestionada. El diario asegura en cambio que temas que han sido controvertidos por años han vuelto a salir a la luz: "el rol de las FOE del ejército y su relación con la CIA, la duplicación y la competencia entre los diferentes servicios secretos implicados en dichas acciones".[57]

LA CONTRAINSURGENCIA, PRIMER EJE DE LA GBI

Paradójicamente, la guerra irregular como medio de liberación se utiliza durante la guerra de independencia norteamericana, hecho que revolucionaría el "arte de la guerra" y que sería incorporado plenamente por Napoleón.

Papel decisivo lo tuvieron las amplias capas de granjeros, obreros y pequeña burguesía urbana que formaban el núcleo fundamental de las milicias norteamericanas, mal instruidas y poco organizadas al principio, pero muy superiores al ejército inglés (integrado en gran parte por mercenarios reclutados en los principados alemanes) en cuanto a su moral y táctica.

[57] "Fraude en el ejército de EU y espionaje en Centroamérica van de la mano", en *El Día,* México, 30 de noviembre de 1985.

Aunque no sabían marchar, disparaban mucho más certeramente con sus carabinas y, como combatían por sus propios intereses, no desertaban como las tropas reclutadas. No daban a los ingleses la satisfacción de enfrentarse con ellos en línea regular de combate ni en campo descubierto, sino que atacaban en destacamentos dispersos de tiradores muy móviles y ocultos en los bosques.

La formación lineal, impotente, sucumbió ante un enemigo invisible e inabordable. De este modo, volvió a inventarse la nueva forma de combate, fruto de un material-soldado modificado.[58]

Igualmente, el combate a la guerra irregular tiene vieja data en el ejército norteamericano: la guerra contra los indios y durante la primera insurrección filipina contra las guerrillas independentistas lideradas por el patriota nacionalista Emilio Aguinaldo (1898-1902). De su desarrollo en el nivel doctrinario encontramos una buena síntesis en el artículo del coronel Rod Paschall:

Mientras que durante la primera mitad del siglo el tratamiento de la guerra de guerrillas en la doctrina del Ejército era superficial y usualmente cubría cuatro o cinco páginas, el cuerpo de *marines* tuvo un acercamiento más atento y detallado sobre el tema en 1940. En el USMC (*US Marine Corps*) *Small Wars Manual* de ese año, los redactores que obviamente tenían experiencia dedicaron 380 páginas a métodos diseñados para derrotar a la guerrilla [...] Aunque esto parecía representar una excelente doctrina para la intervención norteamericana y subsecuentes operaciones de contraguerrilla, no se basaban en una respuesta al concepto de Mao [tres fases de la lucha: la primera, guerra de guerrillas, estrictamente un CBI, que enfrenta fuerzas irregulares contra regulares; la segunda, guerra de movimientos, y la tercera, guerra de posiciones, que enfrentan fuerzas regulares, por lo que se convierte la lucha en un conflicto de mediana intensidad] y, más importante, sus bases descansaban sobre controles norteamericanos sustanciales del proceso político del país sometido a la insurgencia, la nación anfitriona.

La doctrina del Ejército en 1941, 1944 y 1949 tomó un poco nota de lo más sustancial de la doctrina de los *marines* de 1940. El Ejército proporcionó el otro lado de la moneda, guerra de guerrillas ofensiva, con igual espacio que guerra de contraguerrilla. Los redactores fueron más lejos al dejar el término peyorativo de guerrilla por la palabra "partisano". La doctrina del Ejército en esta era quedaba en menos del uno por ciento del *Field Service Regulations.*

El primer cuerpo sustancial de la doctrina contraguerrillera producido por el Ejército fue publicado en borrador por la Escuela de Infantería un mes antes de la invasión de Corea del Sur por el ejército de Corea del Norte. Basado en un estudio de la experiencia soviética y

[58] Federico Engels, *Temas militares*, Madrid, Akal Editor, 1975, pp. 272 (n. 2) y 19.

aliada durante la segunda guerra mundial, el borrador enfrentaba, con análisis y detalle, el temprano esfuerzo del cuerpo de *marines* de la década anterior. La doctrina especificaba tres objetivos principales en la derrota de la guerrilla: aislamiento de la población civil, rechazo del apoyo externo y destrucción del movimiento guerrillero. El manual no tomaba en cuenta los conceptos de Mao o de Troung Chin, asumía la existencia de un gobierno militar norteamericano en el área de conflicto, era proclamado sobre fuerzas norteamericanas ejecutando las operaciones, y parecía estar dirigido a un escenario europeo. El borrador puso atención sobre la probable utilidad de los helicópteros, pero trató ligeramente el uso de tropas nativas. Fue publicado con pocos cambios en febrero de 1951.

Una repentina concentración de alto nivel en la doctrina de contraguerrilla vino con el gobierno de Kennedy en 1961. Como una de sus primeras acciones, el presidente expresó su descontento sobre la aparente falta de énfasis de las fuerzas armadas en tal aspecto. Como resultado, la doctrina del Ejército realzó las operaciones de contraguerrilla ampliando su tratamiento en el manual operacional clave *FM 100-5*. En tanto que la guerra no convencional había ocupado usualmente alrededor del uno o dos por ciento del manual antes del expresado interés presidencial, las operaciones en contra de fuerzas irregulares, guerra de guerrillas, y "situaciones de guerra escasa" absorbieron cerca del 20 por ciento de la edición revisada. Sin embargo, hubo cambios poco sustantivos en el concepto. La doctrina de contraguerrilla básica a principios de los sesenta imaginaba a las tropas norteamericanas soportando la carga de pelear contra las guerrillas, si bien con el creciente resguardo de las tropas del país anfitrión. Los redactores de la doctrina también añadieron los tres principios de aislamiento, bloqueo de apoyo externo y destrucción; adicionalmente destacaron la necesidad de la inteligencia y de la provisión de asistencia económica al Estado anfitrión con el objetivo de cortar la atracción popular hacia la guerrilla. La posibilidad de apoyo externo para la guerrilla fue discutida, pero los redactores evidentemente creyeron que medidas tales como el control interno de las fronteras bastarían para bloquear tal actividad. En suma, la "era de la contrainsurgencia" de Kennedy no produjo una revolución en la doctrina del Ejército.

En 1967, en medio de la guerra de Vietnam, un cambio notable y sustantivo empezó a ocurrir en la doctrina de contrainsurgencia del Ejército. En 1964, los redactores de la doctrina habían caracterizado el papel del Ejército en la contrainsurgencia como "el principal papel militar". Tres años después y tras una considerable experiencia práctica en el sudeste de Asia, esto se cambió para leer "el principal papel". Se puso un creciente énfasis en las tropas nativas en el combate de la guerrilla [...] El papel de contrainsurgencia recomendado para el Ejército norteamericano fue previsto como de asesoría por naturaleza.

Uno de los primeros actos del gobierno de Nixon de 1969 fue anunciar la "Doctrina Guam" o "Doctrina Nixon", que establecía que el gobierno anfitrión tenía la responsabilidad fundamental de proporcionar efectivos militares para su propia defensa durante una insurgencia [...][59]

Esta visión crítica del desarrollo de la doctrina de la contrainsurgencia norteamericana coincide plenamente con los planteamientos del coronel Summers, en el sentido de que la contrainsurgencia debe ser fundamentalmente una tarea de los ejércitos aliados, bajo la asesoría norteamericana, reservándose la intervención directa para atacar el "foco del conflicto" en palabras de Summers. El coronel Paschall, actual director del Instituto de Historia Militar del Ejército de Estados Unidos, que ha servido en situaciones de CBI en Laos, Vietnam y Camboya, y cuya experiencia en asistencia militar incluye Egipto, Tailandia y Honduras, lo expresa así:

Nuestra nueva doctrina no debe basarse en fuerzas norteamericanas peleando contra los insurgentes a menos que exista un gobierno militar en Estados Unidos; debemos continuar una doctrina basada en la asesoría y asistencia norteamericana a los aliados acosados por insurgentes, y nuestra gama de opciones en contra de la insurgencia debe incluir operaciones ofensivas en el terreno de mediana intensidad, no de baja intensidad, en contra de aquellas naciones que patrocinen la insurgencia.[60]

Desde su punto de vista, la contrainsurgencia es el aspecto fundamental de la GBI y su desarrollo doctrinario es útil principalmente para los aliados. Posteriormente recuperaremos su crítica a la doctrina actual de CBI, que se centra en la ausencia de tratamiento de operaciones de mediana intensidad para enfrentar la globalidad del CBI.

La actual doctrina de la GBI en su aspecto contrainsurgente está contenida en el Manual de Campo 100-20, *Conflicto de Baja Intensidad,* publicado por el Departamento del Ejército en 1981.[61] En este manual el término "contrainsurgencia" no aparece. Su definición oficial contenida en el *Diccionario de términos militares* es "aquellas medidas militares, paramilitares, políticas, económicas, psicológicas y cívicas adoptadas por un gobierno para derrotar la insurgencia".[62] Lo que figura son "operaciones de contrague-

[59] Coronel Rod Paschall, "Low-intensity conflict doctrine: who needs it?", en *Parameters,* vol. XV, núm. 3, otoño de 1985, Journal of the US Army War College, Carlisle Barracks, Pa., pp. 41-42.

[60] *Ibidem,* p. 34.

[61] Field Manual 100-20, *Low-Intensity Conflict,* Washington, D. C., Department of the Army, 1981.

[62] Department of Defense, *Dictionary of military and associated terms,*

rrilla" que "se rigen por los planes de Defensa y Desarrollo internos de niveles nacional e intermedio", señalándose asimismo que "las operaciones militares que se efectúan contra fuerzas de guerrilla son parte de una estrategia general que también incluye programas económicos, sociales y políticos. La derrota de una amenaza requiere la destrucción de las fuerzas de guerrilla y LA INICIACIÓN de dinámicos programas tanto económicos como sociales y políticos." [63] De aquí que un primer elemento que queda claro es —como ya apuntábamos— la globalidad de la propuesta, en donde lo militar forma parte de un todo.

Un segundo elemento es que "cada participación del Ejército de EE.UU. en 'conflictos de baja intensidad' también se considera como actividades de 'defensa interna en el exterior' ", entendida ésta como la "participación del sector civil y de las agencias militares de un gobierno en cualesquiera programas de acción *que haya instrumentado otro gobierno* con el propósito de liberar y proteger al pueblo contra la subversión, el desorden y la insurrección". Por otra parte,

> las acciones que tome el país sede serán de "defensa interna" (la gama total de medidas que toma un gobierno para liberar y proteger al pueblo contra la subversión, el desorden y la insurrección) y de "desarrollo interno" (acciones que toma una nación para fomentar su crecimiento mediante la organización de instituciones viables —políticas, militares, económicas y sociales— que respondan a las necesidades de la sociedad).[64]

Asimismo, Defensa y Desarrollo Internos (DDI) es la combinación de ambos términos. En esencia se observa la misma terminología de la era de Kennedy, en donde la DDI se traduce para América Latina en la promoción de la contrainsurgencia (defensa) en combinación con la Alianza para el Progreso (desarrollo interno). De lo que se trata ahora es de superar los errores cometidos, de no excederse en la participación norteamericana y de permitir que los aliados realicen el esfuerzo mayor, introduciendo reformas viables de diversa índole.

En este último aspecto se incluye la modificación de la conducta frente a la población. Hay que recordar que el objetivo es funda-

Washington, D. C., JCS Pub. 1, The Joint Chiefs of Staff, 1 de abril de 1984, p. 94.

[63] Field Manual 100-20, p. 177.

[64] *Ibid.*, pp. 2-3, cursivas nuestras.

mentalmente político, dirigido a ganar las "mentes y corazones" del pueblo. Un instrumento es la acción cívica, pero otro sustancial es la "humanización" de la guerra, destacada en el Manual de Campo: "[...] al combatir una insurrección ES ESENCIAL que se le dé trato humanitario a estas personas (los cautivos) y que las leyes se observen"; "todos los esfuerzos por neutralizar la organización insurrecta deben llevarse a cabo dentro del sistema legal del país, observándose escrupulosamente todas las disposiciones constitucionales relacionadas con derechos y responsabilidades"; en las campañas de ataque "las personas sospechosas se tratarán con firmeza pero con justicia y con respeto pues esto evita que personas inocentes se conviertan en simpatizadores de la causa insurrecta"; "de cualquier forma, la guía a seguir es: 'fuerza mínima esencial' ".[65] De esta suerte, como en El Salvador, los Escuadrones de la Muerte tienen que desaparecer, y las presiones para reducir las violaciones a los derechos humanos se acompañan de una campaña destinada a darle credibilidad a ello.

En el manual se definen dos tipos de CBI, que se diferencian por el tipo de injerencia norteamericana:

> CBI tipo A, "operaciones y ayuda en defensa y desarrollo internos que tienen que ver con *acciones que toman las fuerzas norteamericanas* para establecer, reanudar o mantener el control de ciertas áreas o puntos amenazados por la guerra de guerrillas, revolución, subversión u otras tácticas encaminadas a la toma del poder por una fuerza interna".

> CBI tipo B, "operaciones de ayuda en defensa y desarrollo internos que tienen que ver con el *asesoramiento que proporciona EE.UU., el apoyo de combate y el apoyo de servicios de combate a las fuerzas de la localidad, o a las fuerzas aliadas* empeñadas en establecer, reanudar o mantener el control de ciertas áreas específicas, amenazadas por la guerra de guerrillas, la revolución, la subversión u otras tácticas encaminadas a la toma del poder por una fuerza interna".[66]

Se estima que el "peor caso" de una situación de insurrección es aquel que involucra el territorio de varias naciones, como en el sudeste asiático, donde " 'fuerzas externas' fueron traídas al conflicto contra el gobierno y sus aliados", situación a la que se le "puede aplicar una clasificación mayor que la del CBI. La actividad de los insurrectos asociados con el CBI sin duda continuaría y la guía que proporciona este manual aún se aplica, con la adapta-

[65] *Ibid.*, pp. 39, 40, 49, 102 y 116.
[66] *Ibid.*, p. 2, cursivas nuestras.

ción correspondiente al probable nivel superior de la actividad combativa".[67]

Por Conflicto de Mediana Intensidad (CMI) se entiende:

Situación de guerra entre dos o más naciones y sus respectivos aliados, si los hay, en la cual los beligerantes emplean la tecnología más moderna y todos los recursos de inteligencia, movilidad, potencia de fuego (con excepción de las armas nucleares, químicas y biológicas), mando, control y comunicaciones; y apoyo de servicios para objetivos limitados bajo limitaciones específicas de política en cuanto a la extensión de la fuerza destructora que puede emplearse, o en cuanto a la extensión del área geográfica de que se trate.[68]

Por otra parte se establece que los principios contenidos en el manual pueden aplicarse en otros esfuerzos destinados a restablecer el orden y asegurar la paz, tales como:

CONFLICTO INTERNO. Es posible que a Estados Unidos se le formule un llamado para que apoye a una fuerza de algún miembro de las Naciones Unidas u Organización del Tratado que pueda responder a un gobierno que busca ayuda en la restauración del orden *o que interviene en un país que ya no cuenta con un gobierno eficaz.*

FUERZA ENCARGADA DE MANTENER LA PAZ. Es posible que a EE.UU. se le formule un llamado para apoyar un esfuerzo que hagan las Naciones Unidas o la Organización del Tratado para organizar una fuerza regional encargada de mantener la paz en un área en disputa que relacione a DOS O MÁS NACIONES.

OPERACIONES UNILATERALES. Estados Unidos puede actuar UNILATERALMENTE para imponer el orden en una situación de urgencia cuando ESTÉN EN PELIGRO INTERESES VITALES PARA ESTE PAÍS y ninguna fuerza de las Naciones Unidas o de la Organización del Tratado se encuentre preparada para actuar.[69]

Con todo lo anterior queda claro que el Ejército norteamericano se sigue reservando el "derecho a la intervención" con o sin invitación de las fuerzas aliadas. En todo caso, cuando haya invitación, el grado de participación dependerá del nivel de intensidad de la insurrección, dividida en tres fases.

La fase I, denominada "de Insurrección Latente e Incipiente", se caracteriza porque "oscila entre circunstancias en las que la actividad subversiva es sólo una amenaza potencial, latente o inci-

[67] *Ibid.*, p. 3.
[68] *Ibidem.*
[69] *Ibid.*, p. 4, cursivas nuestras.

piente, y situaciones en las que los incidentes subversivos y actividades ocurren frecuentemente en forma organizada".[70] En ella,

> Estados Unidos puede ayudar mediante un programa de ayuda en asuntos de seguridad, cuyo propósito sea reforzar la capacidad del personal de la localidad para que pueda enfrentarse a la insurrección. En aquellas áreas donde no existe un Grupo Asesor de Ayuda Militar o representación similar norteamericana, Estados Unidos y el país sede pueden convenir en establecer tal organización o utilizar grupos móviles de adiestramiento para proporcionar ayuda.[71]

La fase II, "Guerra de Guerrillas", se presenta "cuando el movimiento subversivo, una vez logrado suficiente apoyo local y externo, comienza a librar una guerra de guerrillas organizada, o formas afines de violencia, contra la autoridad establecida".[72] Aquí los esfuerzos norteamericanos serían mayores, pudiendo

> proporcionar equipo, adiestramiento y, en algunas circunstancias, asesores de unidad y de apoyo para las fuerzas de la localidad. La reacción norteamericana probablemente se limitaría a fuerzas de Ayuda en Casos de Seguridad, apoyo de combate y elementos de apoyo de servicios de combate. Un compromiso de este tamaño probablemente excedería las capacidades del Grupo Asesor de Ayuda Militar y requeriría que el comandante del comando unificado estableciese un comando de mando y control en el país sede.[73]

La fase III, "Guerra de Movimiento", se da "cuando la insurrección se haya convertido principalmente en una guerra de movimiento entre las fuerzas organizadas de los insurrectos y el gobierno".[74] Frente a ello, la

> ayuda adicional norteamericana puede incluir fuerzas norteamericanas de combate seleccionadas y específicamente adaptadas. En esta situación, se espera que el gobierno sede proporcione el máximo posible de recursos humanos para sus fuerzas combativas. Las fuerzas norteamericanas y las de la localidad deberán desempeñarse bajo la dirección de un comando combinado y un plan general combinado.[75]

El principio de la *ofensiva* se destaca en los térmnos que ya citábamos al afirmar que

[70] *Ibid.*, p. 27.
[71] *Ibid.*, p. 6.
[72] *Ibid.*, pp. 28-29.
[73] *Ibid.*, pp. 6-7.
[74] *Ibid.*, p. 29.
[75] *Ibid.*, p. 7.

sea cual fuere el nivel en el que se proporciona el apoyo de insurrección norteamericano, éste debe ser suficiente pues es preciso tomar la iniciativa inmediatamente y mantenerla. Esto nos da un punto psicológico a nuestro favor y evita el peligro de una intensificación paulatina que los insurrectos procurarán imitar.[76]

Por otra parte, y de manera consecuente con el planteamiento de no excederse en la injerencia,

sea cual fuere el nivel de ayuda, los planes deben limitar desde el comienzo la participación norteamericana y contemplar los preparativos para un repliegue eventual (que) deberá dividirse en fases, conjuntamente con un aumento en la capacidad del país sede, posible apoyo de otras naciones, o una disminución de la amenaza.[77]

Como ya veíamos en el punto de las definiciones, la participación norteamericana en este eje de los CBI se considera "defensa interna en el exterior", instrumentada a través de una serie de programas de ayuda al desarrollo, ayuda humanitaria y asistencia de seguridad, que a su vez apuntalarán los programas de Defensa y Desarrollo Interno (DDI) de los países aliados. La doctrina de DDI se asume como una estrategia para la prevención o destrucción de la insurrección, enfocada tanto a la población como a los insurrectos, frente a los cuales se plantea su aislamiento tanto físico como psicológico.

Bajo esta estrategia (de DDI), el objetivo primordial generalmente estará en un nivel de seguridad interna que permite el crecimiento o expansión de la economía, la política y el sector social por medio de programas de desarrollo balanceados. Se dirige tanto a la población como a los insurrectos.[78]

Las operaciones psicológicas (OPSIC) son fundamentales para el aislamiento de la guerrilla, evitando que tengan acceso a personas, pertrechos y apoyo de inteligencia:

Los líderes y la organización insurrecta deben perder crédito con la población, de lo contrario desaparecerán temporalmente para luego volver a surgir. Las acciones psicológicas, los temas y los mensajes también deben dirigirse contra los insurrectos, ofreciéndoles una razón honorable para rendirse, o por lo menos para lograr que abandonen el movimiento insurrecto.[79]

[76] *Ibid.*, p. 7.
[77] *Ibid.*, p. 7.
[78] *Ibid.*, p. 46.
[79] *Ibid.*, pp. 47-48.

La estrategia de DDI está integrada por tres componentes interdependientes: desarrollo balanceado a través de programas de desarrollo interno que "proporcionen oportunidades a todos los grupos para compartir el desarrollo"; movilización, entendida como las "actividades encaminadas a motivar y organizar al pueblo en apoyo del gobierno", y neutralización de la organización insurgente como cuestión decisiva, y como tarea de las organizaciones de seguridad interna que deben actuar legalmente todo el tiempo, lo que "no sólo es humanitario, ES ESENCIAL".[80]

Asimismo, el manual destaca la importancia de la acción cívica militar en apoyo de los programas de desarrollo interno, particularmente durante la fase I de la insurrección.[81]

Dentro de esta concepción de enfrentar el CBI con proyectos de DDI, lo militar —reiteramos— es fundamental pero forma parte de un todo. Así, ya señalábamos que para el manual las operaciones de contraguerrilla se rigen por los planes de DDI y las operaciones militares son parte de una estrategia general que incluye programas económicos, sociales y políticos.

> El uso de fuerzas armadas en operaciones de contraguerrilla es principalmente para proporcionar suficiente seguridad interna como para permitir que el país sede inicie programas de defensa y desarrollo internos y abogue por la consecución de objetivos nacionales.[82]

Como principales operaciones de DDI efectuadas por el país sede —a través de la policía civil, paramilitares y militares— resaltan la inteligencia, las operaciones psicológicas, los asuntos civiles y el control de la población y los recursos. En el terreno de lo militar, "el elemento básico de combate en la fuerza de contraguerrillas se organiza para combatir como infantería liviana",[83] y dentro de las fuerzas típicas disponibles se ubican las siguientes:

> — Fuerza Aerotransportada. La diferencia esencial entre este tipo de fuerzas y otras empleadas contra las guerrillas es su capacidad de lanzarse en paracaídas en un punto específico. Una unidad aerotransportada de infantería llevaría a cabo operaciones tácticas en la misma forma general que lo hicieran otras unidades de infantería [...]
>
> — Fuerzas Aeromóviles. Éstas, incluyendo los transportes de tropas y

[80] *Ibid.*, pp. 48-50.
[81] *Ibid.*, p. 57.
[82] *Ibid.*, p. 177.
[83] *Ibid.*, p. 208.

helicópteros de ataque, ofrecen medios excelentes de fijar y destruir una fuerza de guerrilla. Las patrullas aeromóviles de combate pueden utilizarse para reconocer áreas sospechosas y capturar o destruir a las guerrillas. Pequeños números de tropas y de aeronaves pueden patrullar áreas extensas mientras una reserva central refuerza las unidades que están en contacto. Los helicópteros de ataque pueden combatir contra fuerzas de guerrilla y mantener contacto hasta que otras fuerzas se desplacen. Las fuerzas aeromóviles aprovechan su movilidad atacando a las guerrillas que se encuentran en terreno difícil. Durante operaciones ofensivas de gran escala, las fuerzas aeromóviles pueden emplearse para bloquear las rutas de escape. La habilidad de las aeronaves para desplazar rápidamente fuerzas de asalto contra las guerrillas aumenta la importancia de la sorpresa táctica [...]

Luego de completar la misión inicial, las fuerzas aéreas pueden continuar llevando a cabo muchas otras operaciones, como las de enlace, persecución, establecimiento de nuevas bases de combate o repliegue de una zona. Las fuerzas de combate y de apoyo logístico se transportan por aire según sea necesario. Durante estas operaciones, las aeronaves de apoyo continuarán transportando tropas, abastecimiento y equipo directamente a las unidades usuarias. De esta forma, continúan reduciendo los requisitos de almacenamiento y evitan la situación peligrosa que representan las líneas terrestres de comunicaciones [...]

— Caballería Aérea. Sus unidades se usan en acciones ofensivas contra fuerzas de guerrilla, como unidades independientes de maniobra en apoyo de operaciones blindadas y terrestres de infantería, como también en operaciones aeromóviles [...]

— Caballería Blindada. Si las condiciones del terreno lo permiten, se prestan maravillosamente para las operaciones ofensivas contra las fuerzas de guerrilla. Sus extensos medios de comunicaciones, movilidad, organización de armas combinadas y capacidad para llevar a cabo misiones de reconocimiento y seguridad, permiten su actividad, en áreas relativamente extensas. Las unidades de caballería blindada pueden usarse como unidades inpedendientes de maniobra, o para apoyar las operaciones ofensivas de unidades de mayor tamaño [...]

— Fuerzas Blindadas. Debido a las pocas carreteras, las áreas densamente boscosas e inundadas y el terreno generalmente rocoso, característicos de un área de guerrillas, su empleo resulta casi imposible [...]

— Infantería Mecanizada. Pueden desempeñarse individualmente o como parte de un grupo de armas combinadas o fuerza de tarea. El ataque y la persecución son funciones primordiales para la infantería mecanizada cuando se emplea montada en vehículos. La infantería mecanizada puede emplearse a pie si las operaciones ofensivas lo exigen.

Se prestan muy bien para desempeñar operaciones de contraguerrilla dada su flexibilidad y habilidad para actuar montadas o a pie [...] En buen terreno, la movilidad de los transportes blindados les proporciona una ventaja significativa sobre las fuerzas guerrilleras [...]

— Tanques e Infantería Mecanizada/Fuerza de Tarea. Los tanques y los transportes blindados, como parte de una agrupación de armas combinadas, pueden ser valiosas en las operaciones tácticas de contraguerrilla y se debe hacer todo esfuerzo posible por aprovechar los medios de movilización y la potencia combativa del grupo [...]

— Fuerzas Especiales. Se emplean bajo la dirección del comando unificado, pero pueden ser asignadas al control operacional del elemento del ejército empleado en operaciones de DDI.[84]

Abordaremos en seguida con mayor detenimiento los supuestos instrumentos no militares de la contrainsurgencia, pero antes queremos cerrar con algunas observaciones generales. La primera se refiere al hecho de que el Manual de Campo viene a sintetizar en su propuesta operativa la mayoría de los elementos revisados de la vieja doctrina contrainsurgente —aunque su esencia no varíe sustancialmente— y que son: el papel primordial del ejército aliado en la tarea contrainsurgente, el carácter político del esfuerzo y su combinación con reformas económicas y sociales, la necesidad de combinar las operaciones militares con las de inteligencia, operaciones psicológicas, asuntos civiles y control de la población y recursos, y la legitimación del régimen aliado a través de la disminución de la violación a los derechos humanos.

No obstante, en la medida en que la propuesta aún sigue discutiéndose, existen pronunciamientos para que el manual sea revisado. El citado coronel Paschall afirma que:

El manual resultante y actual tiene numerosas debilidades reconocidas. Por definición, los redactores no pudieron ahondar en el conflicto de mediana intensidad y por lo tanto estuvieron imposibilitados para detallar la obvia contraparte a la doctrina de la insurgencia asiática: operaciones ofensivas en el terreno en contra de la nación patrocinadora [...]
La revisión es inevitable y probablemente necesaria. Los redactores de la nueva doctrina no deben constreñirse por una definición restrictiva, particularmente la que evita la promoción de operaciones en el terreno de mediana intensidad en el suelo de aquellas naciones que patrocinan la insurgencia.[85]

El planteamiento no sólo comulga con el que en el mismo sentido se

[84] *Ibid.*, pp. 210-216.
[85] Rod Paschall, *op. cit.*, p. 44.

formula en el libro de texto del coronel Summers, sino que además se sustenta, por lo menos, en la realidad concreta de Centroamérica en donde —como lo veíamos en el capítulo anterior— continúan los preparativos para la escalada hacia un CMI, vía la invasión directa norteamericana, entendida como el último de los recursos.

LOS COMPONENTES "NO MILITARES"

Merced a su importancia relevante en la nueva concepción ahondaremos en el análisis de los componentes "no militares", que como veremos tienen en el fondo una finalidad o una utilidad militar: inteligencia, operaciones psicológicas, asuntos civiles y control de la población y los recursos.

Inteligencia

La preocupación por mejorar los servicios de inteligencia se manifiesta desde los primeros documentos de gobierno de Reagan. En la plataforma republicana se señalaba que

> una administración republicana buscará mejorar la capacidad de los servicios de inteligencia de Estados Unidos para la recolección técnica y clandestina, para la realización de la actividad coordinada de contrainteligencia, y para acciones encubiertas.[86]

Este planteamiento general tiene su correlato en términos militares particulares, operativos, y específicamente en la función que cumple en la GBI. Sus estrategas señalan que "el esfuerzo de inteligencia es el cimiento de virtualmente todas las otras acciones en operaciones de baja intensidad",[87] y que lo que se denomina la Preparación de Inteligencia del Campo de Batalla "debe ser amplia, completa y, más importante, debe empezar temprano".[88] Ambos puntos de vista son rescatados por el *Manual de campo* sobre GBI, el que advierte que

> las operaciones de inteligencia militar, coordinadas con otras operacio-

[86] "Selección de la plataforma republicana", en *Estados Unidos. Perspectiva latinoamericana,* Cuadernos Semestrales núm. 9, México, CIDE, septiembre de 1981, pp. 286-287.
[87] Donald R. Morelli y Michael Ferguson, *op. cit.,* p. 11.
[88] *Ibid.,* p. 11.

> nes de DDI del país sede deben empezar tan pronto como sea posible a fin de contrarrestar una insurrección potencial o activa. De particular importancia son las operaciones de inteligencia que tienen que ver con la neutralización o destrucción de la infraestructura de los insurrectos y la organización de una base de datos en preparación para cualesquiera papeles militares que sea preciso desempeñar para derrotar el movimiento de insurrección.[89]

Sus objetivos iniciales, de acuerdo al mismo Manual, son:

> determinar si existen (y hasta qué grado) indicadores de una latente insurrección; obtener información sobre los insurrectos, las condiciones meteorológicas, el terreno y la población; y, reducir a un mínimo las actividades de espionaje, subversión y sabotaje de los insurrectos.[90]

De manera más específica, el teniente coronel del ejército John M. Oseth, señala que:

> La inteligencia, sea del país sede o de Estados Unidos, debe de preocuparse de una amplia gama de información sobre la situación de seguridad en el país, particularmente en casos de insurgencia incipiente o emergente. Cuadros y reclutadores de los mismos deben ser identificados; las células insurgentes deben ser localizadas y penetradas; deben ser formadas fuerzas de contraguerrilla; y, las capacidades del país sede en este aspecto deben ser mejoradas. En el caso de movimientos insurgentes más maduros, tal actividad se amplía para localizar casas de seguridad y áreas de base, descubrir fuertes y rutas de abastecimiento, y desarrollar redes de informantes en áreas potenciales de operación de la guerrilla. Cuando las fuerzas de la guerrilla se transforman en "operacionales", en el sentido en que aparecen en formaciones pequeñas para conducir operaciones militares organizadas, los esfuerzos de inteligencia se amplían para identificar, localizar y describir esas fuerzas, mientras se mantienen también las operaciones instituidas con anterioridad para neutralizar o manipular al liderazgo insurgente y la infraestructura logística. También se puede establecer el control de la población. Como las unidades de la guerrilla crecen y se vuelven más competentes en el sentido convencional, la colección de datos militares se amplía. Mientras tanto, debe continuar también el esfuerzo para entender los factores políticos que se encuentran por debajo del movimiento rebelde.[91]

Sobre este último aspecto, Morelli y Ferguson advierten que "es vital que los comandantes y sus estados mayores eviten la tentación

[89] *Field Manual 100-20, op. cit.,* p. 73.
[90] *Ibid.,* pp. 73-74.
[91] John M. Oseth, *op. cit.,* p. 25.

de centralizarse en los aspectos militares de la amenaza dentro del esfuerzo de inteligencia",[92] ya que con frecuencia las informaciones de las condiciones económicas, políticas y sociológicas son de gran valor.

Operaciones psicológicas

La utilización de la psicología y de la psiquiatría para efectos militares tiene sus antecedentes en la segunda guerra mundial, y es incorporada institucionalmente por el ejército norteamericano con la fundación de la Escuela de Guerra Psicológica de Fort Bragg, en 1952. Dos son los objetivos centrales de la psicología militar: modificar las relaciones entre los mismos soldados, y cambiar la conducta y la percepción de la población y de los insurrectos sobre la guerra y las operaciones militares. Dentro de los aspectos que se explotan para lograr ventajas militares se encuentran —como el caso de Centroamérica evidencia— las diferencias raciales, étnicas y religiosas.

En este punto queremos ampliar la información dada en el apartado sobre FOE para brindar un abanico más amplio de las posibilidades de las operaciones psicológicas (OPSIC) en la región centroamericana. Una fuente básica al respecto es el excelente libro de Peter Watson, *Guerra, persona y destrucción.*[93]

La citada Escuela de Guerra Psicológica tiene tres misiones oficiales: proporcionar instrucción a residentes y no residentes; contribuir a la doctrina, las tácticas y las técnicas de la guerra psicológica, y preparar materiales de entrenamiento para la guerra psicológica tales como manuales de instrucción de campo.

> La escuela ofrece cursos amplios para oficiales (tanto de los Estados Unidos como de los ejércitos aliados, especialmente los de Inglaterra, Australia y Tailandia), cursos cortos para hombres que se especializan en imprenta (en la falsificación de billetes de banco), y en fotografía (técnicas nocturnas por ejemplo), además de cursos suplementarios para otros institutos, incluyendo el entrenamiento de oficiales de policía del Tercer Mundo.
>
> El curso de guerra psicológica para oficiales, que en cierta medida constituye el campo más importante de acción de Fort Bragg, está dividido en cinco secciones. Primeramente, el departamento de planeación y operaciones delinea la forma de coordinar las campañas de persuasión (cuándo habrán de usarse folletos, dinero falsificado o patru-

[92] Donald R. Morelli y Michael Ferguson, *op. cit.*, p. 11.

[93] Peter Watson, *Guerra, persona y destrucción. Usos militares de la psiquiatría y la psicología,* México, Nueva Imagen, 1982.

llas armadas); la sección de ciencias sociales explica cómo se debe adecuar el material de guerra psicológica a la región en cuestión, cómo difiere el público en su composición social y psicológica, cuáles son los símbolos y las alusiones que dan resultado en determinadas circunstancias; la sección de personal al mando se ocupa de cómo organizar las unidades de guerra psicológica de la mejor manera posible, de determinar qué número de personas componen una unidad óptima, cuán cerca deberían de estar unas de otras, cuánto tiempo lleva la construcción de un depósito de armas y cuántos hombres se necesitan para el trabajo; y, el departamento de propaganda explica cómo redactar y adecuar propaganda para los diferentes públicos.

[...] la parte final del curso está compuesta por ejercicios prácticos de campo, donde los hombres efectivamente tienen la oportunidad de poner a prueba lo que aprendieron, con una población civil común y corriente.[94]

Adicionalmente, el operador de OPSIC

debe estudiar el área del mundo en la cual se encontrarán esas audiencias-objetivo. Este estudio es amplio, demandante y continuo e incluye un detallado examen de la demografía, cultura, política, economía y religión de cada región dentro del área. Por supuesto, en este esfuerzo es fundamental el estudio de lenguas.[95]

Para tener una idea de su organización operativa, un ejemplo nos lo proporciona el 4o. Grupo de Operaciones Psicológicas, con sede en Fort Bragg, que consta de tres batallones, dos estratégicos y uno táctico. Especializado en Medio Oriente, África y Sudamérica, en Vietnam desempeñó un importante papel de apoyo tanto a las fuerzas estadunidenses como a las sudvietnamitas:

El 4o. Grupo está organizado y equipado para dirigir una guerra psicológica en apoyo de todo un escenario de operaciones. Los recursos de un batallón estratégico de operativos psicológicos incluyen cosas como un radiotransmisor AM de 50 mil watts (para emisiones a grandes distancias) y una estación móvil radiorreceptora y de monitoreo, capaz de escuchar prácticamente todas las emisiones del mundo. El batallón también cuenta con una imprenta portátil, que puede producir no menos de 800 mil volantes de color por día, revistas de calidad profesional, separatas, panfletos, pósters, insignias y hasta incluso libros. Hay una sección gráfica y un departamento de fotografía. Sus equipos de desarrollo publicitario están entrenados para desarrollar material escri-

[94] *Ibid.*, pp. 322-323.

[95] Teniente coronel Michael W. Totten, US Army, "US army psychological operations and the army reserve", en *Military Review*, vol. LXIII, núm. 12, Fort Leavenworth, Kansas, diciembre de 1983, p. 54.

to sobre cualquier tema o mensaje. Su sección de inteligencia está preparada para analizar el público potencial de dichos mensajes, y para sacar en limpio cuál puede ser el enfoque y el método adecuados para ese público en particular. El batallón cuenta con suficientes lingüistas como para traducir el material a cualquier idioma o dialecto.

El batallón táctico es de menor envergadura a nivel de cuerpos o divisiones (llega escasamente a 15 mil hombres). Sin embargo, su equipo es más reducido que el de los batallones estratégicos, y puede ser transportado por aire. Tiene plantas impresoras instaladas en camionetas, lo mismo que laboratorios gráficos y fotográficos; también cuenta con unidades montadas en vehículos que pueden proyectar películas, transparencias y cintas, y con un equipo de altavoces que incluye algunos que pueden colocarse en helicópteros y aviones. Los batallones se dividen en compañías y secciones más pequeñas organizadas en base a un lineamiento celular (o sea que se especializan, digamos, en fotografía o asuntos de inteligencia), de manera que las unidades pueden armarse de acuerdo a las necesidades específicas de los distintos operativos.[96]

En este último nivel organizativo, las unidades de OPSIC varían en su composición desde 3 a más de 20 personas.

En cuanto a las técnicas de recolección de información que una vez procesada será utilizada en la propaganda, Watson apunta el análisis de las fuerzas y debilidades psicológicas a largo plazo de una nación, el monitoreo constante de una situación particular para captar sus puntos vulnerables, y el interrogatorio de prisioneros y desertores.[97]

Con respecto al estudio de las vulnerabilidades psicológicas de países, señala que esto se realizó ampliamente durante las décadas de los cincuenta y sesenta, en aquellos países considerados como focos potenciales de problemas.

Los temas van desde el análisis del crimen y las descripciones de religiones locales y sus tabúes, hasta el detalle de las rivalidades étnicas en áreas remotas. A través de los años, se fueron armando hasta constituir "perfiles psicológicos" de distintos países que se ponían al día de vez en cuando, y que podían utilizarse como guías de campo de gran ayuda para los oficiales de guerra psicológica.[98]

Obviamente, este tipo de estudios son útiles tanto para la actividad contrainsurgente, como para la desestabilización de gobiernos. El caso de Nicaragua es ilustrativo al respecto.

[96] Peter Watson, *op. cit.*, pp. 331-332.
[97] *Ibid.*, p. 337.
[98] *Ibid.*, p. 339.

En cuanto a la técnica del interrogatorio de prisioneros, el mismo autor señala que:

En la línea del frente, la mayoría de las maniobras de guerra psicológica se derivan de un análisis realizado por la inteligencia, obtenido del interrogatorio de prisioneros y soldados enemigos. El oficial de inteligencia de guerra psicológica está menos interesado en los armamentos y en cuántos hombres los manejan, que en otros aspectos de la vida militar del enemigo: la moral de las tropas (reflejada por ejemplo en las tasas de ausencias sin permiso), quejas específicas de sectores específicos del ejército, quejas en el frente local, la moral de la población civil que es amistosa con el enemigo, si hay o no mercado negro o problemas de moneda, si los militares tienen su propia moneda, o todo lo relacionado con huelgas y ausentismo. La lista de temas se toma de la guía de interrogatorios de un oficial de guerra psicológica [que] recomienda que el interrogatorio debe realizarse dentro de las 48 a 72 horas posteriores a la captura de manera de sacar provecho de su estado de *shock*, desorientación y temor [...].

El interrogador finaliza con toda una serie bastante inocua de preguntas, pero que pueden volverse cruciales para acciones futuras. Por ejemplo, preguntas sobre el clima (un viento muy fuerte inutiliza los altoparlantes, y la nieve y la lluvia reducen el campo de las radioemisoras), sobre el nivel de alfabetización, y sobre las actitudes frente a los colores (en el Lejano Oriente el amarillo a menudo significa buena suerte, mientras que en cualquier otro lado quiere decir "cuidado: prudencia").[99]

Entre lo que sería ya propiamente técnicas de guerra psicológica, destacan los ataques aéreos psicológicos, los equipos de propaganda armada que operan en áreas de control o de disputa de la guerrilla y, sobre todo, los volantes que constituyen la forma más ampliamente utilizada.

Sobre este último aspecto describe estudios realizados para asegurar que los volantes tirados desde el aire logren caer en un punto determinado, las formas utilizadas para asegurar que sean recogidos del suelo (imprimir en una de las caras la réplica de un billete así como que también sirvan de salvoconductos), y uno de sus objetivos: inducir a la deserción como un aspecto esencial, ya que mina la moral de los insurrectos y eleva la de los captores: [100]

Por ejemplo, en marzo de 1969 (un mes típico), la gente que trabajaba en guerra psicológica en Vietnam dejó caer 713 *millones* de volantes y distribuyó otros tres millones por mano, todos induciendo o tratando de

[99] *Ibid.*, pp. 352-353.
[100] *Ibid.*, pp. 362 y 363.

inducir la deserción. Además, se distribuyeron 156 mil posters respaldando la deserción, se cumplieron más de 2 mil horas de radioemisión y 12 mil "situaciones frente a frente".[101]

Otras técnicas usadas en Vietnam incluían televisión móvil, con música, noticias y propaganda.[102]

En El Salvador, estas técnicas ya se han empezado a utilizar.

En términos generales, los aspectos tratados son recogidos en el *Manual de campo sobre CBI*. En primer lugar, se establece que las OPSIC son parte integrante de todas las actividades de DDI, y sus objetivos se definen de acuerdo con los grupos-objetivo:

- ☐ INSURRECTOS. Para crear disensión, desorganización, baja en el estado de ánimo, subversión y deserción entre ellos. Es preciso que el país sede cuente con programas cuya meta sea lograr que los insurrectos se pongan del lado del gobierno.

- ☐ POBLACIÓN CIVIL. Para ganar, conservar y fortalecer el apoyo de la población civil para el gobierno del país y para sus programas de DDI.

- ☐ PAÍS SEDE Y FUERZAS ALIADAS. Esencialmente lo mismo que para civiles, con énfasis en la construcción y el mantenimiento del estado de ánimo de estas fuerzas. La lealtad, la disciplina y la motivación de estas fuerzas son factores críticos de la lucha contra la insurrección.

- ☐ ELEMENTOS NEUTRALES. Lograr el apoyo de grupos extranjeros no comprometidos dentro o fuera del país sede, dando a conocer las actividades subversivas y atrayendo atención y por ende, ejerciendo presión contra la potencia hostil extranjera que patrocine la insurrección.

- ☐ POTENCIAS HOSTILES EXTERNAS. Para que convenzan a la potencia hostil externa que apoya a los insurrectos, de que la insurrección fallará.[103]

Por otra parte, se relevan temas de OPSIC dependiendo de objetivos concretos: en las campañas de consolidación, recalcar la importancia de la seguridad y los beneficios que se le ofrecen a la población cuando ésta presta su apoyo; contra los insurgentes, recalcar la inutilidad de la lucha, la importancia de los nexos familiares y la aceptación de los programas de amnistía; en las operaciones en áreas remotas, deben servir para sostener el buen ánimo de las fuerzas del gobierno y ganar el apoyo de la población local; en

[101] *Ibid.*, p. 353.
[102] *Ibid.*, p. 369.
[103] *Field Manual 100-20, op. cit.*, pp. 77-78.

las operaciones de control de recursos y de población, deben recalcar la necesidad y los beneficios que se obtienen del cumplimiento de la ley, al igual que el hecho de que los insurrectos son la causa de las acciones como el toque de queda y las tarjetas de identificación.[104]

Asuntos civiles

En el apartado de FOE ya señalábamos que de acuerdo con el Departamento de Defensa, el objetivo de los especialistas en asuntos civiles es "minimizar la interferencia de la población local con las operaciones militares norteamericanas", y que su lema es "intensificar las operaciones de combate a través de la cooperación cívico-militar". En consecuencia, el *Manual de campo* sobre CBI, señala que:

> El objetivo general de asuntos civiles en la DDI es el de movilizar y motivar al personal civil para que éste apoye al gobierno y a las fuerzas militares. Las operaciones se orientan a la eliminación o reducción de los problemas militares, políticos, económicos y sociológicos. Es preciso contar con apoyo continuo y estrecho de OPSIC para poder aprovechar al máximo los efectos de las actividades de asuntos civiles.[105]

Como principales actividades de asuntos civiles se incluyen la prevención de la interferencia del sector civil en las operaciones militares, el apoyo a las funciones gubernamentales, la acción cívica militar, y, también, el control de la población y de los recursos y la defensa civil.

Dentro de ellas, particular importancia tiene la acción cívica, cuya definición se mantiene igual desde la década de los sesenta:

> el uso de fuerzas preponderantemente nativas en proyectos útiles a la población local a todos niveles, en campos tales como educación, entrenamiento, obras públicas, agricultura, transporte, comunicaciones, salud, higiene pública, y otros que contribuyan al desarrollo económico y social, y que puedan servir también para mejorar la reputación de las fuerzas militares con la población. (Las fuerzas norteamericanas pueden a la vez asesorar o comprometerse en acciones cívico-militares en el extranjero.) [106]

El entrenamiento a los ejércitos aliados en tales habilidades es pro-

[104] *Ibid.*, pp. 81 y 82.
[105] *Ibid.*, pp. 82-83.
[106] Department of Defense, *Dictionary of military . . ., op. cit.*, p. 230.

porcionado tanto en el país, por medio de los equipos de entrenamiento militar, como en las escuelas militares de Panamá, y su utilidad se concibe tanto para tiempos de paz como de guerra.

Consecuentemente al cambio de estrategia para enfrentar a los movimientos revolucionarios, en los últimos años se ha incrementado el interés para expandir el papel militar en esta área, así como en lo que en términos generales se conoce como ayuda humanitaria, de cara a mejorar la imagen del gobierno norteamericano y a promover los nuevos objetivos de política exterior. Prueba de ello es el documento que surge de la Fuerza de Tarea sobre Ayuda Humanitaria, creada por el secretario de Defensa Caspar Weinberger, en respuesta a la petición del Consejo de Seguridad Nacional para investigar formas de aumentar los esfuerzos del gobierno en este sentido.[107] En dicho documento se examinan cinco áreas: acción cívica, transporte, ayuda para desastre internacional, disposición de excedentes de propiedad y programas médicos.

El reporte resulta significativo ya que a partir del análisis de las actuales limitaciones legales para desarrollar ese tipo de tareas humanitarias, asignadas fundamentalmente al Departamento de Estado y a la AID, enlista una serie de propuestas jerarquizadas en cuanto a su mayor viabilidad para lograr aumentar la participación del Departamento de Defensa en las mismas. Ello a pesar de las contradicciones que surgen en el interior mismo del Pentágono:

> Un argumento general, pero no del todo penetrante, existe entre algunos servicios uniformados en el sentido de que este tipo de asistencia de alguna manera hace desmerecer la misión "real" de pelear la guerra, y que los recursos gastados en ítems "blandos" de alguna manera degrada el estado de preparación total del Departamento de Defensa.[108]

La limitación legal fundamental es el Título 10 del Código de Estados Unidos, que al establecer las misiones del Departamento de Defensa no menciona la ayuda humanitaria. Para superar esa limitación,

> en orden de preferencia, la fuerza de tarea consideró primero expandir la cooperación interinstitucional dentro de la autoridad existente (principalmente con el Departamento de Estado y la AID); segundo, buscar en la legislación posibilidades para expandir recursos y eliminar restric-

[107] *Defense Department task report on humanitarian assistance,* approved by the Secretary of Defense on 19 June 1984.

[108] Teniente coronel James A. Taylor, US Army, "Military medicine's expanding role in low-intensity conflict", en *Military Review,* vol. LXV, núm. 4, Fort Leavenworth, Kansas, abril de 1985, p. 31.

ciones específicas; y por último, buscar cambios legislativos para la misión militar, bajo el Título 10, USC, para incluir el papel de ayuda humanitaria.[109]

La preferencia por la primera opción se debe a que con ella se evitarían demoras y riesgos de una negativa por parte del Congreso, y además se lograría un enfoque más integrado de la política exterior que pudiera involucrar al Departamento de Defensa, al de Estado y a la AID.

Del reporte destacaremos lo relativo a la acción cívica y a los programas médicos, que pueden ser parte integrante de la misma.

Con respecto a la primera, el documento reconoce que el departamento de Defensa puede proporcionar una amplia gama de equipo, entrenamiento o servicios de acción cívica, pero sólo en un número limitado por las circunstancias. Primero, si es aprobado por el Departamento de Estado y financiado por dinero de asistencia al exterior. Segundo, la Ley de economía (Economy Act) permite al Pentágono responder a peticiones de otras agencias del gobierno norteamericano para servicios humanitarios y cívicos, con la condición de que el Departamento de Defensa sea completamente rembolsado. Tercero, la Ley de exportación de armas permite al Departamento de Defensa proporcionar artículos y servicios de defensa pedidos por gobiernos extranjeros bajo un programa de asistencia de seguridad (MAP, FMS o IMET) aprobado por el Pentágono.[110] De lo anterior se infiere que el Departamento de Defensa sólo tiene autoridad limitada para realizar tareas de acción cívica sin rembolso.

Para incrementar la participación del Pentágono en tales labores, la fuerza de tarea se inclina prioritariamente por:

Tratar de modificar el actual uso de los Fondos de Apoyo Económico (Economic Support Funds) para permitir a la AID trabajar con el Departamento de Defensa para definir el entrenamiento de acción cívica para el desarrollo y los proyectos que pudieran ser ejecutados con la participación del Departamento de Estado y personal militar nativo [...].

[A nivel legislativo] tratar de incrementar los fondos del IMET o del MAP para aumentar el entrenamiento en las escuelas norteamericanas en

[109] *Defense Department task report..., op. cit.*, p. ii.

[110] MAP — *Military assistance program* (Programa de asistencia militar); FMS —*Foreign military sales* (Programa de ventas militares al exterior); IMET —*International Military Education and Training Program* (Programa internacional de educación y entrenamiento militar). *Idem.*, pp. 2-3.

Panamá y para iniciar programas similares donde la acción cívica/construcción nacional sean sustanciales para el entrenamiento militar.

[También] iniciar entrenamiento similar en otras regiones. Debido al gasto de entrenamiento en acción cívica, particularmente el médico, y al fuerte deseo de muchos países de otro tipo de adiestramiento, no es probable que muchas naciones quieran gastar recursos adicionales en el entrenamiento de acción cívica, a menos que haya un mayor incremento en el presupuesto general del IMET y en el financiamiento de escuelas. Debe enfatizarse que esta renuencia no es debido al desinterés de los receptores en acción cívica sino a la urgencia con la cual son vistos la adquisición de material y los programas de entrenamiento de equipo.[111]

Pareciera pertinente recalcar que el interés del documento es ampliar las capacidades del Pentágono en las áreas estudiadas, lo que se inscribe dentro de la nueva orientación estratégica de dar particular énfasis a los aspectos "no militares" de la GBI, profundizando lo que ya se está haciendo en el terreno.

El *Manual de campo* sobre CBI establece diferencias de énfasis en la acción cívica militar, acordes al grado de intensidad de la actividad de la insurgencia, siempre ajustados a los programas de desarrollo interno:

Al evitar una insurrección, o durante la Fase I de la misma, la acción cívica militar se concentra en el desarrollo del ambiente socioeconómico. En ausencia de operaciones tácticas, muchos recursos militares se dedican a proyectos de acción cívica militar que proporcionen beneficios a corto o largo plazo. Durante las Fases II y III, la acción cívica militar se concentrará en los proyectos que tienen como meta la desintensificación de la insurrección. Estos proyectos deberán producir mejoras tangibles en poco tiempo. Ejemplos de estos proyectos son los caminos que llevan del sitio de producción al mercado, puentes, programas educativos de corto alcance, higiene básica, programas de inmunización y proyectos sencillos de irrigación. Se debe buscar el asesoramiento, pues es preciso asegurar que estos proyectos se necesiten realmente, que el pueblo los desee, y que se ciñan a los planes de desarrollo del área. En las etapas avanzadas de insurrección, las prioridades que se le dan a las operaciones militares pueden disminuir la acción cívica militar a tales tareas inmediatas como las de proporcionar ayuda médica a los civiles enfermos y heridos, y a las de adquirir y repartir alimentos y proporcionar refugio a las personas desplazadas.[112]

Uno de los aspectos que se están promoviendo particularmente dentro de este rubro ayuda humanitaria/acción cívica es el de la

[111] *Ibid.*, p. VI y en la parte de "Civic action", p. 4.
[112] *Field Manual 100-20, op. cit.*, pp. 85-86.

ayuda médica. La razón es expresada claramente por el general de brigada William P. Winkler, comandante de la Academia de Ciencias de la Salud: "...la medicina militar es el medio menos controvertido y más efectivo de empleo de las fuerzas militares en apoyo al interés nacional norteamericano en situaciones de conflicto de baja intensidad".[113] Otro objetivo igualmente importante es el relacionado con la elaboración de planes de contingencia, manifiesto claramente en el reporte de la fuerza de tarea:

> En cualquier caso, una legislación autorizando actividades médicas humanitarias en conjunción con ejercicios militares en el exterior, podría proporcionar beneficios significativos a la preparación médica de las fuerzas armadas a través de la experiencia en el tratamiento de enfermedades que son endémicas en posibles áreas de operación, de la familiaridad con la infraestructura de salud y condiciones de operación en países extranjeros, y proporcionando oportunidades para recoger información relevante para riesgos de enfermedades.[114]

Las limitaciones para que el Pentágono brinde este tipo de ayuda, sólo excluyen aspectos específicos: la ayuda en caso de desastre en el exterior, proyectos financiados por otras agencias federales bajo la Ley de economía, proyectos solicitados por un gobierno extranjero y pagados bajo un programa de asistencia en seguridad (MAP, FMS o IMET), y ayuda médica y entrenamiento proporcionado junto a ejercicios militares en el exterior.[115]

Al igual que en los otros puntos, se proponen una serie de alternativas para expandir las actividades en este sentido, entre las que destaca la de buscar enmendar la Ley de asistencia al exterior para autorizar un programa de asistencia militar integrado hasta donde sea posible con los programas de la AID, y orientado fundamentalmente para ayudar al personal nativo en sus propios programas humanitarios, que a su vez pueda aumentar el conocimiento de los problemas de salud en "áreas posibles de despliegue".[116]

El teniente coronel Taylor plantea que el énfasis debe colocarse en el mejoramiento general de la salud de la población más que en factores cuantitativos (número de pacientes vistos, de dientes extraídos, de animales vacunados, etc.), que es lo que ha caracteri-

[113] General de brigada William P. Winkler, "Opening remarks to the SPR on military medicine's appropriate role in low-intensity conflict". Academy of Health Sciences, Fort Sam Houston, Texas, 29 May 1984", citado por James A. Taylor, *op. cit.*, p. 29.

[114] *Defense Department task report...*, *op. cit.*, "Medical programs", p. 4.

[115] *Ibid.*, pp. 1 y 2.

[116] *Ibid.*, p. XI y "Medical programs", p. 5.

zado al Programa Médico de Acción Cívica, llevado a cabo oficial o extraoficialmente por personal médico norteamericano por décadas. Desde su punto de vista, ello ha sido un ejemplo de "impaciencia mezclada con buena fe". Sugiere que:

En áreas tales como Centro y Sudamérica, donde las necesidades básicas sobrepasan de lejos los recursos disponibles de las naciones en desarrollo sin fondos económicos, existen muchas áreas problemáticas que pudieran requerir la atención de la nación huésped y del establecimiento médico militar en conjunción con la AID. Estas áreas problemáticas incluyen:

- Proporcionar agua potable a la población
- Fosas sépticas
- Control de transmisores de enfermedades (insectos y roedores)
- Depósitos de basura
- Inmunizaciones
- Uso seguro de pesticidas
- Higiene personal, sanidad y educación básica de la salud
- Entrenamiento para proveedores de primeros auxilios
- Desarrollo de logística médica y de sistemas de evacuación
- Planificación familiar.[117]

A nivel práctico, concreto, Centroamérica es un excelente ejemplo de este nuevo énfasis introducido en los aspectos "no militares de la estrategia" que obviamente están orientados a ganarse "las mentes y los corazones" de la población.

Los aspectos particulares de la ayuda médica son abordados por el *Informe Kissinger* en términos muy similares a los señalados por Taylor, con la diferencia de que el *Informe* circunscribe esta tarea a la AID y no aboga porque se aumenten las posibilidades del Departamento de Defensa en este sentido (lo que tampoco quiere decir que se oponga):

Estados Unidos puede jugar un papel importante apoyando los esfuerzos centroamericanos tendientes a lograr cuidados de la salud adecuados y globales. Las prioridades inmediatas de tal programa son la erradicación de la desnutrición, la provisión de atención primaria de salud, la prevención de las enfermedades, la mejora de sistemas de atención sanitaria, el desarrollo de adecuadas instituciones secundarias y terciarias de apoyo (mejorando las ya existentes y construyendo nuevas sólo en casos esenciales), y el entrenamiento de personal de sanidad.

Un programa global de cuidado de salud primaria incluye la medicina preventiva y la curativa. La atención secundaria y terciaria debería con-

[117] James A. Taylor, *op. cit.*, pp. 30 y 33.

centrarse en centros y hospitales regionales. Son esenciales las mejoras de los medios de transportes y comunicaciones para la atención primaria de la salud que estos centros apoyarán [...]

Para hacer frente a esta necesidad, recomendamos la ampliación de los programas de asistencia técnica existentes, apoyados por la AID.[118]

Sin embargo, en la realidad, la promoción más notoria de programas médicos —incluso en los términos cuantitativos a los que se opone Taylor— se ha estado dando a través de las fuerzas armadas, siendo las maniobras militares el lugar adecuado para ejecutarlos:

Una cantidad limitada de la asistencia médica humanitaria del Departamento de Defensa puede ser llevada a cabo en coordinación con los ejercicios militares de campo en el extranjero. Esto podría ordinariamente ser ejecutado a través de "llamadas de enfermo" conducidas por personal médico involucrado, o que se encarga del apoyo de fuerzas norteamericanas durante el ejercicio. Ocasionalmente, el gobierno huésped suministra abastecimiento médico tal como vacunas, en un esfuerzo de cooperación.

Este tipo de programa alcanzó un alto nivel de sofisticación durante los recientes ejercicios Pino Grande II (agosto de 1983 a febrero de 1984) en Honduras, durante los cuales un hospital de apoyo al combate modificado del Ejército estuvo en el lugar durante el ejercicio completo. Trabajando con el Ministerio de Salud de Honduras, a más de 47 000 hondureños se les suministró tratamiento médico, a más de 7 000 tratamiento dental, y fueron administradas 200 000 vacunas durante el periodo. Fueron proporcionadas medicinas usando provisiones del ejército, otras suministradas por el gobierno hondureño, y algunas donadas por organizaciones caritativas. Además, veterinarios norteamericanos trataron a más de 37 000 animales y fueron útiles para prevenir dos brotes de serias enfermedades animales.

Fueron significativos los beneficios para el Departamento de Defensa. Miembros del hospital de apoyo al combate adquirieron buen entrenamiento en la medicina de campo, incluyendo cirugía sofisticada, a través de la oportunidad de atender pacientes hondureños. El personal veterinario militar ganó conocimiento y experiencia que podía ser invaluable durante operaciones en áreas semitropicales. Además, el personal de apoyo médico ganó una experiencia valiosa en logística médica y evacuación aérea mientras se trasladaban de los Estados Unidos al lugar del ejercicio. Con respecto a los intereses de la política exterior norteamericana, el esfuerzo médico del Departamento de Estado logró una reserva significativa de buena voluntad con el pueblo y los funcionarios de gobierno de la República de Honduras.

[118] Gregorio Selser, *Informe Kissinger...*, *op. cit.*, pp. 205-206.

El principal problema concerniente al uso de los ejercicios de campo para proporcionar la asistencia humanitaria del Departamento de Defensa surgió en conexión con la revisión de recursos usados durante el ejercicio descrito, por parte de la Oficina de Contabilidad General (General Accounting Office). Aunque hubo un beneficio para los Estados Unidos a través del entrenamiento real y de la buena voluntad generada, existe una cuestión legal sobre si cualquier asignación de fondos al Departamento pueden ser usados para ayuda humanitaria. Una resolución adversa puede virtualmente interrumpir este tipo de actividad a menos que una ayuda legislativa o una guía del Congreso sea proporcionada.[119]

Estas opciones son exploradas por el mismo documento. Otros elementos de la acción cívica militar también han sido puestos en práctica por medio de maniobras, como es el adiestramiento en trabajo de ingeniería, cuyos objetivos militares y contrainsurgentes son más transparentes. En los mismos ejercicios Pino Grande II:

adicionalmente, los militares hondureños participaron en el uso del equipo de construcción que fue llevado por las fuerzas norteamericanas para el ejercicio. Aunque la aeropista construida fue temporal, es de esperarse que las habilidades aprendidas serán usadas otra vez [...].[120]

En las maniobras Cabañas 85 (2 de julio al 1 de septiembre de 1985), la primera fase comprendió el despliegue de un cuerpo de más de 900 ingenieros norteamericanos para construir una carretera de 22 km entre San Lorenzo y Jocón (Departamento de Yoro). Su objetivo contrainsurgente se evidencia en el hecho de que la zona en la cual se construyó la carretera es una de las regiones con más conflictos agrarios en Honduras, donde 150 mil familias han reclamado el derecho a las tierras. Es un territorio montañoso de difícil acceso, próximo a la zona del valle del Aguán, donde el nivel de represión militar contra los campesinos ha sido alto, y en donde tanto las autoridades norteamericanas como hondureñas temen un alzamiento.

Con posterioridad, se construye otra carretera de 21 km entre Jocón y Puentecita (también Departamento de Yoro), durante las maniobras Terencio Sierra 86 (enero-junio de 1986).

El documento de la fuerza de tarea considera que en la actualidad el programa más activo del Pentágono dentro de la acción cívica, es el relativo al entrenamiento, señalando que en Panamá:

[119] *Defense Department task report...*, *op. cit.*, "Medical programs", pp. 3-4.

[120] *Ibid.*, "Civic action", p. 4.

La Escuela de las Américas se está reconstruyendo y, como parte del proceso, tomará un nuevo nombre, Instituto Panamericano de Ciencia Militar y Desarrollo Nacional. Como su nombre lo indica, el concepto de administración de recursos e involucramiento militar en el desarrollo del sector civil será completamente reinstalado.[121]

Sin embargo, esto no se llega a concretar porque el gobierno panameño impone el cumplimiento de los Tratados Torrijos-Carter que establecían la salida de Panamá de la Escuela de las Américas.

Una última consideración sobre el tema tiene que ver también con la búsqueda del Departamento de Defensa de nuevos canales para la asignación de recursos a los gobiernos aliados. Dentro del rubro de ayuda humanitaria se explora el de ayuda al desastre internacional. Sus posibilidades se vislumbran desde la misma definición del hecho:

Un desastre significa un acto de la naturaleza (tal como inundación, sequía, incendio, huracán, terremoto, erupción, o epidemia), o un acto del hombre (disturbios, violencia, conflicto civil, explosión o incendio) que justifica la ayuda norteamericana. La ayuda para el desastre es inmediata para salvar vidas y para aliviar el sufrimiento de las víctimas sobrevivientes. Incluye servicios humanitarios tales como transportación, provisión de alimentos, agua, ropa, medicinas, camas y ropa de cama, refugio de viviendas temporales, suministro de asistencia médica, y reparaciones a servicios esenciales.[122]

Por disposición ejecutiva, el Departamento de Estado por medio de la AID es el que tiene la responsabilidad principal para proporcionar este tipo de ayuda, por lo que el Departamento de Defensa no tiene autoridad al respecto, "excepto que un comandante militar en la escena inmediata de un desastre pueda iniciar operaciones de auxilio bajo su propia autoridad, en circunstancias en las que el tiempo es esencial y las consideraciones humanitarias y de salvamento aconsejen hacerlo".[123] Para aumentar la participación del Pentágono en este sentido se recomienda una mayor vinculación con las otras instancias que tienen la responsabilidad directa actualmente.

Todas estas probabilidades de dotación de recursos a los gobiernos aliados por medio de la ayuda humanitaria-acción cívica tienen por último un objetivo militar que es mejorar la imagen de las fuerzas represivas, tratando de ganar "las mentes y los corazo-

[121] *Ibid.*, p. 4.
[122] *Ibid.*, "International disaster assistance", p. 1.
[123] *Ibid.*, p. VIII.

nes" de una población a la que hay que controlar también con otras medidas ya ensayadas en otras experiencias.

Más aún, también están directamente relacionadas con planes contrainsurgentes y de intervención directa. En los ejemplos dados, queda claro que la construcción de obras de infraestructura en zonas de movilización popular —real o potencial—, el objetivo no es sólo lograr la comunicación entre los pueblos, sino también facilitar el acceso para tareas represivas. En el caso de la ayuda médica igualmente resulta nítido el objetivo de levantar censos de las enfermedades más probables para poder inmunizar y tratar a las tropas aliadas y a las propias ante eventuales despliegues, es decir, ante una probable invasión.

Control de la población y de los recursos

Un elemento muy importante del proyecto contrainsurgente es el control de la población cuyo objetivo es desmontar la infraestructura de apoyo al movimiento revolucionario y evitar nuevas adhesiones a la causa. Para lograrlo se conjugan las habilidades de la inteligencia, de las operaciones psicológicas y de asuntos civiles, así como medidas de carácter militar.

En la historia de la contrainsurgencia, los proyectos de "pacificación" han incorporado la globalidad de esos elementos para ganar "las mentes y los corazones" de la población —fundamentalmente de los campesinos— con el objetivo de "mejorar" las aldeas y lograr la seguridad económica y política de las mismas. Ello ha implicado el reasentamiento forzoso, la formación de aldeas estratégicas, y la incorporación obligada de la población a las tareas de defensa por medio de la constitución de fuerzas o patrullas de autodefensa civil.

Con base en la experiencia británica en Malasia, el gobierno norteamericano introduce en Vietnam el proyecto de constitución de aldeas estratégicas, en las que se agruparon a 14 millones de sudvietnamitas en 17 000 campos de concentración denominados de esa manera, para lo cual "se combinaron todos los métodos: destrucción, terror, seducción, división y empobrecimiento".[124] El autor del conocido libro *The counter-insurgency era,* Douglas S. Blaufarb (durante 20 años agente de la CIA en Vietnam, Laos, Grecia, Singapur y Washington), explica sus objetivos:

[124] Hoang Bich Son, "Guerre speciale et neo-colonialisme", en *Tricontinental,* núm. 3, Éditions François Maspero, París, mayo-junio de 1968, p. 11.

En lugar de enfatizar la eliminación por medios militares de las bandas armadas del Viet Cong, el programa intentaba ir directamente al corazón de la fortaleza de la insurgencia, su habilidad para ganar el apoyo voluntario o renuente de la población rural, la que entonces estaba en disposición de organizarse para proporcionar inteligencia, comida, dinero y reclutas para las unidades armadas. Tal y como fue repetido sin cesar en las explicaciones públicas del plan, el propósito era secar el mar de campesinos amistosos en el cual nadaba el "pez" del Viet Cong.

Los medios por los cuales esto iba a ser hecho, era cortando el contacto entre la población de las aldeas y el Viet Cong, llevando a los habitantes de los pueblos los beneficios de un mejor gobierno y construyendo defensas alrededor de cada aldea, detrás de las cuales la población podía dormir en las noches. Las defensas físicas se proponían repeler un ataque abierto y los procedimientos de reorganización y sobrevivencia se daban para eliminar la penetración encubierta de las comunidades. Con el objetivo de cumplir con la necesaria concentración de la población, algunas aldeas tuvieron que ser reubicadas y compensadas por sus pérdidas, pero se esperaba que la gran mayoría podría permanecer en sus casas.[125]

Para apoyar la tarea de la "pacificación" se constituyó el CORDS (Civil Operations and Revolutionary Development Support, Apoyo para operaciones civiles y desarrollo revolucionario), innovación organizativa que combinaba los programas de la Oficina de Operaciones Civiles (Office of Civilian Operations) con los medios existentes en el Comando de Ayuda Militar en Vietnam (Military Assistance Command, Vietnam), incluyendo la mayor parte del aparato militar asesor.

Una de las primeras tareas que asume el CORDS es la de apoyar, asesorar y entrenar a las fuerzas auxiliares paramilitares del ejército de Vietnam del Sur, las fuerzas populares y regionales, que se incrementaron alcanzando medio millón en 1970 y cuyo armamento consistente en desechos de la segunda guerra mundial fue sustituido por M-16 y otras armas ligeras modernas.

En los hechos, el objetivo de la pacificación que era ganar el apoyo voluntario a la causa gubernamental no se logró por los métodos usados. La población fue "bombardeada, reubicada por la fuerza o atrapada en fuego cruzado como fuerza contendiente en encuentros en, o alrededor de sus casas".[126]

Más aún, el esfuerzo de "pacificación" significó una verdadera masacre de la población civil, como la que se perpetró durante la

[125] Douglas S. Blaufarb, *op. cit.*, p. 104.
[126] *Ibid.*, p. 255.

Operación Fénix —concebida por iniciativa de la CIA—, que pretendía "neutralizar" la infraestructura del Viet Cong eliminando por cualquier medio a sus colaboradores, lo que no se consiguió a pesar del asesinato masivo. "En 1968, cuando Fénix estaba bajo la administración directa de los Estados Unidos, fueron asesinados un total de 26 369 civiles sudvietnamitas y otros 33 358 fueron encarcelados bajo condiciones infernales".[127] Del fracaso de la operación, Blaufarb rescata la lección de que no se puede eliminar la infraestructura sin eliminar primero a la organización que la dirige.[128]

La incorporación de la población a las tareas de defensa se da por medio de las Fuerzas Populares de Autodefensa, creadas después de la ofensiva del Tet (enero de 1968) como un programa nacional. De manera obligatoria, todo hombre en edad militar que no formara parte de las fuerzas armadas debía de incorporarse a ellas, y de manera voluntaria se aceptaba la participación de mujeres, viejos y niños de 12 años en papeles de apoyo no combatiente. Para 1970 se calcula que la población incorporada oscilaba en alrededor de 400 mil, aunque las cifras oficiales reconocían 3 millones.

> La Fuerza Popular de Autodefensa era responsabilidad de los jefes de la aldea, los que a su vez tenían la obligación de asegurar que los miembros recibieran entrenamiento y que sus actividades estuvieran efectivamente coordinadas con la milicia. Los asesores norteamericanos, especialmente los Equipos de Entrenamiento Móvil asignados a trabajar con las Fuerzas Populares y Regionales, ayudaban en muchas localidades a poner el programa en pie. La expansión de estos grupos armados basados en los aldeanos, más bien informales y no militares, fue una de las causas y, a su vez, uno de los más importantes indicadores de la mejoría de la situación en el campo. El hecho de distribuir armas a la población era simbólico de la creciente conciencia de la importancia del comprometimiento popular en la causa del gobierno, y de la voluntad de éste de correr riesgos para hacer progresos a lo largo de ese camino.[129]

Como lección de la derrota de los diferentes aspectos del programa de pacificación, Blaufarb rescata en primer lugar el hecho de que tal tarea va más allá de las capacidades norteamericanas de asesoría y programas de asistencia tales como el CORDS, ya que la

[127] Michael T. Klare, "Abasteciendo represión", en *Estados Unidos. Perspectiva latinoamericana,* Cuadernos Semestrales núm. 4, 2o. semestre de 1978, México, CIDE, p. 102.
[128] Douglas S. Blaufarb, *op. cit.,* p. 275.
[129] *Ibid.,* p. 264.

iniciativa y el liderazgo nativos son fundamentales. En segundo lugar, que la "contrainsurgencia exige otorgar a la población rural una fuerte voz en sus propios asuntos", tratando de vincularla al proceso político nacional.[130]

En la historia reciente de Centroamérica se ha conseguido una experiencia exitosa basada en el modelo contrainsurgente de Vietnam, que incorporó cuatro planos; militar, económico, político-ideológico y de relaciones internacionales. Sin duda, el caso guatemalteco ha servido de ejemplo a seguir en el marco de la GBI.

A nivel militar, la estrategia tuvo tres elementos centrales: el lanzamiento de una ofensiva estratégica durante 1981 y 1982, que le permitió al ejército regular recuperar la iniciativa y restablecer su influencia en buena parte de los territorios en los que había avanzado la insurrección; a semejanza de la Operación Fénix, la matanza sistemática de una parte de la población rural identificada como base social de la insurgencia, por medio de la Operación Ceniza, implementada particularmente bajo la presidencia de Ríos Montt (1981-1982), que destruyó 97 comunidades rurales, asesinó a por lo menos 10 mil personas, y desplazó a cerca de un millón de campesinos; y, la ubicación de la población en aldeas estratégicas "modelo" y en patrullas civiles.[131] Se calcula que 900 mil personas estarían incorporadas a estas últimas.

El *Manual de campo* sobre GBI considera que las operaciones de control de población son de tipo policiaco y que las unidades militares deben apoyar y no remplazar a las fuerzas de policía.

> El programa de control de la población y de los recursos está diseñado para servir de complemento y de apoyo a otros programas de DDI. Sus objetivos en combinación con operaciones de Asuntos Civiles son:
>
> - Movilizar los pertrechos y recursos humanos a nombre del gobierno.
> - Descubrir y neutralizar las organizaciones y actividades de los insurrectos.
> - Proporcionar un ambiente físico y psicológico para el pueblo.
> - Cortar cualesquiera relaciones de apoyo que existan entre la población y las fuerzas de la insurrección.[132]

[130] *Ibid.*, pp. 277-278.

[131] Gabriel Aguilera Peralta, "Militarismo y lucha social en Guatemala", en *Cuadernos*, año 2, núm. 3, México, Ciencia y Tecnología para Guatemala, enero de 1985, p. 20.

[132] *Field Manual 100-20, op. cit.*, p. 86.

LA CONTRAINSURGENCIA EN EL SALVADOR

Habiendo presentado el marco anterior relativo al contenido doctrinario de la GBI, particularmente el del primer eje de la contrainsurgencia, en este apartado ilustraremos su implementación en el caso salvadoreño. Nuestro objetivo no es analizar la globalidad de la guerra, lo que obligaría a incorporar el estudio de la respuesta del movimiento revolucionario.[133] Esta visión parcial del problema, por lo tanto, pretende mostrar la coherencia entre la nueva visión estratégica y su puesta en práctica en el "caso prueba" de El Salvador, hecho que trasciende las limitaciones que imponen las contradicciones reales existentes en el interior del gobierno norteamericano entre los defensores y los atacantes de la GBI.

A principios de 1983 resultaba evidente que el esperado triunfo militar rápido en contra de las fuerzas insurgentes salvadoreñas estaba muy lejos de alcanzarse. A nivel doctrinario ello contrastaba con el desarrollo de la visión más global que imprimían los teóricos de la GBI, y la necesidad de transformar la estrategia tiene un punto de quiebre con el reconocimiento de Jeane Kirkpatrick —entonces embajadora ante la ONU— del fracaso de esa política, después de comprobarlo en su viaje por la región en febrero del mismo año.

A principios de 1984, el *Informe Kissinger,* además de haber logrado el necesario acuerdo bipartidista en torno a la política hacia la región, presenta públicamente una serie de propuestas que sintetizan las transformaciones de una nueva política que ya se habían empezado a poner en práctica en El Salvador durante 1983, y que comulgan con los contenidos de la GBI.

En las primeras páginas de este capítulo ya nos hemos referido a las recomendaciones más generales del *Informe*: la combinación de la defensa (contrainsurgencia "al estilo americano" en El Salvador y "contención activa" del gobierno sandinista) con el desarrollo interno (el paquete de recomendaciones económicas de corto y mediano plazo).

En consonancia con los planteamientos de la doctrina sobre GBI, en el tercer párrafo del capítulo VI destinado a las cuestiones de seguridad, el *Informe* afirma que "la restauración de la paz y la estabilidad requerirá una combinación de reformas sociales

[133] Un análisis integral se encuentra en el trabajo de Raúl Benítez Manaut, *La teoría militar y la guerra civil en El Salvador,* tesis para obtener el título de licenciado en sociología, México, FCPYS, UNAM, 1986.

y políticas, progresos económicos, actividad diplomática y esfuerzo militar".[134]

Aunque la política es global y no se circunscribe a lo militar, esto sigue teniendo una particular importancia en el caso salvadoreño. Para definir una estrategia específica para El Salvador, el *Informe* recomienda superar "un problema filosófico": la percepción de que las operaciones diplomáticas y militares son incompatibles. Reconoce que "un exitoso esfuerzo de contrainsurgencia no es un sustituto de las negociaciones", pero que, sin embargo, "tal esfuerzo —cuanto más rápido, mejor— es una condición necesaria para una solución política".[135]

De acuerdo al documento, la guerra se encontraba en una situación de empate debido a un entrenamiento y equipamiento insuficiente de la tropa, y a la escasez de medios de comunicación, de transporte y de asistencia médica. Estos factores, sumados a la retención en filas del personal provocaban que "las tres cuartas partes de las fuerzas armadas salvadoreñas están ubicadas en posiciones estratégicas para proteger instalaciones fijas", por lo que había "carencia de fuerzas con capacidad de maniobra para luchar consistentemente contra las guerrillas",[136] situación que habría que cambiar puesto que "la doctrina táctica de Estados Unidos renuncia a la defensa estática y enseña el patrullaje permanente".[137]

Según el *Informe,* en El Salvador existía un gobierno débil, incapaz de soportar un conflicto prolongado, por lo que no era descartable un colapso repentino. Por ello, "la peor política para El Salvador es la de proporcionar la ayuda justa para mantener la guerra, pero muy escasa para poder ganarla".[138] De acuerdo con estas consideraciones, el *Informe* recomienda: un aumento de la ayuda militar cuyo nivel —se insinúa— debe ser suficiente para ganar la guerra; condicionar la ayuda a informes periódicos sobre avances en el respeto a los derechos humanos; decidir y garantizar el nivel de ayuda necesaria por el periodo requerido; reformar la legislación norteamericana para autorizar la ayuda y "humani-

[134] Gregorio Selser, *Informe Kissinger..., op. cit.,* p. 219. Un estudio específico sobre la propuesta de seguridad se encuentra en Lilia Bermúdez y Breny Cuenca, "Comentarios en torno a las recomendaciones de 'seguridad' en el Informe Kissinger", en *América Central y el Informe Kissinger,* Cuaderno de Trabajo núm. 1, México, Centro de Investigación y Acción Social, s/f.

[135] *Ibid.,* pp. 244-245.

[136] *Ibid.,* p. 247.

[137] *Ibid.,* p. 242.

[138] *Ibid.,* p. 253.

zar" a organizaciones policiales; aumentar el personal militar, y aplicar el "método estadunidense de contrainsurgencia" consistente en:

a] Una acción continua en los frentes económico y social.

b] El desarrollo de dos tipos de fuerza militar: una milicia popular en todo el país, que debe incluir miembros capacitados tales como paramédicos para proveer cuidados básicos de salud y así lograr un fuerte apoyo local, y, fuerzas regulares bien entrenadas y equipadas, con comunicaciones eficaces y transporte adecuado, principalmente helicópteros, que apliquen métodos modernos y humanos de contrainsurgencia, incluyendo la acción cívica.

c] La aplicación de la doctrina táctica de Estados Unidos que exige una gran movilidad en aire y tierra para el constante patrullaje, la ayuda a posiciones fijas atacadas y, eventualmente, para que busquen y combatan a las guerrillas.[139]

La necesidad de la legitimación del gobierno salvadoreño lo obliga a tratar de imponer métodos "humanitarios" para hacer la guerra. Explícitamente, el *Informe* afirma que:

> Estados Unidos no puede aceptar, obviamente, y mucho menos apoyar los métodos brutales perpetrados por ciertas fuerzas reaccionarias de América Central. Algunas de estas acciones se vinculan con la contrainsurgencia. Su común denominador es el uso sistemático de represalias masivas y asesinatos selectivos y torturas para disuadir a la población civil de participar en la insurgencia o de proveer cualquier ayuda a los insurgentes.[140]

Además de las transformaciones cualitativas en la concepción de la contrainsurgencia salvadoreña, el *Informe* recomienda entregar 400 millones de dólares entre 1984 y 1985, ya que la situación de empate militar también es debida a la insuficiencia de apoyo estadunidense al régimen salvadoreño. La recomendación contempla también asumir un firme compromiso de continuidad en la ayuda para lograr un "esfuerzo exitoso de contrainsurgencia" o la reducción de la guerrilla a una escala tolerable.

Siendo consecuente con la globalidad de la propuesta de GBI, el factor político no podía estar ausente, por lo que, en el marco de las recomendaciones militares, el *Informe* hace de las elecciones de marzo de 1984 un momento privilegiado de su estrategia: "a continuación de los comicios, la estrategia básica norteameri-

[139] *Ibid.*, pp. 241 y 252.
[140] *Ibid.*, p. 240.

cana hacia El Salvador debería incluir un firme apoyo al nuevo gobierno legítimamente elegido".[141]

1983 había sido el año de los cambios en el nivel de entrenamiento, mandos, estructura y estrategia del ejército salvadoreño. Durante los primeros meses del año ya había sido introducido un equipo de entrenamiento móvil de Boinas Verdes, dirigido por el capitán Rick Pérez, en la base aérea de Ilopango. Su objetivo se delinea en un reportaje de la revista *Newsweek* del mes de marzo: "estaban trabajando en contra de un horizonte dominado por el volcán de Guazapa, una base principal de la guerrilla, adiestrando a un batallón aerotransportado en el ABC de la guerra".[142] Los reclutas eran jóvenes de 16 años, muchos de ellos analfabetos.

La participación de las FOE norteamericanas en el entrenamiento de fuerzas salvadoreñas no sólo no pasa desapercibida, sino que pronto comienza a sufrir bajas. Tal es el caso del comandante naval y subjefe de los 55 asesores norteamericanos, Albert Schaufelberger, muerto el 25 de mayo por comandos urbanos del Frente Metropolitano "Clara Elizabeth Ramírez". Su función era entrenar a "Las Pirañas", un grupo de soldados salvadoreños especializados en ataque marino, que "han operado en los últimos meses en el departamento de La Unión, colindante con el golfo de Fonseca, participando en misiones de apoyo al ejército salvadoreño con el objeto de interceptar supuestos envíos de armas al FMLN".[143]

La reestructuración de los mandos, que concluye el último mes del año, se había iniciado en abril, con la sustitución de José Guillermo García por el general Eugenio Vides Casanova como ministro de Defensa. El puesto de director de la Guardia Nacional, dejado vacante por este último, es asumido por el coronel Arístides Napoleón Montes.

La nueva concepción de la guerra contrainsurgente se refleja necesariamente en la transformación de la estructura organizativa de las fuerzas armadas salvadoreñas —puesta en práctica a mediados de 1983—, las que se subdividen en tres ejércitos con funciones delimitadas:

1) Un ejército pasivo, concentrado, encargado de la defensa de posiciones fijas, claves económica y políticamente para el gobierno: destaca-

[141] *Ibid.*, p. 267.

[142] Steven Strasser y James Le Moyne, "Teaching the abc's of war", en *Newsweek,* 24 de marzo de 1983, p. 8.

[143] "Cayó el primer marine", en *Radio Farabundo Martí del FMLN. Voz del pueblo salvadoreño en lucha,* Especial núm. 8, junio de 1983, p. 10.

mentos militares de las brigadas de infantería más importantes, vigilancia de presas, puentes, puntos importantes de conducción de energía eléctrica, las más importantes ciudades, poblados y puestos, principalmente en la capital, el occidente y las zonas de disputa territorial con el FMLN. 2) Un ejército de saturación de teatros de operaciones en base a brigadas y batallones de rápido despliegue, encargado de ser la fuerza central de las campañas de cerco y aniquilamiento. 3) Un nuevo conjunto de batallones móviles, pequeños y autosuficientes, que capten y ejerzan la doctrina de la contrainsurgencia [...] que se base en tratar de implementar las mismas tácticas de la guerrilla buscando el apoyo de la población civil.[144]

En esta reestructuración lo que se observa es una yuxtaposición de fuerzas regulares nucleadas en batallones entrenados en la concepción del despliegue rápido, y pequeñas unidades móviles —llamadas Batallones de Cazadores— entrenadas en las habilidades de la guerra especial. A largo plazo, el objetivo es:

Entrenar siete grandes batallones y alrededor de 50 pequeños, de 350 hombres cada uno [en total 17 500]. Los grandes batallones serían controlados por el Estado Mayor central de la guerra y serían movilizados de manera rápida contra sus objetivos; los pequeños batallones serán asignados a las comandancias provinciales. Una ventaja de este sistema es que le arrebata mucho del poder del ejército a los 14 comandantes provinciales, pues hace más o menos un año, estos "lores de la guerra" tenían su batallón, o ejército privado, en sus manos.[145]

En consonancia con el cambio de estrategia, la prioridad dada al entrenamiento de los Batallones de Cazadores se evidencia en el hecho de que entre el 1 de junio de 1983 y el 31 de mayo de 1984, fueron adiestrados 24, de acuerdo con el informe de labores presentado por el general Vides Casanova, ministro de Defensa.[146]

Para la implementación de la guerra irregular estos batallones, considerados de élite, no tienen cuartel, permanecen en el campo por dos o tres meses, su objetivo es ubicar campamentos y concentraciones del FMLN, desgastarlas y preparar las condiciones para dar golpes estratégicos.

Otra de las innovaciones dentro de la creación de estas fuerzas

[144] Raúl Benítez, *op. cit.*, pp. 324-325.

[145] "Training them to help themselves", en *The Economist*, Inglaterra, 23 de julio de 1983, p. 27, citado en *ídem*, p. 326.

[146] "Memorias de labores realizadas por el ministro de Defensa y Seguridad Pública, durante el periodo comprendido entre el 1o. de junio de 1983 y el 31 de mayo de 1984", en *Estudios Centroamericanos*, Año XXXIX, El Salvador, julio-agosto de 1984, pp. 616-619, citado en *ídem*, p. 358.

especiales es la creación de las Patrullas de Reconocimiento de Alcance Largo (PRAL), consideradas la élite dentro de la élite, que se organizan en comandos de 15 a 20 hombres, entre cuyas funciones está la penetración a profundidad en el territorio controlado por el FMLN, tratando incluso de confundirse ante la población campesina como unidades guerrilleras. Uno de sus objetivos es acercarse a los mandos e instalaciones estratégicas de la guerrilla para dirigir el fuego aéreo, por lo que se les conoce como "los ojos" de la aviación.

Asimismo, otras modificaciones introducidas en el ejército de acuerdo con el esquema anterior son: la creación de los Batallones de Infantería Antiterrorista (BIAT) compuestos por 500 hombres, a inicios de 1985; la creación de las Recondo, pequeñas unidades de combate asignadas a las distintas brigadas y destacamentos militares con la misión de penetrar y combatir en territorio controlado por el FMLN, y, algunos pasos dados hacia la creación de batallones especializados en contrainsurgencia dentro de los cuerpos de seguridad (Policía Nacional, de Hacienda y Guardia Nacional).[147]

La estrategia de tropas móviles se va imponiendo sobre la anterior, caracterizada por grandes operativos de "cerco y aniquilamiento" realizados con tropas convencionales entrenadas en el despliegue rápido, y a la defensa de posiciones fijas tan criticada por el *Informe Kissinger*. Si la nueva estrategia requiere de mayor movilidad por aire, la ayuda en este sentido no tardó en darse: en 1982 empiezan a llegar los helicópteros y en 1984 aviones artillados, entre los que se encuentran 9 bombarderos A-37 y tres AC-47. A los aviones y helicópteros de transporte y de combate se suman también los varios helicópteros UH-1M Huey, capacitados para el apoyo al transporte de tropas y para operaciones aéreas contrainsurgentes, ya que están equipados con minicañones de 7.62 mm de fuego rápido, vainas para cohetes y equipos para visión nocturna, y los helicópteros Hughes 500, que mediante operaciones "de limpieza" evitan emboscadas a las tropas transportadas por aire cuando llegan a la zona de combate, utilizando ametralladoras de 7.62 mm que disparan entre 2 500 y 3 000 balas por minuto.

Para el mes de septiembre de 1985, habrían sido entregados por parte de Estados Unidos 18 helicópteros del primer tipo (otras fuentes señalan 22) y 4 del segundo.[148] En sólo un año (1984-

[147] Raúl Villacorta, "Generalización de la guerra", en *Centroamérica en la mira,* núm. 13, México, Agencia Salvadoreña de Prensa, enero-febrero de 1986, p. 9.

[148] *El Día,* México, 19 de septiembre de 1985.

1985) se triplicó la transferencia de helicópteros, y en términos generales, se ha logrado duplicar el poderío aéreo salvadoreño desde que se inició la ayuda a la fuerza aérea salvadoreña.

El cambio en la estrategia contrainsurgente es ilustrado por los datos del tipo de operativos realizados durante un semestre:

> El general Onecífero Blandón, jefe del Estado Mayor Conjunto de la Fuerza Armada, afirmó que en los primeros seis meses de 1985 el ejército realizó 84 operaciones mayores de ocho hasta 27 días, 14 medianas y 16 menores. Agregó que en ese periodo las tropas gubernamentales realizaron 27 mil 632 patrullajes y cuatro mil 897 emboscadas.[149]

La adopción de la nueva "estrategia norteamericana de la contrainsurgencia" en El Salvador evidencia por una parte que el mando ha sido asumido en forma más directa por los militares estadunidenses, en lo que se refiere a la planificación y conducción de la guerra, y por otra, que la operatividad de la misma es tarea de las fuerzas armadas salvadoreñas. Esa lección de Vietnam se ha impuesto y es reconocida explícitamente por el coronel John D. Waghelstein, ex jefe del grupo militar asesor norteamericano en el país, y actual comandante del séptimo grupo de Fuerzas Especiales del Ejército norteamericano:

> Los Estados Unidos, por sí solos, no pueden resolver el problema de El Salvador. Nosotros podemos proporcionar la asistencia económica y militar necesaria para permitir que los salvadoreños encuentren sus propias soluciones [...]. La lección de Venezuela da un ejemplo de que con cuidadosa aplicación y asesoría, entrenamiento y material, la contrainsurgencia puede llegar a tener éxito.[150]

Atendiendo a los aspectos "no militares" de la nueva contrainsurgencia, se constata que en este aspecto la globalidad de la propuesta de la GBI también ha sido puesta en práctica en El Salvador de manera notoria. Abordemos cada uno de ellos.

Ya veíamos que las labores de *inteligencia* no se circunscriben a las necesidades de lo militar, sino que son de suma importancia para los otros instrumentos de lo que se concibe como defensa y desarrollo internos, particularmente con lo que tiene que ver con la neutralización o destrucción de la infraestructura de la insurgencia, es decir, la población.

[149] Raúl Villacorta, *op. cit.*, p. 10.

[150] John D. Waghelstein, "Post Vietnam counterinsurgency doctrine", en *Military Review,* vol. LXV, núm. 5, mayo de 1985, Fort Leavenworth, Kansas, citado por Raúl Benítez, *op. cit.*, p. 361.

Uno de los mecanismos para la obtención de información de inteligencia se da por medio de la mayor vinculación entre los civiles y los militares por la vía del control de la población (aspecto que abordaremos posteriormente), con la creación de las patrullas de defensa civil y las aldeas de desplazados. Otro es la infiltración de organizaciones. Pero más concretamente, en lo que se refiere a la ayuda norteamericana para estos objetivos, está la creación de una Unidad de Investigaciones Especiales, con fondos donados por la AID bajo el rubro de "reforma judicial". Asimismo, se ha denunciado la participación de Israel en la modernización del sistema de inteligencia de la policía.

En el aspecto militar, la prensa norteamericana ha denunciado la participación de sus servicios de inteligencia en apoyo a las fuerzas armadas salvadoreñas; mediante vuelos de reconocimiento realizados tanto desde Panamá, como de Honduras:

> Se utilizan aviones Mohawks Turbodrop OV-1 equipados con aparatos de rayos infrarrojos que permiten detectar grupos de personas y fogatas desde una altitud de 3 mil pies, y tienen, además, capacidad para ubicar concentraciones de metales.
>
> Según el semanario *Newsweek,* estos aviones son utilizados también para interceptar comunicaciones del FMLN.
>
> Otras fuentes periodísticas señalan que los datos recogidos por los OV-1 llegan, vía radiocomunicaciones, al Comando Sur del ejército estadunidense en Panamá; de ahí son trasladados al Pentágono, donde se analizan en complejos sistemas de computadoras. Ya analizados, son enviados de vuelta por teletipo al Cuartel General de la fuerza aérea salvadoreña en Ilopango (cerca de San Salvador).
>
> Toda la operación dura no más de dos horas. Pero, además, según el *New York Times,* los aviones proporcionan información "instantánea" a las tropas gubernamentales en combate.[151]

Desde Honduras, el núcleo de las operaciones de inteligencia es la base aérea de Palmerola, cuartel general de las fuerzas estadunidenses, en donde 300 efectivos del batallón 224 de inteligencia militar también proporcionan apoyo táctico al ejército salvadoreño, para lo cual cuentan con 11 aviones del mismo tipo.

El objetivo fundamental de las *operaciones psicológicas* es cambiar la conducta y la percepción de la población y de los insurgentes sobre la guerra y las operaciones militares, por lo cual la propaganda es uno de sus instrumentos fundamentales.

Las fuerzas armadas salvadoreñas cuentan ya con un departa-

[151] Iván Santiago G., "Vasta red de inteligencia en El Salvador", en *Perfil de La Jornada,* México, 8 de mayo de 1985.

mento de guerra psicológica, un centro de entrenamiento para tropas, una radioemisora y un organismo de prensa.

Para el cumplimiento de tales tareas, el gobierno salvadoreño ha contado con la asesoría del gobierno de Reagan, de la CIA y del Instituto Venezolano para la Educación Popular (IVEPO), organismo ligado a la democracia cristiana y que ayudó a Duarte en su campaña electoral de 1984. La coordinación de la campaña de operaciones psicológicas destinadas a mejorar la imagen del gobierno, a desprestigiar a la guerrilla, y a ganar las voluntades de la población está en manos de Julio Adolfo Rey Prendes, ministro de Comunicaciones y Cultura, y del ministro de Defensa. El primero ha logrado tal notoriedad, que se le considera el posible sucesor del presidente Duarte. Por el lado norteamericano, como asesor de relaciones con los medios de comunicación, en 1984 llegó Henry Catto, ex jefe de los voceros del Pentágono y ex embajador de su gobierno en El Salvador.

Una de las primeras medidas para implementar la campaña ha sido la adquisición de diferentes medios de comunicación:

> El régimen ahora es dueño de dos de las seis estaciones de televisión del país. Las otras están obligadas a transmitir cintas de noticias y propaganda proporcionadas por el gobierno. Adicionalmente, las fuerzas armadas tienen su propio programa. También existe una estación de radio de propiedad del gobierno así como un estudio que pronto producirá más cintas que deberán transmitir todas las estaciones. Finalmente, el régimen es propietario de imprentas y se espera que 24 salas de cine empiecen pronto a mostrar *films* de propaganda.[152]

En el nivel rural, varias técnicas se han aplicado, entre ellas la detención de líderes campesinos con el objeto de mostrarles videos de propaganda. Vale la pena recoger una crónica al respecto:

> En el pueblo de Sesori, departamento de San Miguel, en enero de este año (1985), miembros del batallón Arce, que fue entrenado por "expertos" estadunidenses, arrestaron 50 campesinos, sospechosos de tener vínculos con la guerrilla.
>
> Éstos no desaparecieron ni fueron torturados. Fueron trasladados a las instalaciones del batallón, allí los interrogaron "amablemente" por un autoproclamado "doctor" que no era otra cosa que uno de los expertos en acción psicológica. Recibieron atención médica de los militares y fueron bien alimentados. Después, les mostraron una serie de videos

[152] "Total war in El Salvador: post-Vietnam U.S. counterinsurgency strategy", en *Focus on Central America. Alert.*, U.S. Committee in Solidarity with the People of El Salvador, Nueva York, p. 6.

sobre la guerra. Películas cuidadosamente elaboradas por compañías subcontratistas del Pentágono. Por supuesto los 50 campesinos vieron una excelente película, donde el ejército hace el papel de los buenos y la guerrilla el de los malos. La "conspiración soviética-cubana" también está graficada con imágenes atractivas que presagian una catástrofe, con música trágica cuando se menciona "Cuba", etc. Se les explica que la guerrilla sólo forma parte de la conspiración internacional por tomarse el poder y cómo ya lo hicieron en Nicaragua. El comunismo ateo, y aparece el Papa durante su visita a Managua cuando el pueblo le gritaba sus consignas, como una prueba de ello. Otro video era un documental sobre la vida de la comandante Mélida Montes, de las FPL. Y así, hasta que los campesinos de Sesori fueron liberados.[153]

En otras ocasiones, los métodos son más sutiles:

En Chalatenango se está adelantando un programa mucho más modesto, donde sólo se reparten cuadernillos a los niños, se distribuye propaganda oficial y se dan charlas. Se explota mucho el sentimiento religioso, por ejemplo, asociando la imagen del ejército a la de la iglesia. Los regalos para los niños se reparten en las puertas de las iglesias, mientras una música con ritmo popular repite versos llamando a la "hermandad de todos los hombres", hasta que de pronto la letra empieza a lamentarse de los ataques de la guerrilla contra "hermanos de la familia salvadoreña" y luego llama a "los hermanos a unirse con las gloriosas fuerzas armadas" para salvar al pueblo del "ateísmo comunista".[154]

Ya señalábamos que una de las formas más utilizadas durante la guerra de Vietnam habían sido los volantes, cuyo objeto era motivar a la deserción, y explotar la imagen de aquellos que ya lo habían hecho. En El Salvador, ya son citables ejemplos de la misma técnica:

Para llegar a aquellos en el campo que están fuera del alcance de los medios de comunicación electrónica, aviones del gobierno vuelan sobre áreas rurales, soltando volantes llamando a sus "compañeros" a rendirse y a aceptar la vida fácil de un colaborador del ejército. Aviones ligeros con altavoces vuelan al costado trasmitiendo el mismo mensaje para los campesinos con frecuencia analfabetos [...].

En un caso reciente, conocido como "Operación Mike", 335 000 volantes fueron tirados sobre zonas bajo control rebelde en una semana, con mensajes atribuidos a Miguel Castellanos, ex comandante rebelde que fue capturado y se convirtió en colaborador.[155]

[153] "Los programas de acción psicológica, para ganarse al pueblo y desprestigiar al FMLN", en *Unomásuno,* México, 28 de agosto de 1985.
[154] *Ibid.*
[155] "Total war in ...", *op. cit.,* p. 7.

Destacábamos también otra forma de utilizar la aviación para estos propósitos: los ataques aéreos psicológicos. Éstos pueden acompañar a los usos descritos con anterioridad, es decir, después de llamar a la "cordura" mediante volantes y altavoces, para completar el efecto psicológico minutos después se inicia un bombardeo sobre la zona. Esto igualmente ha sido ya utilizado en El Salvador, a la par que otra versión de ataques aéreos psicológicos, que tienen como objetivo afectar a las masas por medio de un bombardeo indiscriminado.

Por lo que se refiere al rubro de *asuntos civiles,* habría que recordar que entre sus actividades se incluyen la prevención de la interferencia del sector civil en las operaciones militares, el apoyo a las funciones gubernamentales, la acción cívica militar, y el control de la población y los recursos. Estas tareas evidentemente no pueden separarse de las descritas con anterioridad —las operaciones psicológicas y la inteligencia—, en la medida en que, por último, su objetivo es el control de la población.

En los asuntos civiles, tiene particular importancia la acción cívico-militar, destinada a mejorar la imagen de las fuerzas armadas frente a la población. Para educar al ejército salvadoreño en tales habilidades, se creó el Instituto de Acción Cívica Militar en San Salvador.

El intento más importante por implementar un plan cívico militar es la conocida campaña Bienestar para San Vicente y Usulután, que terminó siendo un rotundo fracaso. Con base en la experiencia vietnamita, esta campaña concebida por Estados Unidos como un plan de "pacificación" desde mediados de 1982, tiene como primera repercusión concreta la creación, en octubre del mismo año, de la Comisión Nacional de Restauración de Áreas (CONARA), que estará integrada por delegados de 8 ministerios y coordinada por el de Defensa, con la participación de la empresa privada.

Enmarcada dentro de la nueva concepción contrainsurgente, esta campaña "es el esfuerzo más significativo para recuperar la iniciativa militar estratégica contra el FMLN".[156]

La descripción de su contenido y sus fases operativas es recogida por la revista *Newsweek* en marzo de 1983, aun cuando no tenía el nombre oficial:

En algún momento durante los próximos meses, 10 000 o más tropas gubernamentales atacarán fortalezas rebeldes en el granero centro-orien-

[156] Raúl Benítez, *op. cit.,* p. 332. Para el análisis de la campaña, véase pp. 340-347.

> tal de El Salvador. La primera fase de la operación será una clásica misión de "cerco y destrucción", dirigida a derrotar a las guerrillas o a sacarlas del lugar. Entonces, equipos de acción cívica de varios ministerios gubernamentales iniciarán un ambicioso programa de "pacificación". Con la ayuda de asesores norteamericanos civiles, reconstruirán casas, caminos y puentes, empezarán a redistribuir la tierra a los campesinos y dotarán a la región de electricidad, agua, escuelas e instalaciones médicas. Finalmente, unidades de milicia local y batallones del Ejército especialmente entrenados se desplegarán para proporcionar una seguridad permanente. "Esta estrategia es un punto crítico en la guerra", dijo un militar que ha estado en la planificación. "Ganaremos o perderemos con esta operación." [157]

Claramente, la campaña contemplaba una primera fase meramente militar, una segunda de acción cívica, y una tercera de control de la población e incorporación a las tareas de defensa. Los planes de desarrollo se basan en la ayuda de la AID.

El objeto central de esta campaña iniciada el mes de junio de 1983 es expresada por el comandante de la operación, coronel Reinaldo Golcher: "conquistar los corazones y las mentes" de los habitantes, y asegurarlos de "los ataques terroristas". Asimismo reconoce que "se seleccionó el departamento de San Vicente porque era donde más torres habían sido destruidas, donde más haciendas han sido abandonadas y donde ha habido mayor número de vehículos asaltados y vías férreas destruidas".[158]

En esta campaña, por primera vez son utilizados los Batallones de Cazadores. En términos políticos se confiaba que después del éxito esperado en esta campaña, se pudiesen realizar elecciones presidenciales para legitimar a un gobierno surgido del voto popular que sustituyera al provisional encabezado por Álvaro Magaña.

Esto se tiene que posponer casi un año en virtud del fracaso del operativo debido a varios factores, básicamente dos: el FMLN evadió el cerco y no enfrentó combate, por lo que no pudo haber una victoria militar, y la población civil no colaboró.

Desde la perspectiva norteamericana, la falla en los programas de acción cívica se debe a que fueron aplicados muy temprano, sin que se pudiera garantizar la seguridad en la zona aplicada sobre una base continua y, además, no existió el suficiente control norteamericano en la administración de los servicios, lo que per-

[157] "A plan to win in El Salvador", en *Newsweek,* 21 de marzo de 1983, p. 8.

[158] *El Salvador. Proceso,* informativo semanal del Centro Universitario de Documentación e Información, UCA, San Salvador, Año 4, núm. 114, 1983, p. 5, citado por Raúl Benítez, *op. cit.,* p. 345.

mitió la corrupción oficial. Ello llevó a que se modificara el plan de acción cívica desde fines de 1984:

La misma AID realizó en marzo de 1984 un estudio para evaluar los efectos de los "programas de ayuda humanitaria" en el país. Todos los programa —Conara, etc.— fueron criticados. Sin embargo, el estudio recomendó el aumento de la asistencia, pero al mismo tiempo canalizándola a través de las organizaciones de ayuda humanitaria internacionales que estuvieran interesadas en participar, asociadas con las entidades oficiales. Entre éstas se encuentran Hope De Walsh, un miembro de la Comisión Kissinger, Care, la organización humanitaria más grande del mundo, Cesad, una organización evangélica salvadoreña, Save the Children, y otras. La iglesia católica se ha negado a participar por considerar que la aceptación de fondos de la AID le traería cargos de politización. La AID entrega 40 millones de dólares anuales para estos planes.
Aparte de este dinero, la embajada dispone este año de 8 millones de dólares para administrarlos de acuerdo a su criterio para brindar "asistencia alimenticia". Los refugiados son parte de los objetivos del plan.[159]

Otro de los aspectos que tienen que ver con la acción cívica, pero que se contemplan más genéricamente dentro del rubro de "ayuda humanitaria", es el relativo a la prestación de servicios médicos a la población. Al respecto, también se han dado pasos significativos:

Bajo el Programa de Ayuda de Seguridad (Security Assistance Program) del Departamento de Defensa, el Ejército norteamericano ha proporcionado un Equipo Médico de Entrenamiento Militar (Medical Military Training Team) a El Salvador. El equipo fue solicitado por el gobierno salvadoreño cuando se hizo patente que el sistema médico militar existente no podía proporcionar un adecuado cuidado de campo a las víctimas civiles y militares, mientras al mismo tiempo se asumía una responsabilidad creciente para el cuidado de la salud civil en áreas rurales. En junio de 1983, el Ejército norteamericano colocó un equipo de 26 hombres en San Salvador, encargados de dos misiones principales: primero, mejorar la infraestructura del sistema médico militar salvadoreño, y segundo, entrenar técnicos médico-militares de base. La fase inicial, terminada en diciembre de 1983, fue un éxito completo, las bajas estaban recibiendo atención básica en el campo y los procedimientos de evacuación médica habían sido mejorados. Más importante a largo plazo, los líderes militares salvadoreños han reconocido la importancia de la atención médica de calidad para el éxito de su misión y han dado pasos para mejorar la estructura y naturaleza de su infraes-

159 "El Salvador, un laboratorio perfecto para probar la nueva doctrina contrainsurgente", en *Unomásuno,* México, 27 de agosto de 1985.

tructura médico-militar. Un equipo menor está comprometido actualmente en completar el trabajo iniciado por el equipo original en 1983. Este programa que ayuda a las fuerzas militares y también a los civiles en el área rural es considerado un modelo de la asistencia humanitaria del Departamento de Defensa.[160]

Si bien el *control de la población* es el objetivo último de los instrumentos previos, habría que destacar también las propuestas más concretas destinadas a tales objetivos, y que en el *Manual de campo* sobre CBI se conciben como operaciones de tipo policiaco, en donde las unidades militares cumplen un papel de apoyo.

Más allá del mejoramiento de la inteligencia policiaca y de la formación de unidades antiterroristas dentro de la policía, las fuerzas de seguridad iniciaron programas concretos destinados a ganar y controlar a la población:

> La policía de Hacienda ha desarrollado una serie de programas educacionales diseñados para obtener el apoyo del público para las fuerzas armadas y el gobierno, mientras erosionan las estructuras sociales del FMLN. Uno de los programas es un proyecto de alfabetización, diseñado de manera similar al de las brigadas nicaragüenses de alfabetización [que se eliminó calladamente a fines de 1985]; otro es un "Movimiento de la Juventud Patriota", dirigido conjuntamente por la rama D-5 del ejército (Operaciones Psicológicas). Este último busca "rescatar a la juventud del vicio de las doctrinas y tendencias antidemocráticas" mediante seminarios impartidos por miembros de la Policía de Hacienda y el D-5, seguidos de la creación de "brigadas de juventud patriota", formadas por 90 estudiantes cada una, quienes, se presume, continuarán como colaboradores paramilitares con sus entrenadores.[161]

Los intentos de control de la población en las áreas urbanas por parte de los cuerpos de seguridad, se combinan con una represión selectiva destinada a decapitar al movimiento popular nuevamente en auge, por la vía de la "neutralización" de sus líderes.

De manera similar a las experiencias de Vietnam y Guatemala, en El Salvador los dos ejes para el proyecto de controlar a la población han sido su incorporación a las tareas de la defensa, y su desplazamiento de las zonas de control del FMLN o en disputa.

En diciembre de 1983 se adoptó un plan de defensa civil, a cargo de un sargento de los Boinas Verdes norteamericanos, cuyo núcleo es la constitución de una escuela de defensa civil. Para cada uno de los 14 departamentos de El Salvador, se entrenarían unida-

[160] *Defense Department task report, op. cit.*, "Medical programs", p. 2.
[161] Sara Miles, *op. cit.*, p. 37.

des de 25 soldados cada una, cuya misión sería instruir a la población e incorporarla a las tareas de defensa.

Para el mes de agosto de 1985, se habían entrenado a cerca de 8 mil civiles y se habían formado cerca de 50 unidades de defensa civil en todo el país.[162]

La población desplazada se calcula en medio millón de personas. Sus objetivos han sido evitar la interferencia de civiles en las operaciones militares, pero, fundamentalmente, quitarle a la guerrilla su base de apoyo. Hasta 1985 el gobierno norteamericano había entregado 92 millones de dólares en ayuda para esta población, considerada por tres congresistas de Estados Unidos como una ayuda relacionada indirectamente con la guerra:

> Diez por ciento de la población ha dejado el país, pero otro 10 por ciento (525 000) viven en campos de refugiados o en asentamientos ilegales (un porcentaje más alto que los vietnamitas sin hogar en el punto culminante de la guerra de Vietnam). En los últimos cinco años, la ayuda norteamericana a la población desplazada totaliza 92 millones, cinco por ciento del total de fondos de Estados Unidos para El Salvador.
>
> Más de la mitad (53 millones) de la ayuda para desplazados ha sido usada en un programa de emergencia de la AID que proporciona atención en salud, refugio y empleo mínimo. Otros 37 millones han provisto comida gratuita para campos de refugiados [...].
>
> Consideramos estos programas humanitarios como relacionados indirectamente con la guerra porque se dirigen a necesidades causadas solamente por la guerra. En tanto que han habido reportes persistentes del uso de militares salvadoreños de esta ayuda humanitaria para propósitos militares (por ejemplo, inducir a los pobladores a formar patrullas de defensa civil o fomentar que los refugiados regresen a sus hogares como parte de programas de pacificación), no creemos que la ayuda a los desplazados esté siendo usada para proseguir la guerra, por lo que no se ubica en la "ayuda directamente relacionada con la guerra". Sin embargo esta ayuda no debe ser clasificada como parte de los esfuerzos de reforma y desarrollo en El Salvador: no contribuye a eliminar los problemas que condujeron a la guerra civil, ni está dirigida a mejorar la situación económica del país. Más bien, es un programa de apoyo de emergencia.[163]

[162] "La guerra en El Salvador, ¿ensayo para la nueva doctrina de contrainsurgencia de EU?", en *Unomásuno,* México, 26 de agosto de 1985.

[163] Rep. Jim Leach, Rep. George Miller y Sen. Mark O. Hatfield, *U.S. aid to El Salvador: an evaluation of the past, a propose for the future.* Report to the arms control and Foreign Policy Caucus, U.S. Congress, febrero de 1985, pp. 18 y 19.

Este informe está lejos de considerar los aspectos de la estrategia militar y cómo el desplazamiento de población forma parte de los planes militares. Su objetivo es demostrar, con cifras, cómo el 74% del total de la ayuda norteamericana —tanto económica como de seguridad— está directa o indirectamente relacionada con la guerra. Sin embargo, en la cita queda claro que la ayuda para refugiados se relaciona indirectamente con la guerra y que no puede ser considerada como una ayuda para el desarrollo.

A nivel gubernamental se crea la Comisión Nacional de Asistencia a la Población Desplazada (CONADES) que, con la ayuda de la AID, ha planificado nuevas alternativas irreales como el denominado Plan MIL (Military Interest Land) para ubicar a los desplazados en 50 nuevos poblados para 10 mil habitantes cada uno, con lo que se calcula que en cinco años habría techo para el medio millón de desplazados. Este proyecto habría necesitado 200 000 hectáreas de terrenos cultivables en las zonas donde existe más presión sobre la tierra, que son aquellas alejadas de las áreas de conflicto.

Uno de los aspectos de la colaboración de los militares en el control de la población civil está directamente relacionado con lo anterior, y es el bombardeo a objetivos civiles. Como lo señala el comandante del FMLN Joaquín Villalobos, se ha pasado de una primera fase de "genocidio necesario" (1979 a 1981), que dejaba en libertad al ejército para la ejecución de asesinatos de figuras prominentes como monseñor Romero, de dirigentes del FDR, de las monjas norteamericanas, del rector de la universidad Mario Zamora, y que fomentaba el exilio de decenas de oficiales del ejército y de dirigentes democráticos, así como la represión despiadada contra el movimiento popular, a una fase de "genocidio encubierto". Esta fase estaría caracterizada por la "represión a gran escala, expresada en bombardeos directos con fines de terror y despoblación, desalojo masivo de población en zonas conflictivas, asesinato y desaparecimiento de dirigentes del movimiento popular y revolucionario, aplicación sistemática de tortura a los presos políticos, amplia actividad de los cuerpos de seguridad bajo el nombre de escuadrones de la muerte, y un incremento acelerado de los presos políticos.[164]

En los operativos contra el cerro de Guazapa queda claro que uno de los objetivos del bombardeo es desalojar a la población civil. En la primera fase del operativo "Guazapa 10" iniciada el

[164] Joaquín Villalobos, "El estado actual de la guerra y sus perspectivas", en *Estudios centroamericanos,* Año XLI, núm. 449, El Salvador, Universidad Centroamericana José Simeón Cañas, marzo de 1986.

17 de febrero de 1983 y terminada el 6 de marzo del mismo año, se la bombardea indiscriminadamente. Más recientemente, en la "Operación Fénix" contra el mismo cerro iniciada el 10 de enero y mantenida durante casi todo 1986, diversas fuentes de prensa informan que durante los primeros 20 días se lanzaron más de 100 mil libras de explosivos. Ello produce un enfrentamiento entre la jerarquía católica y el gobierno, la que manifiesta su preocupación debido a que el cerro de Guazapa está habitado principalmente por civiles, los que son las víctimas de tales bombardeos. Esto establece una diferencia notoria con la fracasada campaña Bienestar para San Vicente y Usulután:

> Una de las principales diferencias del operativo Fénix con el realizado hace dos años y medio en San Vicente, es el comportamiento de la fuerza armada respecto a la población civil. En San Vicente se intenta poner en práctica una política de convencimiento de la población civil, para que se incorpore como simpatizante del gobierno y colabore militarmente mediante la formación de patrullas de defensa civil. En Guazapa directamente se asume que el campesinado es enemigo del gobierno y, por ende, colaborador del FMLN. Por ello se traslada forzosamente a dicha población a campamentos ubicados en San Salvador y, en algunos momentos, grupos importantes de campesinos estuvieron amenazados de ser atacados directamente por el ejército. Esto lo denunció en su oportunidad el obispo auxiliar de San Salvador, Gregorio Rosa Chávez.[165]

Las cifras de la represión a la población, que por ser ahora más selectiva no deja de ser alarmante en términos de la violación a los derechos humanos, puede verse en los cuadros 4 y 5.[166]

Ya señalábamos que una de las necesidades de una guerra que se concibe prolongada es la legitimación de las fuerzas aliadas y el desprestigio de las enemigas. Por ello, el gobierno de Washington seguirá difundiendo una imagen "positiva" del gobierno salvadoreño, útil para el desempeño de su nueva concepción contrainsurgente.

En el documento *El punto de vista de Washington,* preparado por el Departamento de Estado para ser discutido en septiembre de 1985 por los embajadores norteamericanos de la región (incluyendo a los de Panamá y Belice), en una reunión con el secretario

[165] *El Salvador. Boletín de Análisis en Información,* núm. 20, México, Centro de Investigación y Acción Social, enero-febrero de 1986, p. 17.

[166] Tomados de Calixto Zelaya, "El derecho internacional humanitario y la situación salvadoreña", en *Centroamérica en la mira, op. cit.,* pp. 24 y 25.

CUADRO 4

BOMBARDEOS Y AMETRALLAMIENTOS GUBERNAMENTALES CONTRA LA POBLACIÓN CIVIL EN 1985

Departamento	*Ene*	*Feb*	*Mar*	*Abr*	*May*	*Jun*	*Jul*	*Ago*	*Sep*	*Oct**	*Nov*	*Dic*	*Total*
Cuscatlán	2	7	18	2	5	9	27	4	48	2	38	6	168
Chalatenango	5	3	1	2	33	23	19	5	30	5	40	17	183
Morazán	8	2	2	2	4	12	5	1	26	268	3	7	340
San Vicente	7	7	9	5	9	—	3	1	56	81	19	4	201
Usulután	1	5	2	6	2	6	3	11	1	1	4	6	48
San Miguel	6	3	3	6	—	1	—	—	—	77	6	—	102
Cabañas	—	13	2	—	—	—	3	49	—	—	6	—	73
La Unión	—	—	1	—	2	—	—	—	—	85	1	5	94
San Salvador	—	1	1	—	—	—	3	—	24	—	—	—	29
Santa Ana	—	—	—	3	—	—	—	—	1	—	—	1	5
La Paz	—	—	—	—	1	—	—	—	—	—	—	2	3
Total	29	41	39	26	56	51	63	71	186	519	117	48	1 246

NOTA: Para contar el número de poblaciones atacadas en un mes, hemos tomado como criterio cuántas localidades fueron atacadas por día. Es decir, si una población sufre cinco bombardeos en un mismo día, esto queda contabilizado como un solo ataque, pero si la misma población es atacada por tres días consecutivos, esto queda contabilizado como tres ataques distintos.

* Se contaron poblaciones que no recibieron ataques directos, pero que sí resultaron afectadas por los operativos de la aviación, artillería e incursión de tropas gubernamentales (en operativos realizados del 3 al 16 de octubre).

FUENTE: Centro de Documentación de SALPRESS.

CUADRO 5

ASESINADOS, DESAPARECIDOS Y CAPTURADOS POR LAS FUERZAS GUBERNAMENTALES DURANTE 1985

Mes	*Asesinados*	*Desaparecidos*	*Capturados*
Enero	229	27	53
Febrero	146	3	13
Marzo	128	20	34
Abril	169	13	51
Mayo	116	20	33
Junio	95	22	35
Julio	83	22	24
Agosto	125	15	31
Septiembre	185	9	35
Octubre	160	12	76
Noviembre	113	15	54
Diciembre	108	11	29
Total	1 657	189	468

FUENTE: Comisión de Derechos Humanos de El Salvador (CDHES) no gubernamental y Socorro Jurídico Cristiano "Arzobispo Óscar Romero".

asistente para Asuntos Interamericanos, Ellioth Abrams, celebrada en Panamá, se reconoce que "no parece que la lucha entre el gobierno de El Salvador y las fuerzas del FMLN pueda ser ganada por ninguno de los dos bandos en tierra".[167] Sin embargo, en la minuta de la reunión se afirma que

> hemos logrado finalmente que la gente crea que El Salvador se ha tornado un país reformista, y que las guerrillas no representan al pueblo salvadoreño. Necesitamos continuar alentando esa creencia. El proceso de diálogo en El Salvador ha sido útil. Ahora debemos considerar si lo continuamos y cómo lo continuaremos.[168]

Mientras tanto, la GBI en su eje de contrainsurgencia seguirá prolongándose ya que el objetivo es el desgaste de las fuerzas revolucionarias y populares.

[167] *El Universal,* México, 9 de septiembre de 1985.
[168] *Unomásuno,* México, 10 de septiembre de 1985.

LA REVERSIÓN, SEGUNDO EJE DE LA GBI. EL CASO DE NICARAGUA

El término "desestabilización" se empezó a utilizar un año después de que se produjera el golpe de Estado contra el presidente chileno Salvador Allende. En él se sintetizaban las técnicas de la guerra sucia y encubierta empleadas por el gobierno norteamericano para el derrocamiento de un gobierno legalmente constituido. En su práctica se utilizó el aparato de inteligencia norteamericano, las empresas transnacionales, el aparato de seguridad nacional, y se explotaron las vulnerabilidades económicas, sociológicas, políticas y psicológicas del país.

Como lo reconociera el entonces director de la CIA, William Colby, en su declaración del 22 de abril de 1974:

> todas esas actividades subversivas, sediciosas, de "desestabilización" de un régimen constitucional, eran parte de un modelo de prueba, "como una especie de prototipo o laboratorio experimental para probar las técnicas de financiar fuertemente un plan para desacreditar y hacer caer a un gobierno", y que habrían de ser empleados en otros países.[169]

Lo que destaca de la experiencia chilena es el carácter clandestino de la práctica desestabilizadora, que incluyó la manipulación y desinformación de otras ramas del gobierno norteamericano, y cuya planificación recayó en un grupo especial y ultrasecreto del Consejo de Seguridad Nacional, el Comité Cuarenta, a cuya cabeza se encontraba el entonces asesor presidencial para Asuntos de Seguridad Nacional, Henry Kissinger.

Hoy, bajo el gobierno de Reagan, el término se sustituye por el de reversión (*rollback*), deja de ser una política encubierta, se asume como política de Estado avalada por el propio Congreso norteamericano, e incluye la construcción de insurgencias contrarrevolucionarias.

En el nivel doctrinario, esta política se inserta dentro de la necesidad de recuperar el principio de la *ofensiva,* y con ella se pretende enterrar estorbosas doctrinas como la de la contención, elaborada por George Kennan en los albores de la guerra fría, que asumían la *defensa* estratégica como opción, tolerando la existencia de regímenes comunistas, e impidiendo tomar la decisión para realizar intervenciones directas en ciertas coyunturas que hubiesen permitido inclinar la balanza hacia Occidente (el levanta-

[169] Gregorio Selser, *De cómo Nixinger desestabilizó a Chile,* Buenos Aires, Hernández Editor, 1975, p. 13.

miento de Hungría en 1957, la crisis de los misiles de 1962 en Cuba). Bajo esa óptica,

> la política nacional dictó que en cualquier conflicto con la Unión Soviética o sus aliados, los Estados Unidos no perseguían la ofensiva estratégica (revertir o liberación) (*rollback or liberation*), sino la defensiva estratégica (contención).[170]

La doctrina de la GBI en su eje de reversión, sustenta, por lo tanto, que Estados Unidos debe ayudar al derrocamiento de regímenes que, por haber cambiado el *statu quo* anterior, necesariamente son "prosoviéticos", sin distinción alguna, y a los que evidentemente no les reconoce el derecho a la autodeterminación: Nicaragua, Angola, Mozambique, Camboya, Afganistán, etcétera.

Para el *Informe Kissinger,* la inaplicabilidad de la estrategia de la contención tiene su razón de ser en la naturaleza misma de los gobierno apoyados, que son incapaces de enfrentar adecuadamente a la subversión apoyada desde el exterior, por lo que, planteada a largo plazo, la contención implicaría una serie de riesgos y costos. Al criticar la implementación hasta entonces de una contención "estática" en contra de Nicaragua, sugiere que ésta se transforme en una contención "dinámica":

> La noción de que Estados Unidos debe entenderse con una Nicaragua marxista-leninista, aliada militarmente con la Unión Soviética y Cuba, mediante una contención de largo plazo, supone una analogía entre las condiciones de la Europa de posguerra y las circunstancias presentes en Centroamérica. La experiencia del periodo de posguerra, sin embargo, indica que la contención es efectiva en una estrategia a largo plazo, sólo allí donde el poder militar de Estados Unidos sirve para respaldar a las fuerzas locales de aliados estables totalmente capacitados para hacer frente a conflictos internos y subversión procedentes desde fuera. En tales circunstancias, Estados Unidos puede ayudar a asegurar la disuasión, respecto de amenazas militares abiertas, contribuyendo con fuerzas en el escenario o simplemente mediante garantías estratégicas.
>
> Por otra parte, donde la inseguridad interna es un peligro crónico y donde los gobiernos locales son incapaces de enfrentar a la subversión apoyada externamente, una estrategia de contención tiene importantes desventajas. Arriesgaría la injerencia de fuerzas de Estados Unidos como policías sustitutos. Cualquier despliegue significativo de fuerzas de Estados Unidos en Centroamérica sería muy costoso, no sólo en el sentido político interno sino también en términos geoestratégicos. La desviación de fondos asignados al desarrollo económico, social, médico y educacio-

[170] Harry G. Summers, "Principles of war and low intensity conflict", *op. cit.*, p. 46.

nal de la región, hacia fines militares de contención, podría exacerbar la pobreza y fomentaría la inestabilidad interna en cada uno de los países que se militarizaran poderosamente [...]

Por lo tanto, aunque la Comisión cree que el régimen sandinista continuará representando una amenaza permanente a la estabilidad de la región, no abogamos por una política de contención estática. En lugar de ello, recomendamos, primero, un esfuerzo por lograr un acuerdo global regional, con vistas a elaborar y erigir una solución con base en los 21 objetivos del Grupo de Contadora.[171]

Los planteamientos en favor de una salida negociada no son nuevos ni sinceros, se han manejado retóricamente a lo largo de toda la administración, y por último, no hay que olvidar el objetivo para el que fue creada la Comisión Kissinger (lograr el acuerdo bipartidista), por lo que un pronunciamiento en este sentido era obligatorio. Sin embargo, párrafos después se deja constancia de que la mayoría de los miembros de la Comisión ven en el apoyo a la contra uno de los "incentivos" para la negociación. En nuestra interpretación, esto significa que se le considera el instrumento idóneo para implementar ya no la contención "estática", sino la "dinámica":

Supera el marco de responsabilidad de esta Comisión la prescripción de tácticas para emprender estas negociaciones. A modo de generalización amplia, no creemos que sea sabio desmantelar los incentivos y presiones presentes sobre el régimen de Managua, excepto en el caso de que se registre un evidente progreso en el frente de la negociación. Con referencia específica a la tan ampliamente controvertida cuestión de si Estados Unidos debería proporcionar apoyo a las fuerzas insurgentes nicaragüenses opuestas a los sandinistas que tienen el poder en Managua, la Comisión reconoció que un adecuado examen de este asunto requiere el manejo de información secreta, no apropiado para un documento público. Sin embargo, la mayoría de los miembros de la Comisión, en su respectivo juicio individual, creen que los esfuerzos de los insurgentes nicaragüenses representan uno de los incentivos que trabajan en favor de un acuerdo negociado y que el futuro papel de Estados Unidos en estos esfuerzos debe por lo tanto ser considerado en el contexto del proceso negociador. Sin embargo, la Comisión no ha tratado de llegar a un juicio colectivo a sí, y cómo, Estados Unidos debe proveer apoyo a estas fuerzas insurgentes.[172]

Desde que el gobierno norteamericano empezó a patrocinar la constitución del ejército contrarrevolucionario en 1981, el argu-

[171] Gregorio Selser, *Informe Kissinger...*, *op. cit.*, pp. 272-273.
[172] *Ibid.*, p. 275.

mento que justificaba tal acción era el mismo del *Informe,* presionar para lograr la negociación, así como hostigar para que el gobierno sandinista dejara de exportar (supuestamente) la revolución a otros países, concretamente a El Salvador.

No es sino hasta el 21 de febrero de 1985 que el presidente Ronald Reagan reconoce abiertamente que los verdaderos objetivos son: "remover al gobierno sandinista en su estructura actual, que es la de un Estado comunista totalitario y no un gobierno elegido por su pueblo". Más aún, días después proporciona la justificación "legal" de tal proceder: es una medida de defensa legítima de acuerdo con la carta de la ONU y de la OEA.

Esta revisión de los principios del derecho internacional y su imposición por el "derecho" de la fuerza se desarrollan paulatinamente para incorporarlos a la estrategia de reversión, no porque hubiese la necesidad de hacerlo de cara a la comunidad internacional, sino porque el gobierno norteamericano tiene que enfrentar la demanda sandinista ante la Corte Internacional de Justicia de La Haya. De esta suerte, el asesor legal del gobierno norteamericano en este proceso, John Norton Moore, ofrece la siguiente justificación del apoyo a los contras, basada en una visión muy distorsionada del derecho internacional:

> La ayuda a los contras debe ser pensada como una opción defensiva en respuesta a un ataque armado, donde los objetivos democráticos están para proteger el derecho a la autodeterminación de los estados atacados, y el principio de las Cartas de Naciones Unidas y de la OEA prohiben el uso agresivo de la fuerza.
>
> Existen varias estrategias disponibles para las democracias si van a responder efectivamente al asalto de regímenes totalitarios y radicales, y si están para fortalecer la disuasión.
>
> Primero, es importante que las democracias actúen juntas con el objetivo de enfatizar el valor de la distinción entre agresión y defensa de la Carta fundamental y coordinar estrategias de tal modo para fortalecer el orden mundial. Esta estrategia tiene por lo menos tres elementos: enfatizar la intolerabilidad del uso agresivo de la fuerza, sea abierta o encubierta, incluyendo la asistencia a terroristas o grupos insurgentes a través de fronteras políticas *de facto;* enfatizar la capacidad de permitir una respuesta defensiva, sea abierta o encubierta, incluyendo una respuesta necesaria y proporcional a cualquier ataque encubierto como el terrorismo o movimientos insurgentes ayudados externamente; y enfatizar que una forma de respuesta permisiva a un ataque armado es la asistencia abierta o encubierta a fuerzas de resistencia o insurgentes.
>
> En relación con este último punto, debe ser entendido que la asistencia a los contras en Nicaragua o a los luchadores de la resistencia en Afganistán o Camboya, puede ser en cada caso una respuesta permisiva

bajo el artículo 51 de la Carta de Naciones Unidas a, respectivamente, un ataque armado cubano-nicaragüense en contra de El Salvador, un ataque armado soviético en contra de Afganistán, y un ataque armado vietnamita en contra de Camboya.[173]

El secretario de Defensa norteamericano, Caspar Weinberger, también ha justificado ideológicamente el "derecho" a la reversión de procesos:

Si es correcto y justo que debemos ayudar a aquellos que desean permanecer libres, difícilmente podríamos entonces dar la espalda a quienes han perdido su libertad y la desean de nuevo. Por cierto no podemos coexistir con la así llamada "doctrina Brezhnev", un impúdico *diktat* que arguye, a la manera de una criatura pendenciera que hace trampas en el juego de canicas: "Lo que pueda conseguir, lo consigo para quedármelo." Nada está destinado a perdurar con balas y bombas y menos aún una absurda doctrina ya muerta antes que el dictador que la proclamó y sepultada por los valientes pueblos de Afganistán, Angola, Nicaragua, Kampuchea y otros que miran hacia nosotros, miran hacia nuestra herencia. No podemos ignorar sus aspiraciones sin traicionar las nuestras.[174]

De lo que se trata en definitiva, es de una política global destinada a revertir procesos necesariamente "comunistas" en el flanco más débil del "bloque". Esta concepción estratégica se va articulando hasta definirse como doctrina Reagan, aunque ha habido analistas que etiquetan de esta forma a la globalidad de la estrategia de defensa —desde la GBI hasta la guerra de las galaxias— debido tanto a su carácter ofensivo como a los cambios profundos que ha introducido en el nivel doctrinario.[175] Sin embargo, el director de Comunicaciones de la Casa Blanca, Patrick Buchanan, la define en enero de 1986 en los siguientes términos:

1. La doctrina dice que no tenemos que resignarnos al hecho de que una vez que un país se ha transformado en miembro del campo socia-

[173] John Norton Moore, "Global order, low intensity conflict and a strategy of deterrence", en *Naval War College Review,* enero-febrero de 1986, pp. 43-44.

[174] *Remarks prepared for delivery by the Honorable Caspar W. Weinberger, Secretary of Defense, at the Conference on Low Intensity Warfare,* Washington, D. C., Fort McNair, 14 de enero de 1986, mimeo., p. 7. En español consultar la traducción de Gregorio Selser, *El Día,* México, 11, 18 y 25 de mayo de 1986.

[175] Michael T. Klare, "The Reagan doctrine", en *Inquiry,* marzo-abril de 1984, pp. 18-22.

lista o comunista deba permanecer allí para siempre. Allí donde movimientos genuinos de liberación nacional buscan recapturar su país de una dictadura comunista impuesta desde fuera, Estados Unidos se reserva el derecho —y puede en realidad tener la obligación— de apoyar a esos pueblos.

2. Para que la doctrina se aplique, un régimen debe haberse instalado por la fuerza, el fraude o el engaño y con apoyo externo del bloque soviético.

3. No decimos que los líderes de la resistencia deben estar decididos a establecer una democracia parlamentaria, pero deberían estar en favor de la autodeterminación nacional.

4. No creo que se pueda [...], mandar gente a luchar y morir (sin un objetivo claro) [...]. Pero si la iniciativa nace del pueblo y necesitan armas y están dispuestos a luchar y morir por lo que creen, tenemos la obligación de ayudarlos a prevalecer.

5. Nuestras metas dependen de los países. Tomemos por ejemplo Nicaragua: apoyamos a los "contras" como una forma de inducir a los sandinistas a cumplir sus compromisos de crear un futuro democrático. Ésta es nuestra política declarada. ¿Qué quieren los "contras"? Ustedes y yo lo sabemos.

6. [...] al perseguir esta política, no siempre podemos esperar victorias tipo Granada. En ausencia de ellas, está el problema de mantener apoyo público y ganar apoyo del Congreso para un periodo largo.[176]

El autoproclamado derecho para revertir procesos en el Tercer Mundo tiene como punto de partida la conclusión de que la opción invasión para tales efectos es extremadamente costosa. El cambio en la estrategia militar obedece a una visión más pragmática, aunque no menos ideologizada de los conflictos en esta área, ya que como lo señala Noam Chomsky, "el hecho de que los rusos no están en Nicaragua es irrelevante porque se trata de teología, no de un discurso racional, y para la teología, los hechos son irrelevantes".[177] Este pragmatismo queda plasmado en la definición dada por Buchanan, así como en algunos de los puntos centrales del contenido global de la estrategia de GBI a los que ya hemos hecho referencia: la victoria no siempre es militar como en el caso de Granada, lo que se busca es el logro de los objetivos políticos, en este caso, revertir los procesos, y por otro lado, es una estrategia

[176] *U.S. News and World Report,* 27 de enero de 1986, p. 29, citado en *Estados Unidos-Centroamérica. Boletín de Análisis e Información* núm. 7, México, enero-febrero de 1986, Centro de Información y Acción Social, p. 3.

[177] "La política estadunidense en Centroamérica", entrevista a Noam Chomsky, en Heinz Dieterich, *Centroamérica en la prensa estadunidense,* México, Mex-Sur Editorial, 1985, p. 89.

para un periodo largo, para la que debe conseguirse el apoyo público y del Congreso norteamericano.

Ilustrando la globalidad de la estrategia de la reversión, así como la particularidad de las metas, Buchanan define los cuatro casos principales, que el boletín citado plantea así:

Afganistán. Es el caso más antiguo de asistencia norteamericana y el que cuenta con un mayor consenso político. Las fuerzas rebeldes afganas son calculadas en más de 100 mil hombres y la asistencia norteamericana comenzó inmediatamente después de la invasión soviética en 1979. El tamaño de la ayuda (más de mil millones de dólares desde 1979) hace de este caso el más importante, muy superior a los otros tres juntos. El objetivo norteamericano es alzar sustancialmente el costo de la acción soviética para, a la larga, forzar a la Unión Soviética a una negociación política.

Angola. La UNITA (Unión Nacional por la Independencia Total de Angola) lucha contra el gobierno, con apoyo sudafricano, en la parte sur del país, y se encuentra en control de algunas porciones de territorio. Estados Unidos ha ayudado financieramente a través de fondos reservados y algunas organizaciones de derecha han hecho también contribuciones sustanciales. Sin embargo, la nueva política de apoyo abierto encuentra oposición, basada en tres aspectos: la falta de credenciales democráticas de Savimbi; el hecho de apoyar a un movimiento promovido por los sudafricanos podría perjudicar la postura norteamericana en África; y el eventual perjuicio a las compañías norteamericanas (petroleras) que tienen negocios con Angola. Sin embargo, después de la visita de Savimbi a Washington es probable un aumento de la ayuda encubierta (15 millones este año), sin que haya ambiente en el Congreso para limitarla. El objetivo declarado de Estados Unidos es obtener el retiro de los soldados cubanos de Angola, con la esperanza de que ello debilite al gobierno de Luanda, obligándolo a negociar con Savimbi.

Kampuchea. En este caso, son los demócratas quienes empujaron la ayuda, aprobando en el presupuesto de 1985 la cantidad de 5 millones de dólares, aún no gastados en su totalidad. El principal problema de esta ayuda es que aunque los fondos van a la fracción guerrillera de Son Sann, es bastante claro que el principal grupo es el Khmer Rojo de Pol Pot, que desde luego Washington no desea ver de nuevo en el poder. Por consiguiente, el objetivo es poco claro, como también son poco claras las posibilidades de victoria. La intención de Washington sería buscar una solución negociada tras un retiro vietnamita, pero dada su escasa viabilidad, es probable que esta ayuda no crezca muy sustancialmente en el futuro inmediato.

Nicaragua. A este país está dedicado el resto del artículo. En este punto es conveniente hacer ver, sin embargo, que Nicaragua juega en la "doctrina Reagan" el papel crucial, aunque la ayuda a la "contra" no sea la más cuantiosa.[178]

El proceso de constitución del ejército contrarrevolucionario nicaragüense se inicia en 1980 y se impulsa durante el primer año del gobierno de Reagan.[179] Financiados por dinero norteamericano y entrenados por asesores argentinos, los ex guardias somocistas se agrupan en una fuerza de alrededor de 1 000 hombres hacia finales de 1981, teniendo como retaguardia territorial y logística a Honduras. Habiendo logrado unificar a tres grupos que conformaban los núcleos iniciales de la contra en la Fuerza Democrática Nicaragüense (FDN), un problema que había que superar era el relativo a la imagen, su extracción somocista no ayudaba a legitimarlos ni interna ni internacionalmente, y el grupo dirigido por Edén Pastora, la Alianza Revolucionaria Democrática (ARDE) se negaba a integrarse a la primera por las mismas razones.

El Congreso norteamericano había aprobado a fines de 1982 la enmienda Boland, que prohibía a la CIA y al Departamento de Estado la utilización de fondos para proporcionar ayuda militar a fuerzas que tuvieran el propósito de derrocar al gobierno nicaragüense. El maquillaje para encubrir la verdadera constitución de la contra se aplica a fines de 1983, cuando se reestructura la dirección de la FDN, y se le imprime una concepción cívico-militar, nombrando al doctor Adolfo Calero Portocarrero (ex gerente de la Coca-Cola y ex dirigente del Partido Conservador) presidente del directorio y comandante en jefe de las fuerzas militares, e incorporando al mismo directorio a otros civiles de tendencia conservadora. Enrique Bermúdez Varela (ex coronel de la Guardia Nacional y agregado militar en Washington del régimen de Somoza), permanece como el máximo comandante militar en la FDN.

La salida de los asesores argentinos producida a raíz de la guerra de las Malvinas de abril de 1982, en donde Estados Unidos optó por apoyar a Inglaterra, conduce a que sea la CIA la que asuma durante ese año la dirección operativa de la contrarrevolución. No sólo eso, tiempo después el *New York Times* revela que durante el año y medio en que el Congreso norteamericano sus-

[178] *Estados Unidos-Centroamérica. Boletín de Análisis e Información, op. cit.*, pp. 3-4.

[179] Un análisis detallado al respecto se encuentra en nuestro trabajo, Lilia Bermúdez y Raúl Benítez, "Los 'combatientes de la libertad' y la guerra de baja intensidad contra Nicaragua", en *Estados Unidos. Perspectiva Latinoamericana.* Cuadernos Semestrales núm. 18, 2o. semestre de 1985, México, CIDE.

pendió la asistencia a la contra debido a la aprobación de la enmienda Boland, de manera subterránea el Consejo de Seguridad Nacional asumió el mando logístico de la guerra secreta y jugó un papel clave en la recolección de fondos privados, que ascendieron a 20 millones de dólares durante el último año.[180]

Por otra parte, entre 1982 y 1983, la contra organiza su estructura orgánica definitiva, basada en destacamentos de 20 hombres. Tres destacamentos forman un grupo de 65 miembros. Los grupos se integran a fuerzas de tarea (entre 4 y 5 grupos), de entre 260 y 325 hombres, y finalmente, se integran los comandos regionales, por 3 o 4 fuerzas de tarea, con un total de 780 a 1 300 combatientes cada uno. Según la contra, existen 8 comandos regionales que operan en un territorio de 63 600 km^2, en las provincias de Madriz, Nueva Segovia, Estelí, Jinotega, Matagalpa, Boaco Chontales, y en una tercera parte de Zelaya y Chinandega.[181] Adicionalmente, existen los Comandos de Operaciones Especiales (COE), destinados a acciones especiales, como puede ser el ataque a puestos militares del Ejército Popular Sandinista. La información coincide con la proporcionada por el gobierno nicaragüense, el que añade que en 1985 se crea otro comando regional.[182]

Para junio de 1985, el gobierno de Ronald Reagan logra que el Congreso apruebe 27 millones de dólares en ayuda "humanitaria" para los contras, así como que se dé un paso más en la unidad de la contrarrevolución que no había sido suficiente hasta ese momento. Con la creación de la Unión Nacional Opositora (UNO), se logra partir a ARDE incorporando a Alfonso Robelo (segunda figura de dicha organización, presidente del Movimiento Democrático Nicaragüense y ex miembro de la Junta de Gobierno de Nicaragua de junio de 1979 a abril de 1980) y a un grupo que se escinde de Pastora, así como a Arturo Cruz (ex embajador del gobierno sandinista en Washington). La hegemonía dentro de la UNO seguirá en manos de los somocistas por medio de la FDN.

Además del objetivo mismo de tratar de fortalecer a la contra promoviendo su unidad orgánica, este proceso se ubica en el marco más general de la necesidad de legitimar a las fuerzas aliadas en cualquiera de los ejes de la GBI. La embestida publicitaria es asumida por el propio presidente Reagan, exacerbada notoriamente cuando el objetivo se centra en involucrar al Congreso en

[180] *El Día,* México, 9 de agosto de 1985.

[181] Mario Alfaro Alvarado, *Así es la Fuerza Democrática Nicaragüense,* s/f, s/l, pp. 5-10.

[182] Gobierno de Nicaragua, *La derrota de la contrarrevolución: datos básicos 1981-1985,* Managua, 1986, p. 2.

el apoyo, primero de la ayuda "humanitaria" mencionada con anterioridad, y después, en la ayuda abiertamente militar (75 de los 100 millones solicitados a principios de 1986). Previamente a la primera votación afirma:

> Estos combatientes de la libertad son nuestros hermanos, y nosotros debemos ayudarlos [...]. Ellos son el equivalente moral de los padres fundadores y de los bravos hombres y mujeres de la resistencia francesa. No podemos darles la espalda para esta lucha que no es de la derecha contra la izquierda, sino de la derecha contra el equívoco.[183]

Los recursos se multiplican de cara a "humanizar" la guerra para opacar las denuncias de la sistemática violación de los derechos humanos en Nicaragua por parte de la contra, hechas por diversas organizaciones tanto norteamericanas como internacionales —muchas de ellas religiosas—, así como las lanzadas por la propia prensa norteamericana.

El 20 de agosto de 1985, la FDN anuncia la creación de un Comité de la Cruz Roja, una Comisión de Derechos Humanos, una Fiscalía General y Tribunales de Excepción y Apelación. Con ello "se persigue obtener normas para el canje de prisioneros, la atención de los heridos de ambos bandos, la creación de zonas desmilitarizadas, el libre movimiento de los socorristas y paramédicos y la protección de la población civil".[184]

La Fiscalía General se encargaría de juzgar los crímenes de guerra cometidos por miembros de la FDN y cualquier otra falta a un código de moral y comportamiento, cuya concreción sería dada a conocer por Arturo Cruz en octubre del mismo año.

Esta legitimidad pretende lograrse también con la población nicaragüense. Como ya lo hemos visto, en la globalidad de la GBI, el contenido es fundamentalmente político y el blanco principal son "las mentes y corazones" del pueblo, para lo cual son indispensables los instrumentos "no militares" de la estrategia (operaciones psicológicas, acción cívica, ayuda médica, etcétera). Esta dimensión de la guerra tratará de ser proporcionada por la CIA a través de su publicitado *Manual de operaciones psicológicas en guerra de guerrillas,* entregado a la contra en 1983. De acuerdo con un informe del senador Daniel Patrick Moynihan, éste fue tomado de un manual de los Boinas Verdes de la década de 1960.[185]

[183] Declaraciones del 1 de marzo de 1985, en Christopher Dickey, *With the contras. A reporter in the wilds of Nicaragua,* Nueva York, Simon and Schuster, 1985, p. 14.

[184] Cables de agencias de prensa, 20 de agosto de 1985.

[185] "America's secret soldiers...", *op. cit.,* p. 14.

La primera frase de su prefacio indica que "la guerra de guerrillas es, esencialmente, una guerra política".[186] Con respecto al trato a la población nicaragüense aconseja:

> Durante los patrullajes u otras operaciones cerca de, o en medio de los pueblos, cada guerrillero debe ser *respetuoso y cortés con la gente.* Asimismo, debe moverse con precaución y siempre estar bien preparado para luchar, si fuese necesario. Pero no debe ver siempre a toda la gente como enemigo, con sospecha o [*sic*] hostilidad. Aun en la guerra *es posible sonreír, reír y saludar a la gente.* Verdaderamente, la causa de nuestra base revolucionaria, la razón porque luchamos es nuestro pueblo. Debemos ser respetuosos con ellos en todas las oportunidades que se presenten [...] Los guerrilleros deben de cuidarse de *no llegar a convertirse en el terror explícito,* porque esto resultaría en una pérdida del soporte popular.[187]

En la introducción, que resume los siete capítulos de los que consta el *Manual,* se enfatiza la importancia de las operaciones psicológicas que son su objetivo central:

> El esfuerzo táctico de la guerra de guerrillas está dirigido a las debilidades del enemigo y a destruir su capacidad militar de resistencia, y debe ir paralelo con un esfuerzo sicológico para debilitar y destruir su capacidad sociopolítica al mismo tiempo. En la guerra de guerrillas más que en ningún otro tipo de esfuerzo militar, las actividades sicológicas deben ser simultáneas con las militares, a fin de lograr los objetivos deseados.[188]

Con la instalación de estaciones de radio que transmiten desde Honduras y Costa Rica hacia territorio nicaragüense se potencia la propaganda y la posibilidad de manipulación de la opinión pública, pero para que esto sea más eficiente, el blanco tiene que ser amplio, como lo aconseja la doctrina de las operaciones psicológicas que hemos tratado con anterioridad:

> Esta concepción de la guerra de guerrillas como guerra política convierte a las operaciones sicológicas en el factor determinante de los resultados. El blanco es entonces, las mentes de la población; de toda la población: nuestras tropas, las tropas enemigas y la población civil.[189]

En lo que podría equipararse a la acción cívica de la contrainsur-

[186] Tacayán, *Operaciones sicológicas en guerra de guerrillas,* p. 5.
[187] *Ibid.,* pp. 26-27. Cursivas nuestras.
[188] *Ibid.,* p. 13.
[189] *Ibid.,* p. 5.

gencia, entendida como el trabajo en proyectos útiles a la población local (con todas las limitaciones de la comparación, ya que la contra no podría contribuir al desarrollo económico y social) destinado a mejorar la imagen frente a la población, el *Manual* aconseja: colgar las armas y trabajar "lado a lado con los campesinos en el campo: construyendo, pescando, acarreando agua, reparando tejados", así como en los cultivos, en la recolección de granos, etcétera.[190]

Este cambio de comportamiento requiere también de la instrumentación de la violencia selectiva, a su vez útil para la desestabilización del gobierno sandinista, recomendándose la práctica del asesinato de cuadros políticos, utilizando uno de los eufemismos de los que Summers habla y que recogimos en el primer capítulo: "Pueden *neutralizarse* blancos cuidadosamente seleccionados y planificados, tales como jueces de cortes, jueces de mesta, oficiales de policía o de la seguridad del Estado, jefes de CDS (Comités de Defensa Sandinista), etcétera." [191]

Esta política encaminada a dar un mínimo de credibilidad a la contrarrevolución, se desarrolla paralelamente a la campaña orientada a desprestigiar internacionalmente al gobierno sandinista acusándolo —sin pruebas— de patrocinar a la insurgencia salvadoreña y de complicidad con el narcotráfico y el terrorismo internacional. En la reversión del proceso nicaragüense también ha participado el ejército norteamericano por medio de las Fuerzas de Operaciones Especiales. En una primera etapa cundieron "sospechas" acerca de la ayuda encubierta de las FOE a los contras, y de una "renaciente estrecha cooperación entre la CIA y las FOE similar a la de la era de Vietnam".[192] Sin embargo, a mediados de 1986, el gobierno norteamericano pretende abrir una nueva fase, en donde dicha cooperación deje de ser encubierta, presionando al gobierno hondureño para que acepte de manera abierta el entrenamiento de la contra en su territorio con Boinas Verdes. Mientras tanto, el entrenamiento de la contra puede ser proporcionado de otra manera. En octubre de 1985, la prensa recoge la siguiente información:

> Mercenarios nicaragüenses y afganos serán los primeros alumnos de una nueva escuela abierta en Boulder, estado de Colorado, para la enseñanza de técnicas de espionaje y guerra psicológica. Registrado bajo el nombre de Instituto de Estudios Internacionales y Regionales, el nuevo centro cuenta entre sus profesores con ex miembros de tropas es-

[190] *Ibid.*, p. 25.
[191] *Ibid.*, p. 33.
[192] *America's secret soldiers...*, *op. cit.*, p. 14.

peciales de Estados Unidos (Boinas Verdes). Se entrenarán también agentes de los cuerpos de seguridad de El Salvador, Honduras, y otros países con regímenes dictatoriales. La escuela será dirigida por el coronel retirado Alexander Mac Coll.[193]

Si se toman en cuenta las habilidades de las FOE descritas anteriormente, la duda de su participación tiende a desvanecerse, sobre todo cuando se presta atención a los sabotajes realizados en contra de puntos neurálgicos de la economía nicaragüense. El minado de puertos durante 1984 y 1985 tuvo el objetivo de atemorizar a la tripulación de embarcaciones extranjeras y a los países para que se frenara el comercio con Nicaragua, así como destruir la casi inexistente flota mercante nicaragüense. El ataque mediante lanchas "piraña" al depósito de combustible de Puerto Corinto, en octubre de 1983, fue realizado por comandos especializados. Según el semanario argentino *Siete Días,* se trataba de una Brigada de Demolición Submarina (BUD):

> Ahora le tocó el turno a Nicaragua y su tarea no fue demasiado diferente: el trabajo consistió en minar la entrada de Puerto Corinto y otros pequeños puertos, donde los sandinistas exportan su magra cosecha de algodón, fuente indispensable para su economía [...]. Los comandos participaron en la tarea de minado teniendo como base un barco controlado por la Agencia Central de Inteligencia, que operaba desde las costas del Pacífico de Nicaragua. Las minas colocadas son acústicas [...], cada carga explosiva es "plantada" por los BUD, con base en el barco madre de la CIA.[194]

De acuerdo con informaciones del gobierno sandinista recogidas por la prensa, hasta mediados del mes de noviembre de 1985, el gobierno norteamericano había violado el espacio aéreo nicaragüense 431 veces para realizar vuelos de espionaje.

Lo que el gobierno de Reagan no ha podido lograr es la eficacia militar de la contrarrevolución. Sin embargo, es importante destacar la globalidad de la estrategia de la reversión, en donde el elemento militar forma parte de un todo.

Coincidentemente con el inicio de la entrega de la ayuda "humanitaria" de los 27 millones de dólares, se percibe un incremento del accionar militar de la contra tanto desde territorio hondureño como costarricense. Para lograr una mayor escalada

[193] *El Día,* México, 1 de octubre de 1985, cables de PL y AFP.

[194] "Los perros de la guerra", en *Siete Días,* Buenos Aires, 30 de mayo de 1984, pp. 44-51, citado por Gregorio Selser, "Los 'BUD boys' de la armada son los que minaron Puerto Corinto", en *El Día,* México, 14 de junio de 1984.

militar también se tomaron otras medidas concretas, como lo fueron la entrega de cohetes tierra-aire Sam 7, y la aprobación por ambas cámaras del Congreso (en noviembre de 1985) para suministrar aviones y helicópteros no artillados, que podrían estarlo en 1986 al ser otorgada la ayuda explícitamente militar. En el mismo paquete fue aprobada la entrega de vehículos de transporte terrestre igualmente no armados, ambulancias, equipo moderno de comunicaciones y, lo más significativo, se autoriza a la CIA a compartir información con los rebeldes sobre movimientos de las tropas sandinistas y a entrenarlos en el uso de los aparatos de comunicación.

Habría que tomar en cuenta también que el apertrechamiento de la contra ha tenido otras fuentes, además de las del gobierno norteamericano, abiertas o encubiertas. En el financiamiento a la contra han participado gobiernos aliados de Estados Unidos, como Taiwán, Israel, Arabia Saudita y posiblemente Sudáfrica, así también algunos gobiernos centroamericanos y latinoamericanos como Paraguay. De otra parte, está la participación de grupos privados norteamericanos como Conservative Caucus Inc., el U.S. Defense Committee, el Citizens for America, el más visible, la World Anticommunist League, dirigida por el general retirado John Singlaub, quien afirma que las contribuciones de la Liga alcanzan los 500 mil dólares mensuales en ayuda no letal. La ayuda propiamente militar es otorgada por la revista *Soldier of Fortune,* que se dedica a reclutar mercenarios para instruir a los contras, al igual que el grupo Civilian Military Assistance, del que se informa que habría participado incluso en algunas operaciones militares directas.[195]

No obstante los volúmenes de la ayuda, cuyo monto es muy difícil de saber con precisión, pero que evidentemente son superiores a los 27 millones otorgados oficialmente por el gobierno norteamericano, la ineficacia militar de la contra ha sido reconocida públicamente, de manera particular en 1986 cuando se inician las votaciones en el Congreso para otorgar otros 100 millones, de los cuales 75 estarían destinados a abastecimiento directamente militar.

En un artículo del *Washington Post* se realiza el siguiente recuento para marzo de 1986:

> En agosto del año pasado, los rebeldes nicaragüenses conocidos como contras realizaron dos emboscadas con éxito, contaban con todo género de provisiones y señalaron que la guerra contra el gobierno sandinista resultaba tal como lo habían previsto [. . .].

[195] Véase *Estados Unidos-Centroamérica. Boletín de Análisis e Información* núm. 3, México, Centro de Investigación y Acción Social, mayo-junio de 1983, pp. 20-21.

Actualmente, seis meses más tarde, los contrarrevolucionarios tienen poco de qué sentirse orgullosos. Entre el 60 y 70% de sus fuerzas se encuentran desde octubre en los campos base establecidos al sur de Honduras, y todavía no saben cuándo regresarán a Nicaragua para continuar con la guerra, según fuentes rebeldes y otros informantes.

La escasa actividad militar rebelde ha provocado la insatisfacción de muchos de sus patrocinadores estadunidenses, incluidos algunos funcionarios estadunidenses relacionados con el programa de ayuda y algunos miembros del Congreso que los apoyaron en el pasado. Se ha cuestionado la capacidad de los contras para llevar a cabo una guerrilla, su voluntad de pelear y la administración del gobierno estadunidense de los 27 millones de dólares otorgados el año pasado como ayuda "humanitaria" [...].

Desde la perspectiva del gobierno estadunidense, el pobre desempeño de los contras sugiere, en el mejor de los casos, que están muy lejos de poder deponer a los sandinistas. En el peor de los casos, indica que seguirán siendo únicamente una molestia para el gobierno de Managua.

Los contras enviaron a 10 mil efectivos, la totalidad de sus fuerzas, a Nicaragua en junio y julio del año pasado, en un intento por organizar la primera ofensiva constante del año. Sin embargo, una contraofensiva sandinista lanzada a principios de otoño, apoyada por helicópteros artillados de fabricación soviética, obligó a los contras a abandonar sus viejos fuertes, localizados en las montañas del norte de Nicaragua, donde se encuentra la mayor parte de los cultivos de café, señalaron los rebeldes.

Como resultado, los contras no pudieron interrumpir la cosecha de café, que ya está llegando a su fin.

Actualmente la única presencia que mantienen los contras en territorio nicaragüense está en las regiones ganaderas de la parte central sur del país, según informan los propios jefes del movimiento. Sin embargo, aun en esa región no han tenido una victoria importante desde agosto, cuando asesinaron a 33 reservas del ejército en el pueblo de Presillitas.

Los contras no han podido organizar una red clandestina de simpatizantes dentro de Nicaragua, que aprovisione a los guerrilleros que se encuentran en el campo de batalla. Por tanto, dependen de las entregas aéreas para aprovisionar a sus fuerzas [...].

El diputado estadunidense Dave McCurdy, que jugó un papel importante en la consecución de una mayoría en el Congreso, que aprobara la ayuda estadunidense para los contras el año pasado, declaró en una entrevista: "Varios de nosotros estamos muy desilusionados por el progreso político y militar que han logrado los contras." [196]

[196] Robert J. McCartney, de *The Washington Post,* "Insatisfacción en Estados Unidos por la baja actividad militar desplegada por la 'contra' ", en *Excélsior,* México, 5 de marzo de 1986.

No obstante lo anterior, el gobierno de Ronald Reagan tiene prácticamente asegurada la votación en favor del otorgamiento de los 100 millones de dólares, cuya importancia estriba en que se "legalizará" el apertrechamiento directamente militar.

Como decíamos con anterioridad, lo que es importante rescatar al respecto es que a pesar de los reconocidos fracasos militares de la contra, lo militar seguirá siendo fundamental en la estrategia en la medida en que forma parte de un todo destinado a revertir el proceso nicaragüense a largo plazo, en una guerra que se concibe como prolongada.

Adolfo Calero Portocarrero, presidente del Directorio Nacional de la FDN, lo reconoce en los siguientes términos: "nunca hemos pensado que vamos a lograr una victoria militar absoluta, nuestra victoria provendrá de diferentes partes: será psicológica, económica y con la decisión política del pueblo".[197]

Si en el nivel militar para Estados Unidos es una guerra de baja intensidad, para Nicaragua es una guerra total de defensa. Guerra total porque el conjunto de los recursos se destinan al esfuerzo bélico, una de cuyas pruebas es el crecimiento del presupuesto para la defensa, que pasa del 14.7% en 1981 a más del 50% en 1985.[198] El incremento de este presupuesto es correlativo al aumento del accionar bélico de la contrarrevolución, del que da cuenta el siguiente cuadro:

CUADRO 6

NÚMERO DE COMBATES ENTRE LAS FUERZAS SANDINISTAS Y LAS FUERZAS CONTRARREVOLUCIONARIAS[199]

Año	*Número de combates*
1981	15
1982	78
1983	600
1984	948
1985	1 637
Total	3 278

[197] Al Zamierowski, entrevista con Adolfo Calero en Radio Liberty, Dallas, Texas, 11 de septiembre de 1985, citado por Sara Miles, *op. cit.*, p. 35.

[198] Para 1981 véase International Institute for Strategic Studies, *The military balance, 1981-82,* Londres, 1981. Para 1985, véase Ricardo Pino Robles, "Nicaragua: el déficit comercial y la economía nicaragüense", en *Boletín Económico Centroamericano,* 5 de febrero de 1986.

[199] Gobierno de Nicaragua, *La derrota de la contrarrevolución ..., op. cit.*

CUADRO 7

ACCIONES CONTRA LA POBLACIÓN CIVIL Y OBJETIVOS ECONÓMICOS [200]

Acciones	*1981*	*1982*	*1983*	*1984*	*1985 (1er. sem.)*	*Total*
Secuestros a la población civil	2	20	40	109	61	232
Emboscadas a vehículos civiles y del Estado	5	17	78	147	98	345
Sabotajes a objetivos económicos y civiles	19	55	199	236	131	640
Asesinato a civiles	—	4	15	21	11	51
Total	26	96	332	513	301	1 268

CUADRO 8

DAÑOS FÍSICOS Y PÉRDIDAS EN LA PRODUCCIÓN [201]
(*millones de dólares*)

Daños físicos	*Total*	*1981*	*1982*	*1983*	*1984*
Total	392.9	7.0	31.3	143.5	187.5
Daños físicos	92.5	2.7	9.0	41.1	16.1
Agropecuaria	10.1	—	—	5.0	5.1
Maderera y forestal	29.2	—	—	24.1	5.1
Pesquera	11.0	2.2	1.7	5.4	1.7
Minera	4.3	0.5	1.7	1.5	0.6
Construcción	14.3	—	5.6	5.1	3.6
Servicios	23.6	—	—	—	—
Pérdidas de producción	300.4	4.3	22.3	102.4	171.4
Agropecuaria	90.8	—	—	34.8	56.0
Maderera y forestal	77.2	—	—	25.0	52.2
Pesquera	34.0	2.1	4.3	11.3	16.3
Minera	8.4	2.2	3.0	1.3	1.9
Construcción	90.0	—	15.0	30.0	45.0

[200] *Ibidem.*
[201] *Ibidem.*

En su mensaje de fin de año, el presidente Daniel Ortega informa que durante 1986 se registraron cerca de tres mil encuentros armados.

Adicionalmente, uno de los objetivos de la guerra es el sabotaje a la maltrecha economía nicaragüense que arrastra de antemano la sangría producida por el terremoto de 1972 y por la guerra civil de 1978 a 1979. Ello queda ilustrado en los cuadros 7 y 8.

A ello hay que sumar los efectos del embargo económico total contra Nicaragua y la derogación del Tratado de Amistad, Comercio y Navegación de 1956, decretado por el gobierno de Reagan el 1 de mayo de 1985. En un año estas medidas produjeron daños directos calculados en 95 millones de dólares. El ministro de Comercio Exterior nicaragüense, Alejandro Martínez Cuenca, informa al respecto que se produjo una baja del 14% en el comercio con el resto del mundo, desglosando las pérdidas de la siguiente manera: 35 millones al sector productivo nacional, 26 millones en infraestructura y 33 millones en el sector comercial y financiero. Estas cifras representan el cómputo tanto de lo que Nicaragua dejó de percibir del mercado norteamericano, así como el incremento de costos por comprar productos de mercados más alejados.[202]

Globalmente, y de acuerdo con las estimaciones dadas a conocer en el mensaje presidencial de finales de 1986, la guerra de agresión ha producido 35 mil víctimas y las pérdidas económicas se estiman en 2 821 millones de dólares.

Por otra parte, tampoco se descarta el uso de la guerra bacteriológica, comprobadamente utilizada por Estados Unidos en contra de Cuba en varias ocasiones. El 30 de septiembre de 1985 el presidente Daniel Ortega informa que su gobierno investiga una posible práctica en este sentido a raíz de una epidemia de dengue que había afectado por tres meses al país, ocasionando la muerte a 10 nicaragüenses. Además, medio millón de personas cayeron enfermas (la sexta parte de la población total), lo que produjo la paralización de fábricas e industrias por el ausentismo. De manera coincidente, se había presentado otra plaga (Xanthonoma), que afectó al 40% de los cultivos de algodón, segundo rubro de la economía nicaragüense.

Esta explotación de las "vulnerabilidades económicas" nicaragüenses, se combina coherentemente con la de las "vulnerabilidades psicológicas", concretamente las de las minorías étnicas de la Costa Atlántica y las de la jerarquía católica. Como lo demuestra

[202] Información detallada sobre el tema se encuentra en *Inforpress Centroamericana* núm. 694, Guatemala, 19 de junio de 1986, pp. 14-15.

Peter Watson en su investigación, estas prácticas son de vieja data y nos remiten, por lo menos, a su utilización durante la guerra de Vietnam.

Sobre el primer aspecto, el autor remite al trabajo del teniente coronel Howard Johnston, ex agregado naval estadunidense en Tailandia y Laos:

> Su investigación, "El soldado tribal: un estudio de la manipulación de las minorías étnicas", comprendió a varias tribus del sudeste asiático y presentó historias detalladas de las Meo en Laos y de las Rhade en Vietnam. Concluye que para ser una aliada efectiva, una tribu debe tener su propia área de seguridad y debe conocerla y controlarla bien; debe estar fuertemente organizada y poseer una jerarquía natural que pueda ser aplicada al uso militar; debe tener una historia de guerras que la haya convertido en un grupo coherente y debe tener un buen motivo de quejas. Si esa queja no existe, hay que fabricarla. De su encuesta, Johnston halló que la ideología es mucho menos importante como factor motivador que un buen motivo de queja.[203]

Con respecto al segundo, Watson remite a un estudio realizado por Alexander Askenasy y Richard Orth, "Guía para investigación de campo en apoyo a operaciones psicológicas":

> La primera sección identifica claramente el clero del país en cuestión como las personas asequibles con más prestigio para un oficial de las fuerzas especiales [...] Askenasy y Orth vieron al sacerdote como alguien inherentemente conservador (y por lo tanto predispuesto para el poder principal), y como alguien a quien los revolucionarios no podrían llegar a adoctrinar porque ya había sido adoctrinado. El segundo tipo de persona identificado por ellos era el hombre técnico, el hombre que tiene fe en el avance de la tecnología y gasta mucha energía haciendo que esos avances se hagan conocidos. Askenasy y Orth descubrieron que estas actividades le daban al hombre una alta credulidad y que su trabajo lo ponía en contacto con mucha gente influyente. Además, lo hacía un gran entusiasta de Occidente.[204]

La contención "dinámica" o reversión del proceso nicaragüense tiene varias aristas e instrumentos. Su globalidad da cuenta de

[203] Teniente coronel Howard J. Johnston (USMC), "The tribal soldier: a study of the manipulation of ethnic minorities", en *Naval War College Review,* vol. 19, núm. 5, enero de 1967, pp. 98-144, citado por Peter Watson, *op. cit.,* p. 296.

[204] Alexander Askenasy y Richard Orth, "A guide for field research in support of psychological operations", CRESS, abril de 1970, citado por Watson, *op. cit.,* pp. 339-340.

que lo que se persigue es el desgaste de la revolución a largo plazo, explotando vulnerabilidades del país que han sido creadas por la propia intervención norteamericana. La guerra prolongada pretende evitar hasta donde sea posible la invasión militar directa, pero no la excluye siempre y cuando los costos que ahora tiene se vean sustancialmente reducidos por la aplicación constante de este segundo eje de la GBI.

EL ANTITERRORISMO, TERCER EJE DE LA GBI

En el caso del problema del terrorismo, nos enfrentamos nuevamente la teología reaganiana aludida por Chomsky, en donde los hechos son irrelevantes. Como veremos, el concepto se ha revisado hasta dejarlo lo suficientemente ambiguo como para que sirva de pretexto para ampliar el espectro de posibilidades intervencionistas y para que el pueblo norteamericano sienta de manera más directa la amenaza de los CBI. De manera maniquea, el terrorismo es asociado indisolublemente con gobiernos "necesariamente" comunistas, con movimientos revolucionarios y con el narcotráfico internacional.

El bombardeo quirúrgico contra Libia resume los objetivos que persiguen los que dentro del gobierno de Reagan abogan por esta nueva concepción del terrorismo: el carácter *ofensivo* de la estrategia que recurre a golpes preventivos o de represalia para combatirlo; la promoción de una dimensión estatal al patrocinio del terrorismo, y la manipulación de la opinión pública norteamericana e internacional para que al aceptar esta concepción se legitime la política de fuerza.

Esta nueva orientación en la concepción del terrorismo ha vuelto obsoleta la definición que el Departamento de Defensa tenía al respecto, entendida como "el uso ilegal de la fuerza y la violencia o la amenaza de su uso por organizaciones revolucionarias en contra de individuos o propiedades, con la intención de coercionar o intimidar a gobiernos o sociedades, con frecuencia para fines ideológicos".[205] Esto evidencia que originalmente, el terrorismo estaba considerado como una forma de combate no militar que caía por debajo del umbral del CBI.[206]

Consideramos importante dar cuenta de algunos de los múlti-

[205] Citado en mayor Jeffry W. Wright, US Army, "Terrorism: a mode of warfare", en *Military Review,* vol. LXIV, núm. 10, octubre de 1984, p. 42.

[206] Michael T. Klare, "Low intensity conflict. The new U.S. strategic

ples aportes de los estrategas norteamericanos que han ido construyendo esta nueva visión.

El director de la CIA, William Casey, partiendo de una revisión histórica del terrorismo, concluye que el actual asume formas completamente diferentes:

> El terrorismo ha estado con nosotros por mucho tiempo. Pero en otro tiempo se manifestó en formas fundamentalmente diferentes de aquellas que vemos ahora. A principios del siglo vimos tipos de terrorismo que usualmente tenían sus raíces en grupos étnicos o separatistas, y se confinaban ellos mismos a pequeñas áreas geográficas y a objetivos muy selectos. Aun ahora quedan ciertos remanentes, los separatistas vascos en España, los irlandeses nacionalistas del norte del país, la tribu Moro en Filipinas y otros grupos étnicos terroristas.
>
> Desde fines de los sesenta fuimos testigos del nacimiento y rápido desarrollo de una nueva clase de terrorismo fundamentalmente urbano y más ideológico en su naturaleza. En Europa, por ejemplo, la ideología de extrema izquierda ha engendrado tales grupos terroristas urbanos como la Facción del Ejército Rojo en Alemania Occidental, las Células Comunistas de Combate en Bélgica, Acción Directa en Francia, y las Brigadas Rojas en Italia [en otra parte del artículo añade]: en Medio Oriente algunos grupos extremistas palestinos, incluyendo algunas facciones de la OLP, en Sudamérica grupos similares están madurando en Chile, Colombia, Ecuador y Perú.
>
> Ahora también tenemos terrorismo *patrocinado por estados,* usado como *instrumento de política exterior.* Los principales protagonistas de esta nueva partida en asesinato internacional son Irán, Siria y Libia.[207]

Otra clasificación es proporcionada por el ya citado académico de la universidad de Loyola de Chicago, Sam Sarkesian:

> Existen principalmente tres formas de terrorismo: terror como terror, terror revolucionario, y *terrorismo patrocinado por estados.* "Terror como terror" es el término generalmente aplicado a grupos terroristas cuyo objetivo fundamental es el acto en sí mismo y cuyo propósito principal es el manejo del terror por el placer del terror. Esta forma es vista, por ejemplo, en la Brigada Baader-Meinhof y en el Ejército Rojo Japonés. Aunque puede haber algún objetivo político inmediato vinculado al acto, raramente es una política de largo alcance, coherente y con un

doctrine", en *The Nation,* 28 de diciembre de 1985. (Traducido por Gregorio Selser, *El Día,* México, 23-29 de enero de 1986.)

[207] William J. Casey, "The international linkages — What do We know?", en Uri Ra'anan *et al., Hydra of Carnage. The International linkages of terrorism and other low intensity operations,* Lexington, Massachusetts/Toronto, Lexington Books, 1986, p. 8. (Cursivas nuestras.)

fin determinado a la que se adhieran tales grupos terroristas, aparte de nociones más bien confusas de igualdad para toda la gente.

Terror revolucionario es un concepto táctico que es empleado por sistemas revolucionarios. Los actos terroristas preparados por tales grupos normalmente están bajo la dirección de un sistema revolucionario cuyo propósito político y objetivos son relativamente claros, como la Organización de Liberación Palestina, el Ejército Revolucionario Irlandés y el Vietcong. En este contexto, el acto terrorista es una extensión de la revolución y es ejecutado para ayudar a la lucha revolucionaria.

El *terrorismo patrocinado por estados* no es un concepto muy diferente de terror ya que es un instrumento para que un Estado obtenga ciertos objetivos políticos. En estos términos, un Estado puede apoyar a cualquier grupo terrorista si sus objetivos o tácticas sirven al Estado. Más aún, es concebible que un Estado pueda crear un grupo terrorista con el propósito específico de servir al Estado. El apoyo puede variar desde recursos financieros hasta facilidades de entrenamiento, y la actual dirección operacional. Existe una diversidad de propósitos para el terrorismo patrocinado por estados, incluyendo la desestabilización de un Estado o región, la intimidación o la amenaza, o la diplomacia coercitiva.[208]

Ambas definiciones enmarcan al terrorismo dentro de la confrontación Este-Oeste, y como un instrumento utilizado por el "imperio del mal" (en términos de Ronald Reagan). Ello queda claro al revisar la lista completa de países patrocinadores del terrorismo, proporcionada por el director de la CIA: la URSS y sus satélites en Europa Oriental, Libia, Siria, Irán, Irak, Corea del Norte, la República Democrática de Yemen, Cuba y Nicaragua.[209]

De manera concomitante, la dimensión política y militar del terrorismo se amplía de manera impresionante: es una táctica de valor estratégico,[210] es un modo de guerra (en la medida en que está patrocinado por estados),[211] es una guerra perpetua sin fronteras,[212] es un arma definitiva que puede habilitar a naciones con fuerzas militares inferiores para ganar un grado de igualdad estratégica con los mayores poderes industriales del mundo, ya que es

[208] Sam C. Sarkesian, "Defensive responses", en *ibid.*, pp. 204-205. (Cursivas nuestras.)

[209] William J. Casey, *op. cit.*, p. 12.

[210] Robert H. Kupperman, *op. cit.*, p. 15.

[211] *Report of the DoD Commission on Beirut International Airport Terrorist Act. October 1983,* Washington, D. C., US Government Printing Office, 20 de diciembre de 1983, p. 14, citado por Jeffry Wright, *op. cit.*, p. 37.

[212] William Casey, *op. cit.*, p. 5.

una alternativa a la adquisición de armas nucleares y al desarrollo de grandes fuerzas convencionales.[213]

Esta dimensión encontrada al terrorismo empieza a ser impulsada a raíz del atentado en el que mueren más de 200 *marines* en el Líbano en octubre de 1983. Lo que de acuerdo con el Pentágono significó una *derrota estratégica*:

Una bomba terrorista venció la teórica ventaja militar de una unidad anfibia de la Marina, apoyada por aviones, un acorazado y la capacidad de inteligencia combinada de una nación, para ganar la mayor victoria política de importancia estratégica para los terroristas y sus patrocinadores.[214]

Abundando en esta argumentación, el citado mayor Wright presenta un interesante examen del bombazo usando los principios de la guerra contenidos en el *Manual de campo 100-1* y que hemos analizado en nuestro primer capítulo. Con ello, pretende demostrar por un lado que el ejército norteamericano no pudo preservarlos ni ser consecuente con sus directrices, y por otro, que éstos fueron aplicados por los terroristas, con lo que se evidencia lo atractivo que pueden ser estos actos como medio para derrotar objetivos estratégicos del enemigo, en este caso, de Estados Unidos. En la cita recuperamos —como lo hace el autor— la definición de cada principio y sus consideraciones sobre los logros alcanzados por los terroristas:

Objetivo: "Toda operación militar debe ser dirigida hacia un objetivo claramente definido, decisivo y alcanzable" [...]. Un gran número de *marines* en un doble edificio dio a los terroristas un blanco que podía permitirles conseguir su objetivo estratégico.

Ofensiva: "Apoderarse, retener y explotar la iniciativa" [...]. La misión, concentración y defensas estáticas mal definidas de los *marines*, permitieron libertad de acción a los terroristas, decidiendo dónde y cuándo podrían actuar.

Masa: "Poder de combate concentrado en el tiempo y lugar decisivo." La bomba de 12 000 libras que fue introducida al pasillo del edificio del cuartel, consiguió la necesaria masa.

Economía de fuerza: "Asignar un mínimo esencial de poder de combate a esfuerzos secundarios" [...]. Simbólicamente, los terroristas derrotaron la fuerza militar de un super poder al costo de un chofer de camión Mercedes Benz amarillo.

Maniobra: "Colocar al enemigo en una posición de desventaja a tra-

[213] Jeffry Wright, *op. cit.*, pp. 38-39.

[214] *Report of the DoD Commission on Beirut...*, *op. cit.*, p. 11, citado por *idem*, pp. 37-38.

vés de la aplicación flexible del poder de combate" [...]. En sentido estratégico, los terroristas mostraron que pueden maniobrar en el terreno de operación y golpear en el punto más débil de nuestras defensas para ganar una ventaja estratégica [...]. En esencia, el terrorismo proporciona movilidad estratégica y maniobra "fácil" para atacar objetivos de importancia estratégica, política o simbólica [...]. Utilizando el terrorismo en lugar de fuerzas convencionales, el enemigo pudo maniobrar contra las fuerzas norteamericanas.

Unidad de mando: "Para cada objetivo, debe haber unidad de esfuerzo bajo un comandante responsable." Las acciones terroristas estuvieron claramente bajo el mando de un solo líder comandando una fuerza dedicada y disciplinada. La naturaleza compartimentada del terrorismo limita el número de individuos involucrados en una operación. El terrorismo patrocinado por estados proporciona al líder terrorista un alto nivel de planificación, recursos, logística y apoyo operacional, que están más allá de los medios de grupos "convencionales", es decir, no patrocinados por estados. Este apoyo permite a los terroristas designados concentrarse en la ejecución de una misión, centralizando todos los esfuerzos en el objetivo común de un ataque exitoso.

Seguridad: "Nunca permitir que el enemigo adquiera una ventaja inesperada" [...]. Los terroristas y los estados que los apoyan mostraron un agudo conocimiento de los preparativos de los *marines* de las medidas norteamericanas de seguridad y de la capacidad de los servicios aliados de inteligencia para detectarlos. Fueron capaces de reducir su vulnerabilidad frente a las unidades y sistemas norteamericanos de inteligencia táctica y estratégica que apoyaban a la fuerza de los *marines* [...]. El terrorismo desafió exitosamente el aspecto más débil de nuestras operaciones de inteligencia nacionales y tácticas: nuestra insuficiencia en inteligencia humana. Las complejidades del Medio Oriente, una amalgama de varias naciones, facciones, religiones, grupos étnicos y de lenguaje, incrementaron los problemas norteamericanos de inteligencia humana y proporcionaron a los terroristas un grado de seguridad.

Sorpresa: "Golpear al enemigo en el tiempo y/o lugar, y de cierta manera para la cual no está preparado." "El verdadero ingenio de este ataque es que el objetivo y los medios de ataque estuvieron más allá de la imaginación de aquellos responsables de la seguridad de los *marines*" [cita del reporte de la Comisión del Pentágono] [...]. Los terroristas confiaron en la sorpresa como el elemento clave de sus planes. En Beirut se consiguió una sorpresa táctica y estratégica total.

Sencillez: "Preparar planes claros y no complicados, y órdenes concisas y claras para asegurar un completo entendimiento." El plan era simple en ambas fases, la de planificación y la de ejecución. Se necesitaron fuerzas mínimas en cualquiera de sus puntos. Se necesitaron pocos recursos en todo. El plan no requirió de un comando y control ampliado, o de la sincronización de fuerzas. El material y la capacidad necesarios para construir el impresionante camión bomba era fácilmente obtenible en Líbano. Un chofer para la misión suicida también estaba disponible.[215]

El estudio de la llamada Gran Comisión del Departamento de Defensa concluye que "los actos terroristas internacionales endémicos al Medio Oriente, son indicativos de un alarmante fenómeno en el nivel mundial que plantea una creciente amenaza a personal e instalaciones estadunidenses". Su principal recomendación es que "el secretario de Defensa asigne al Estado Mayor Conjunto para desarrollar una amplia gama de respuestas militares apropiadas frente al terrorismo para que sean revisadas por el Consejo de Seguridad Nacional, junto con acciones políticas y diplomáticas".[216]

Lo anterior se sustenta también en la consideración de que Estados Unidos no se encuentra preparado para enfrentar el reto del terrorismo, lo que se basa en datos estadísticos proporcionados por la misma Comisión:

Ha habido un "incremento de tres a cuatro veces en incidentes terroristas desde 1968". Durante la década pasada, más de la mitad de las actividades terroristas registradas fueron en contra de instalaciones y personal de los Estados Unidos. Como es evidenciado por más de 666 muertes en 1983, el terrorismo se ha incrementado en su letalidad.

Aun excluyendo la matanza del bombazo del 23 de octubre contra el edificio del cuartel general del BLT [Battalion Landing Team] en Beirut, el terrorismo ya ha asesinado a más gente en 1983 que en cualquier otro año de la historia reciente.

El terrorismo patrocinado por estados se ha incrementado particularmente en el Medio Oriente. Entre 1972 y 1982, 140 incidentes terroristas fueron perpetrados por gobiernos soberanos. "De este total, 90 por ciento ocurrió en un periodo de tres años entre 1980 y 1983 ... 85 por ciento del total involucra a terroristas del Medio Oriente." Con el atentado en Beirut, el terrorismo se establece completamente como un modo de guerra.[217]

Debido a la ligereza y ambigüedad con que se maneja el concepto del terrorismo, estas cifras pueden ser incrementadas con suma facilidad, ya que se pueden cargar a la misma cuenta actos terroristas en sentido estricto (ejecutados para infundir terror) y hechos violentos inherentes a una guerra civil, de liberación o de de-

[215] Jeffry Wright, *op. cit.*, pp. 40-42.

[216] *Report of the DoD Commission on Beirut...*, *op. cit.*, p. 115, citado por Wright, *op. cit.*, pp. 43-44.

[217] *Ibid.*, pp. 114-115.

fensa. Como una de las justificaciones del bombardeo quirúrgico a Libia de abril de 1986, Ronald Reagan contabiliza que en 1985 se habían producido aproximadamente 800 atentados terroristas, con un saldo de 2 200 víctimas entre muertos y heridos.

Lejos de justificar al terrorismo —a cuya condena nos sumamos—, el prestigiado periodista francés Claude Julien, plantea la siguiente reflexión:

> Estas cifras [las manejadas por Reagan], que se refieren al mundo entero, son menos "horrendas" que lo que se dice. Destinada a impactar la imaginación, esta macabra contabilidad se vuelve contra sí misma y devuelve el balance a sus justas proporciones si se lo compara con otros datos: en la superficie del globo, el terrorismo hizo en un año cinco veces menos "muertos y heridos" que los muertos en Estados Unidos con armas de fuego.[218]

El terrorismo verbal utilizado por los estrategas norteamericanos al manipular estadísticas y al darle al terrorismo una dimensión en donde se subraya el supuesto patrocinio de los movimientos de liberación, y en donde se incorpora el apadrinamiento de los estados pertenecientes al "otro bloque", tiene el claro objetivo de legitimar internamente tanto las medidas de fuerza, como el incremento del presupuesto militar destinado a enfrentarlo.

Un nuevo ángulo que se ha buscado para magnificar la amenaza terrorista en la sensibilidad del pueblo norteamericano, es su supuesta vinculación con el narcotráfico internacional. Aunque se reconocen las diferencias de objetivos, la relación entre ambos se establece en términos tácticos: los narcotraficantes proporcionarían a los terroristas sus canales para transportar armas y equipo, así como dinero; los terroristas corresponderían con puertos de tránsito seguros para la droga. El director de la CIA lo ilustra así:

> Tienen objetivos radicalmente diferentes. Los negociantes de drogas están detrás de una sola cosa, dinero, mucho dinero [...].
>
> Los terroristas, por otro lado, pretenden destruir el sistema existente [...].
>
> Existe cooperación entre algunos grupos terroristas y de narcóticos al menos por razones tácticas. Una relación simbiótica ha crecido entre los negociantes de drogas a lo largo de la costa del Caribe y las Fuerzas Armadas Revolucionarias de Colombia, dos grupos que ordinariamente tendrían poco que hacer el uno con el otro. El mercado de drogas necesita un punto seguro de tránsito para sus productos, para buscar merca-

[218] Claude Julien, "El miedo y el orden", en *Le Monde Diplomatique en Español,* Año VIII, núm. 88, mayo de 1986, p. 24.

dos en los Estados Unidos. Tal punto de tránsito es Cuba. Los cubanos embuten armas y dinero a los grupos guerrilleros a través de los canales de los comerciantes de la droga. Aunque Fidel Castro niega constantemente tener tratos con los narcotraficantes en entrevistas con periodistas norteamericanos, lo hemos atrapado con las manos rojas. Ayudando a introducir mariguana y cocaína, Castro gana un inmejorable acceso a la comunidad cubana del sur de Florida, contribuye al crimen y desorden en los Estados Unidos, y ayuda a sus vástagos en Colombia. De manera similar, atrapamos al gobierno sandinista de Nicaragua con las manos rojas en la producción y tráfico de narcóticos entre Colombia y Miami, aparentemente buscando dinero que hemos visto depositado en Panamá, utilizado para apuntalar su pandeada economía.[219]

La campaña internacional del gobierno norteamericano para promover esta visión ya se ha puesto en marcha, no obstante que existan puntos de vista más moderados al respecto. El ex coordinador de evaluación nacional de la Oficina de Inteligencia de la Administración de Control de Drogas (la conocida DEA, Drug Enforcement Administration), Charles C. Frost, señala en un artículo varios matices. Afirma que el problema del abuso de drogas no responde a una causa externa, "nuestra desgracia nacional es de nuestra propia manufactura". En el caso del proceso a miembros de la misión cubana en Colombia y a un vicealmirante de la marina de ese país (en noviembre de 1982), señala que "el Departamento de Estado reconoció, sin embargo, que estas y otras demandas de que Cuba se encuentra comúnmente comprometida en negocios drogas-por-armas, no han sido comprobadas". Asimismo, citando al jefe de la DEA, afirma que "con la posible excepción de las FARC y de Shan United Army, no hay evidencia de una participación al por mayor de los grupos terroristas en el tráfico de drogas, o de un involucramiento en gran escala de líderes de varios grupos terroristas".[220]

De poco peso son las anteriores apreciaciones de cara a una estrategia que busca ampliar espacios para aplicar una política de fuerza. El objetivo que se plantea entonces frente al terrorismo es primero interno, convencer a la opinión pública norteamericana de que el terrorismo, y por vía de éste, cualquier nivel de la GBI, puede afectar a cualquier ciudadano estadunidense en su propio territorio o en el extranjero. En la misma dirección, por medio de los electores lograr el apoyo del Congreso para impulsar la conso-

[219] William Casey, *op. cit.*, p. 10.

[220] Charles C. Frost, "Drug trafficking, organized crime, and terrorism: the international cash connection", en Uri Ra'anan, *op. cit.*, pp. 189 y 193.

lidación de instrumentos militares destinados a enfrentar la amenaza, concretamente las unidades secretas de las Fuerzas Especiales del ejército, como la Fuerza Delta y la Fuerza de Tarea 160. El segundo objetivo es externo, "legitimando" la posibilidad de dar golpes preventivos y de represalia en contra de estados patrocinadores del terrorismo.

Estos objetivos son planteados nítidamente por el secretario de Estado, George Shultz, tres meses antes del bombardeo a Libia, en su intervención en el seminario sobre GBI organizado por la Universidad de la Defensa Nacional:

Por varias razones, al menos en este siglo, los norteamericanos hemos estado incómodos con los conflictos que implican usos limitados de fuerza para fines limitados. No hemos tenido que enfrentar en casa un terrorismo sistemático, como Israel lo ha hecho por casi cuatro décadas [...].

Debemos estar preparados para comprometer nuestro poder político, económico y, si es necesario, militar, cuando la amenaza es aún manejable y cuando su prudente uso pueda prevenir que la amenaza crezca [...].

Ésta es la esencia de la calidad de estadista, ver el peligro cuando no es autoevidente, educar a nuestro pueblo en el riesgo involucrado, entonces, ajustar una respuesta sensible y un apoyo reanimado.

Específicamente, nuestro reto intelectual es entender la necesidad del uso prudente, limitado, proporcionado de nuestro poder militar, sea como un medio de manejo de la crisis, proyección del poder, mantenimiento de la paz, acción militar localizada, apoyo a amigos, o respuesta al terrorismo, y coordinar nuestro poder con nuestros objetivos políticos y diplomáticos. Tal uso discreto del poder para propósitos limitados siempre implicará riesgos. Pero el riesgo de la falta de actividad puede ser mayor en muchas circunstancias.[221]

Como el terrorismo dentro de la nueva visión es asumido como un modo de guerra, frente al cual se plantea la necesidad del "uso prudente, limitado, proporcionado" del poder militar, ello implica también un cambio en el nivel operativo de la guerra, que resalte la importancia de los golpes quirúrgicos:

El pensamiento del ejército respecto al papel de las campañas como pieza central del nivel operacional de la guerra, requiere de modificación. El terrorismo patrocinado por estados ha añadido una nueva dimensión a nuestro concepto de campaña como "operaciones sostenidas diseñadas para derrotar una fuerza enemiga en un espacio específico y tiempo, con batallas simultáneas y secuenciales" (*Manual de campo 100-5*).

[221] George Shultz, *op. cit.*, p. 1.

En menos de dos semanas, el terrorismo apadrinado por estados asesinó a 338 miembros de las fuerzas militares de tres de los más grandes poderes militares del mundo: Israel, Francia y Estados Unidos.[222]

Para obtener los necesarios apoyos, se ha recurrido a una justificación supuestamente basada en el derecho internacional, idéntica a la que se asume para la reversión de procesos. Según ya lo adelanta Shultz al bombardeo a Libia:

Las restricciones de la Carta (de Naciones Unidas) sobre el uso o amenaza del uso de la fuerza en relaciones internacionales, incluye la excepción específica del derecho a la autodefensa. Es absurdo argumentar que el derecho internacional nos prohíbe capturar terroristas en aguas o espacio internacionales, atacarlos en el suelo de otras naciones, aun con el propósito de rescatar rehenes, o usar la fuerza en contra de estados que apoyan, entrenan y refugian terroristas o guerrillas. Es permitido que una nación atacada por terroristas use la fuerza para impedir o prevenir futuros ataques, aprehender terroristas, o rescatar ciudadanos, cuando no existen otros medios disponibles. El derecho demanda que tales acciones sean necesarias y proporcionales. Esta nación ha afirmado consistentemente el derecho de los estados para usar la fuerza en ejercicio de su derecho de autodefensa individual o colectiva.

La Carta de Naciones Unidas no es un pacto suicida [...].[223]

Por su parte, el director de la CIA, William Casey, también adelanta que tiene que lograrse una mayor cooperación de los aliados en este esfuerzo. Habiendo abogado en favor de una "respuesta militar proporcional", también se manifiesta a favor de sanciones más globales:

Desde mi punto de vista, las naciones de Occidente en su totalidad han sido débiles en aplicar medidas económicas, políticas y diplomáticas para frenar el terrorismo de Estado. Las sanciones, cuando sean ejercidas en concertación con otras naciones, pueden ayudar a aislar, debilitar o castigar a estados que patrocinen el terrorismo en contra de nosotros. Con frecuencia, los países se inhiben por temor a perder oportunidades comerciales o a provocar un terrorismo más amplio. Las sanciones económicas y otras formas de presión para contrarrestarlo imponen costos y riesgos a las naciones que la aplican, pero algunos sacrificios serán necesarios si no queremos sufrir mayores costos.[224]

Este mensaje está fundamentalmente dirigido a los países europeos,

[222] Jeffry Wright, *op. cit.*, p. 38.
[223] George Shultz, *op. cit.*, p. 3.
[224] William Casey, *op. cit.*, pp. 14-15.

pero de ninguna manera excluye a otros. También es importante lograr el apoyo latinoamericano, el que se ha pretendido obtener a través de una amplia campaña de presiones y de operaciones psicológicas de propaganda, incrementadas notoriamente a raíz del bombardeo a Libia. El caso de México es ilustrativo, inesperadamente la capital del país se vio acosada por llamadas anónimas que informaban de bombas colocadas en diversos lugares, y una organización fantasma que se apropiaba del nombre de Simón Bolívar reivindicó la colocación de una frente a la embajada norteamericana, lo que provocó el cierre del servicio consular de visado durante meses por "problemas de seguridad". El terrorismo sirvió para presionar al gobierno para abrir sus servicios de seguridad al entrenamiento del FBI, en un momento en el cual un atentado fabricado podía afectar la realización del campeonato mundial de futbol. Igualmente, se usó para presionar al gobierno para exigir que el país sea un punto de depuración de visitantes a Estados Unidos, provenientes tanto de Centroamérica como de otras regiones. Por su parte, el narcotráfico ha servido para manejar una campaña de desprestigio internacional, al acusar a funcionarios públicos de corrupción, tolerancia y complicidad con el mismo. En Bolivia, tropas norteamericanas llegaron para tratar de quedarse permanentemente desde el 14 de julio, tomando como pretexto la realización de operaciones para combatir el narcotráfico. No hay que olvidar la importancia geopolítica de ese país.

La política antiterrorista del gobierno de Reagan comenzó a traducirse en medidas concretas al emitir el 3 de abril de 1984 la Decisión Directiva de Seguridad Nacional 138, cuyo contenido es clasificado, pero que de acuerdo con el reconocimiento de algunos funcionarios ya permitía "a las agencias militares y de inteligencia conducir operaciones para evitar o prevenir atentados terroristas".[225]

Esta política también ha introducido modificaciones organizativas dentro de la burocracia estatal. Ya señalábamos que dentro del Pentágono, hasta antes de las últimas modificaciones (la creación de un nuevo comando conjunto y de la nueva subsecretaría), era el subsecretario asistente para Asuntos de Seguridad Internacional (desde marzo de 1981) el jefe de la Dirección de Planeación Especial, que se responsabilizaba de la política sobre terrorismo y fuerzas especiales. También se levantaron programas interinstitucionales:

[225] Michael T. Klare, "Reagan's anti-terrorist policy is wrong", en *The Tribune,* Oakland, California, 16 de mayo de 1984.

La oficina del Departamento de Estado para Contraterrorismo y Planificación de Emergencia dirige el Grupo Interdepartamental sobre Terrorismo, formado por el Departamento de Estado, el Consejo de Seguridad Nacional, la Administración de Control de Drogas, el FBI, la CIA y otros. Ésta ha promovido propuestas de legislación que permitirían al fiscal general designar ciertos países u organizaciones de su elección como "terroristas", y permitirían el enjuiciamiento de ciudadanos norteamericanos que los apoyaran.[226]

El primer país elegido resultó ser Libia, de cuyo ataque se pueden extraer varias conclusiones. En primer lugar, la naturaleza *ofensiva* del operativo, en donde se impone el sector de la burocracia estatal más beligerante encabezado por el secretario de Estado Shultz. En el mismo seminario sobre GBI, de enero de 1986, donde Shultz de hecho anuncia lo que ocurrirá con Libia, el secretario de Defensa, Caspar Weinberger, manifiesta indirectamente reservas al respecto:

Para perseguir al terrorismo no podemos cometer actos de venganza ciega, que pudieran victimar a personas inocentes que nada tuvieron que ver con el terrorismo. Esta necesidad complica nuestra tarea, que es lo que se pretende que ocurra. Así es que necesitamos pensar cuidadosamente —y en ciertos aspectos repensar totalmente— cuáles son los imperativos y las exigencias de esta guerra, tal y como se nos presenta por sí misma.[227]

No obstante, y ésta sería una segunda conclusión, el operativo estaba preparado con antelación, en espera de la excusa creada, la "mentira plausible" para ponerlo en marcha: el bombazo en la discoteca alemana. Esta preparación contemplaba la justificación por el asesinato de civiles y medía los costos de una eventual oposición internacional sin darles importancia. Shultz lo ilustra con nitidez en enero:

Por supuesto, el terrorismo es el ejemplo más notable de la guerra ambigua. Los actos terroristas son una forma de criminalidad hecha con sorpresa a sangre fría, contra hombres, mujeres y niños desarmados. Son algunas veces actos absurdos y fortuitos de fanáticos; más frecuentemente son atentados sistemáticos y calculados para conseguir fines políticos. A pesar del horror que causan y del reconocimiento general de que sus actos son criminales, pocos terroristas son atrapados y aun menos son castigados al grado que merecen. *Ellos saben que nosotros aborrece-*

[226] Sara Miles, *op. cit.*, p. 40.
[227] *Remarks prepared for delivery by the Honorable Caspar W. Weinberger, op. cit.*, p. 5.

mos la pérdida de vidas inocentes; por eso viven y entrenan en medio de sus mujeres y niños. Y debatimos entre nosotros sobre los objetivos apropiados o las consecuencias en política exterior de un golpe punitivo. El terrorismo es la más nueva estrategia de los enemigos de la libertad y es muy efectiva.

Estamos en lo correcto al ser renuentes a desenvainar nuestra espada. Pero no podemos dejar que las ambigüedades de la amenaza terrorista nos reduzcan a la total impotencia [...].

Debemos enfrentar este reto del conflicto de baja intensidad y de la guerra ambigua. *No tenemos alternativa* [...].

Nuestro análisis político debe ser visto claramente. *Aliados y amigos pueden objetar nuestra acción,* o decir que lo hacen. *Pero esto no puede ser decisivo.* Atacar al terrorismo en el Medio Oriente, por ejemplo, forzosamente es controvertido. Pero la peor cosa que podemos hacer a nuestros amigos moderados de la región es demostrar que las políticas extremistas triunfan y que los Estados Unidos son impotentes para tratar tales retos. Si vamos a ser un factor en la región —si queremos que los países tomen riesgos para la paz confiando en nuestro apoyo— entonces tenemos que mostrar mejor que nuestro poder es un efectivo contrapeso al extremismo [...].[228]

Una tercera conclusión tiene que ver con la manifiesta voluntad de eliminar todas las trabas al presidente para poder realizar acciones de este tipo. Habría que recalcar que antes que Shultz, el principal promotor de estas medidas de fuerza es el propio Ronald Reagan. En varios documentos se cuestiona desde hace tiempo la Ley de poderes de guerra, promulgada por el Congreso norteamericano en 1973, y que establece una serie de limitaciones al Ejecutivo para involucrar tropas en el exterior: dentro de las 48 horas posteriores al comprometimiento de fuerzas armadas, el presidente debe reportarlo al Congreso por escrito, explicando las circunstancias y propósitos; el comprometimiento debe terminar en 60 días a menos que el Congreso autorice un periodo mayor de otros 30 días como tope para el retiro seguro de las fuerzas; y, dentro de ese periodo de 60 o 90 días, el Congreso puede ordenar un retiro inmediato de las tropas si existe una resolución en ese sentido.

Sin entrar a discutir en torno a las violaciones de esta ley o sobre su utilidad, el hecho real es que implica una limitación al Ejecutivo norteamericano, que el gobierno de Reagan parece querer eliminar. Inmediatamente después del ataque a Libia se propone elevar a la discusión del Congreso dicha legislación, propuesta por lo demás ya contenida en el multicitado discurso de Shultz:

[228] George Shultz, *op. cit.,* p. 2. (Cursivas nuestras.)

Las décadas recientes han dejado un legado de controversia entre las ramas ejecutiva y legislativa y un tejido de restricciones sobre la acción ejecutiva incrustadas en nuestras leyes. El resultado ha sido una pérdida de coherencia e incertidumbre recurrente en las mentes de amigos y enemigos acerca de la constancia de Estados Unidos. La Resolución de Poderes de Guerra fija arbitrariamente un límite de tiempo de 60 días que prácticamente invita a un adversario a esperar que salgamos, lo que manda invariablemente señales de que a pesar de todo nuestro poder, los Estados Unidos pueden estar "cortos de aliento" [...].

Recientemente un legislador nos criticó por no consultar con el Congreso antes de nuestra intercepción del avión que transportaba terroristas que habían matado a un norteamericano. Pero si hubiéramos retrasado nuestra acción a fin de consultar, los terroristas seguramente habrían escapado. No tengo duda de que el pueblo americano quiere ver a su presidente actuando flexible, efectiva y decisivamente en contra de la amenaza terrorista para defender a nuestros ciudadanos.[229]

Una última conclusión tiene relación con la vulnerabilidad de Nicaragua y del FMLN de El Salvador, ambos acusados de terroristas dentro de esta ambigüedad conceptual que da cabida a todo. Dentro del maniqueísmo, no hay luchas de liberación nacional ni defensas ante la agresión extranjera, de tal suerte que la invocación al antiterrorismo puede ser el pretexto para una intervención, un operativo de tipo comando o un bombardeo a zonas estratégicas tanto económicas como militares:

No es difícil de imaginar que el terrorismo patrocinado por estados tenga como objetivo a las fuerzas norteamericanas que conducen ejercicios en Honduras. Bajas militares norteamericanas significativas en Centroamérica podrían ser el catalizador de una fuerte y rápida acción del Congreso y del público para cambiar la política norteamericana en la región.[230]

Si bien la propaganda ha estado fundamentalmente centrada en contra del terrorismo en el Medio Oriente, resulta revelador que se haya sometido al Congreso norteamericano una propuesta de ayuda antiterrorista dirigida específicamente a asistir a los gobiernos centroamericanos.

Desde julio de 1985 se percibe la campaña destinada a aprobar la propuesta de Ley de asistencia policial contraterrorista, que implica introducir una enmienda a la Ley de asistencia al exterior,

[229] *Ibid.*, p. 3.
[230] Jeffry Wright, *op. cit.*, p. 43.

debido a que el 1 de julio de 1975 entró en vigor una resolución del Congreso norteamericano para cesar el entrenamiento policial de aliados por las comprobaciones de ese órgano legislativo de la relación entre dicho entrenamiento y las violaciones a los derechos humanos en América Latina.

La embestida se inicia con una declaración sin precedentes por parte de Ronald Reagan el 2 de julio: "Irán, Libia, Cuba, Nicaragua y Corea del Norte constituyen una Confederación de Estados Terroristas dirigidos por degenerados, inadaptados, locos y escuálidos delincuentes." En el fondo, esta campaña es catalizada por dos sucesos, el secuestro de un avión de la TWA por un comando libanés en el que viajaban 40 estadunidenses, y el operativo del FMLN en San Salvador, en el que resultaron muertos 6 norteamericanos, entre ellos 4 infantes de marina.

El gobierno norteamericano solicita apoyo para una guerra al terrorismo de parte de los aliados clave, entre los que se encuentran Gran Bretaña, Francia, Alemania Occidental, Canadá, Italia y Japón.

Diez días después, el *Washington Times* publica un informe de la CIA al respecto, en donde se señala que la estrategia de la "Confederación de Estados Terroristas" se da en tres áreas, económica, política e ideológica: la subversión económica consiste en bloquear el tráfico de buques petroleros en el mar Rojo y atacar a la economía e industria petrolera de Arabia Saudita, país aliado de Estados Unidos; la política, en apoyar a grupos terroristas en países aliados de Estados Unidos, como Filipinas, Tailandia y El Salvador; la ideológica, en el otorgamiento de becas. El informe citado señala que los países mencionados por Reagan más Siria, pretenden privar a Estados Unidos de su influencia militar, política y económica en el sur y oeste de Asia, Medio Oriente, África Occidental y Centroamérica.

El mismo día 12 de julio, la Casa Blanca informa que un equipo especializado del gobierno —conformado aparentemente por la CIA, la Agencia de Inteligencia de la Defensa y el Consejo de Seguridad Nacional— se encuentra determinando los riesgos y beneficios de una política de represalias armadas, así como la oportunidad en la que se podría lanzar un ataque en contra de enclaves terroristas, dirigido por el almirante James Holloway, ex jefe de operaciones navales y veterano de tres guerras.

Según el *Miami Herald* del 17 de julio, dicho equipo ya había presentado al vicepresidente George Bush, varias opciones para la lucha antiterrorista en Centroamérica, que incluyen: ataques aéreos o de comandos contra bastiones rebeldes en El Salvador o campos de entrenamiento en Nicaragua; ablandamiento o eliminación de prohibiciones presidenciales vigentes contra asesinatos, para permitir que agentes norteamericanos puedan dar muerte a terroristas o líderes extranjeros antinorteamericanos, como los sandinistas o los guerrilleros salvadoreños; asesores y asistencia suplementaria para El Salvador para entrenar a la Guardia Nacional y a la Policía de Hacienda, así como aumento de la asistencia militar a Honduras y Costa Rica para entrenamiento antiterrorista; ejercicios suplementarios en Honduras y ante las costas occidental y oriental de Nicaragua; nuevo pedido de fondos al Congreso para aumentar la contra nicaragüense en 17 mil efectivos, y revisión de la política hacia Cuba que puede incluir el endurecimiento del embargo comercial o la eliminación de intercambios deportivos y culturales. El siguiente paso se da el 22 de julio, con la propuesta ante el Congreso del representante republicano Bill McCollum para cancelar la ley que veta la asistencia policial norteamericana a países extranjeros, como una enmienda a la Ley de asistencia exterior para 1986.

El 7 de agosto, nuevamente el *Miami Herald* informa que Robert McFarlane, asesor presidencial para Asuntos de Seguridad Nacional, recibe un documento confidencial, ahora del Departamento de Estado, en el que se propone por primera vez en diez años la asistencia policial a los países centroamericanos, así como un aumento en la ayuda militar. El apoyo incluiría vehículos, medios de comunicación, provisiones y posiblemente armamentos. También proporcionaría entrenamiento en detección de bombas, rescate de rehenes, sistemas de vigilancia y anexos, señalando que debería de presentarse al Congreso de tal manera que no prejuicie los esfuerzos para obtener asistencia militar y económica.

El documento reconoce que las medidas antiterroristas en El Salvador son "tristemente inadecuadas", de tal suerte que la mayor parte de los fondos del programa se emplearían en mejorar la situación de dicho país.

Finalmente, el proyecto es sometido por Ronald Reagan al Congreso el 25 de septiembre de 1985, proponiendo un total de 54 millones de dólares, divididos en tres rubros: 26 millones para el Programa de Asistencia Policial Contraterrorista (Law Enforcement Counterterrorism Assistance Program), asignando 6 a Honduras, 3 a Costa Rica, 3 a Panamá, 3 a Guatemala y 12 a El Salvador; 27 millones para el Programa de Asistencia Contraterrorista Regionalmente Reforzado (Regionally Enhaced Counterterrorism Assistance Program), otorgando 5 a Honduras, 6 a Costa Rica, 4 a Panamá, 2 a Guatemala y 10 a El Salvador; y, un millón destinado a la protección de colaboradores civiles que suministren información sobre incidentes terroristas.[231]

La propuesta ha causado contradicciones en el interior del Congreso. El demócrata Claiborne Pell afirma que no existe ninguna garantía de que los gobiernos centroamericanos no recurrirán de nuevo a prácticas terroristas para combatir a la insurgencia, acusando también a la contra de recurrir al terrorismo en sus esfuerzos por derrocar al gobierno sandinista. Otro demócrata, el senador Christopher Dodd también afirmó que por combatir al terrorismo se niega a admitir que "una de las fuentes principales de terrorismo en esa parte del mundo es precisamente la gente para la cual proponemos asistencia adicional".[232]

No obstante, la voluntad del gobierno de Reagan para autoerigirse en policía del mundo, quedó demostrada con el bombardeo quirúrgico a Libia del mes de abril de 1986. Sin prueba alguna sobre sus acusaciones en torno al patrocinio del terrorismo por parte de algunos estados, se otorga a sí misma el derecho a intervenir en el momento que defina y bajo cualquier pretexto calificado de acto terrorista. Como queda claro, la región centroamericana también se encuentra en la mira.

HONDURAS Y LOS TRES EJES DE LA GBI

En nuestro segundo capítulo hemos analizado el papel de Honduras como el país del ensayo y de la construcción de la infraestructura para la que fuera la primera opción del gobierno de Reagan, y que ahora con el cambio de estrategia, se ha convertido en la última: la invasión con fuerzas militares estadunidenses. Con el cambio de estrategia, lejos de perder su importancia en el ajedrez centroamericano, este país también se asimila con toda claridad a la implementación en la GBI en sus tres ejes. A lo largo del trabajo ya hemos señalado algunos elementos, sin embargo, queremos incluir una consideración general para redondear el balance regional, que circunscribiremos al papel asumido por el nuevo gobierno de José Azcona Hoyo, quien toma la presidencia de su país en enero de 1986.

[231] *Central American Counterterrorism act for 1986,* Washington, Department of State, 1985. Tomado de Gregorio Selser, "Estados Unidos en Centroamérica: el 'contraterrorista' terrorismo de Estado de los militares y policía", en *Cuadernos Americanos,* Año XLV, núm. 1, México, enero-febrero de 1986.

[232] *El Nacional,* México, 3 de noviembre de 1985.

Dentro de las múltiples expresiones del compromiso contraído por este gobierno con el norteamericano para revertir el proceso nicaragüense, destaca el operativo militar del 7 de diciembre de 1986, en el que cerca de una veintena de aviones Super Mystere B-2 y A-37 Dragonfly bombardearon territorio nicaragüense, apoyados por 2 500 soldados pertenecientes a batallones aerotransportados y de artillería e infantería. El momento político escogido responde a la necesidad norteamericana de desviar la atención de la opinión pública, ya que se produce en medio de las revelaciones del "Irangate". De acuerdo a varias versiones, con ello, Honduras rompe un pacto tácito que se había mantenido con el gobierno sandinista y que implicaba la tolerancia de incursiones nicaragüenses al interior del territorio hondureño en persecución de contras en retirada.

Estas veleidades dentro del compromiso global con Estados Unidos se pueden interpretar desde varios ángulos. Por una parte porque la contra ha terminado siendo una carga demasiado pesada que ha producido muchas molestias; por otra, porque estos resquicios sin duda eran un elemento de presión para obtener mayores beneficios económicos; y, por último, para evitar un enfrentamiento directo con las fuerzas sandinistas, ya que tampoco se desea que Honduras sea la punta de lanza de la guerra contra Nicaragua, en todo caso, eso tendría muchas cartas negociables.

Sin embargo, después del bombardeo será muy difícil regresar al punto de partida, a esa discreta tolerancia que se contraponía a la generalidad de la política con respecto a la contra.

Del operativo del 7 de diciembre destaca el hecho de que pilotos norteamericanos ayudan en el transporte de tropas hondureñas a la frontera utilizando helicópteros supuestamente no artillados. Esto remite a un ensayo anterior de la misma naturaleza, realizado durante los ejercicios conjuntos Vicente Tosta (18 de marzo al 5 de abril de 1986). Su importancia destacada por fuentes militares era que en ellos se iba a ensayar la unificación en el comando de tropas, así como comunicación y control para enfrentar un conflicto bélico grave.

Durante su desarrollo, en Semana Santa, se produce un incidente fronterizo con Nicaragua inflado por el gobierno norteamericano, por lo que por primera vez el adiestramiento se dio con una práctica real de guerra: 60 pilotos norteamericanos transportaron a 600 soldados hondureños a la zona fronteriza con Nicaragua.

En la clausura de las maniobras el 5 de abril, el presidente Azcona afirma que la situación de Centroamérica justifica con creces los ejercicios militares combinados, subrayando que la amistad entre los dos países se evidendió con la ayuda de Washington durante el incidente.

Otro elemento extraordinariamente importante del ataque hondureño de principios de diciembre es el que el jefe del Comando Sur del ejército de Estados Unidos, general John Galvin, se trasladó a Honduras para supervisar la operación desde la base de Palmerola.

El 10 de diciembre el presidente declara a la prensa:

> Los bombardeos no cesarán hasta que los sandinistas no hayan abandonado nuestro territorio y cada vez que se vuelvan a meter las bombas les caerán desde nuestro cielo. Nicaragua está advertida, no renunciaremos ni tan sólo a una pulgada de nuestro territorio... tampoco vacilaremos en pedir ayuda a países amigos como Estados Unidos.

Clarificando su posición al respecto de la contra y en respuesta a la propuesta nicaragüense sobre la mediación de la ONU señala que:

> No es lo mismo que fuerzas irregulares entren y salgan de nuestro territorio, a que tropas regulares de un gobierno lo ocupen sin ningún permiso [...] no caeremos en la trampa sandinista de solicitar la intervención de la ONU para desarrollar su revolución marxista protegidos por 20 o 30 mil soldados de ese organismo y luego buscar una expansión hacia el norte.[233]

De acuerdo con algunos analistas hondureños, el acuerdo para ayudar a la contra por parte de Azcona se produce antes de que éste asuma el poder, en un viaje a Washington en el que se compromete a ello a cambio de que Estados Unidos descongelara los 65 millones de dólares de ayuda proveniente de la AID que no habían sido entregados al gobierno anterior, y de que no presione para devaluar la moneda hondureña.

El compromiso se ha llevado hasta sus últimas consecuencias a pesar del incremento de las contradicciones que esto ha provocado en diferentes sectores de la sociedad hondureña. Las protestas incluyeron a la propia Asociación Hondureña de Productores de Café, afectada sensiblemente en la producción del grano por los abusos cometidos por la contra y por el desplazamiento de población que ello ha generado.

Las pérdidas en la producción se calculan en 50 millones de

[233] *El Salvador. Proceso,* Informativo Semanal, año 7, núm. 268, 17 de diciembre de 1986, Centro Universitario de Documentación e Información, p. 14.

dólares y el número de desplazados en 20 000. Adicionalmente, la contra ha ocupado 450 km cuadrados de territorio nacional hondureño, nombrado "Nueva Nicaragua", con una "Managüita" impuesta en el poblado que los hondureños llaman Capire. Esta apropiación de territorio ha implicado la ocupación de 20 poblados y la conversión de 30 comunidades en pueblos fantasmas.

No obstante lo anterior, el gobierno colabora con la contra de manera cada vez más abierta. No habiendo podido sostener la táctica de negar rotundamente la presencia de campamentos contrarrevolucionarios heredada del gobierno anterior, el primer reconocimiento al respecto corre a cargo del presidente del Congreso, Carlos Montoya, quien el 20 de abril aclara que "si antes no lo confesamos fue por estrategias en la política exterior de mi nación". Al igual que Azcona ante la OEA, y en el marco de la campaña del gobierno norteamericano para lograr la votación favorable en el Congreso para otorgar otros 100 millones de ayuda a la contra, 75 de ellos en ayuda abiertamente militar, el mismo Montoya se manifiesta de acuerdo por razones internas: la posibilidad de que los contrarrevolucionarios se conviertan en un grupo de "delincuentes dentro del territorio hondureño si carecen de fondos para pelear dentro de Nicaragua".

Una vez reconocida la presencia de la contra, el siguiente paso que se espera del gobierno hondureño es la aceptación de que ésta sea entrenada abiertamente en el país. El 24 de marzo, el jefe del Pentágono, Caspar Weinberger, declara que asesores militares estadunidenses podrían ser enviados a Honduras para entrenar a los contras si el Congreso aprueba la ayuda. Días antes, el diario hondureño *Tiempo,* basado en un cable de France Press, informa que:

> La CIA tiene todo listo para suministrar armas y entrenamiento a los contras si el Congreso aprueba la ayuda militar [...]. Funcionarios de la administración y del Congreso dijeron al *New York Times* que entre las prioridades de la lista de entregas se destacan misiles antiaéreos "Stinger" que serán enviados lo antes posible a Honduras y allí entregados a los insurgentes. El entrenamiento a los contras tendrá lugar en Honduras, donde están ubicadas las bases insurgentes y todo indica que será realizado por las Fuerzas Especiales del ejército, conocidas como "Boinas Verdes".

Algunas informaciones sugieren que dicho entrenamiento podría darse en el futuro Centro Nacional de Entrenamiento Militar que se construirá en Juticalpa, departamento de Olancho (fronterizo con Nicaragua), destinado a adiestrar a soldados hondureños en tareas de infantería, principalmente en contrainsurgencia rural.

Para ello, el gobierno norteamericano proporcionará una ayuda ya aprobada de 11 millones de dólares.

En sus declaraciones ante el Tribunal Popular Antisomocista, el mercenario Eugene Hasenfus confirma que la base hondureña de El Aguacate es asiento de los contras y uno de los puntos de contacto para varias misiones.

Si bien el aspecto militar de la colaboración hondureña en la desestabilización de Nicaragua tiene la importancia reseñada, resulta fundamental el papel que cumple en el aspecto político. Reiteremos que la GBI es una estrategia global en donde este elemento es de primera importancia.

José Azcona Hoyo ha sido un buen relevo del gobierno anterior en la tarea de ser la punta de lanza político-diplomática de la región para tratar de desacreditar al gobierno de Nicaragua por "comunista" y "agresor", y para presionarlo a fin de "democratizarse" y negociar con los contras. Asimismo, ha sido uno de los diques de contención al avance y concreción de las propuestas del Grupo de Contadora.

Han quedado muy lejos los planteamientos de la campaña electoral de Azcona Hoyo favorables a un diálogo con el gobierno sandinista. Su deslizamiento vertiginoso hacia las posiciones norteamericanas se expresa claramente en su mensaje del 5 de abril de 1986, en donde señala que su gobierno pedirá ayuda militar a Estados Unidos "cuantas veces sea necesario" para defenderse de las incursiones sandinistas.

En esa misma oportunidad plantea que:

> mi gobierno ha visto con gran simpatía la propuesta formulada al gobierno de ese país por los partidos políticos democráticos nicaragüenses: Partido Liberal Independiente, Partido Liberal Constitucionalista, Partido Demócrata y Partido Conservador de Nicaragua.

Su cuestionamiento al Grupo de Contadora también se desliza en el mensaje al manifestar que su misión "es sustraer la crisis centroamericana de la confrontación Este-Oeste, por la vía de una solución democrática, y no recurriendo a una solución que deja en libertad a una parte de Centroamérica y a otra bajo un régimen represivo y totalitario".

En el comunicado conjunto resultante de la visita del presidente Azcona a Washington a finales del mes de mayo, se afirma que la paz en Centroamérica sólo será posible si Nicaragua adopta medidas de democratización y si se decide a una reducción de armamentos que pueda ser verificada por sus vecinos. En su intervención en la OEA reitera el argumento, sugiriendo la expulsión de Nicaragua del organismo a semejanza de la medida que se tomó contra Cuba, justifica la ayuda norteamericana a la contra, y señala que no le corresponde a su gobierno velar por la seguridad de otros.

Por otra parte, la participación hondureña en el adiestramiento del eje de la contrainsurgencia a nivel global ha sido fundamental. Durante las maniobras militares desarrolladas en su territorio se han entrenado las fuerzas armadas hondureñas y las FOE norteamericanas. Asimismo, mientras permaneció abierto el CREM, fueron entrenados soldados salvadoreños.

Durante el mes de octubre de 1986 se pudo poner en práctica lo aprendido por las fuerzas hondureñas al producirse un enfrentamiento con una columna del reaparecido Movimiento Popular de Liberación Cinchonero, que condujo a una contraofensiva militar en la que se desplegaron 2 500 hombres con armamento moderno, así como a la fuerza aérea.

Adicionalmente, se produjeron una serie de detenciones y operaciones en varios departamentos del país, así como el resurgimiento de los comités de defensa civil organizados en tiempos del general Gustavo Álvarez Martínez.

A la denuncia de la presencia de asesores estadunidenses en las fuerzas armadas hondureñas, se añade el hecho de que la situación fue discutida entre funcionarios del gobierno norteamericano y de la CIA, con el presidente Azcona y el comandante en jefe de las Fuerzas Armadas, general Humberto Regalado.[234]

Las fuerzas castrenses hondureñas también han participado en la preparación de la opción intermedia a la invasión directa norteamericana, que sería la utilización de las fuerzas armadas regionales para resolver la crisis del área, teniendo como promotor al general Humberto Regalado, quien toma la estafeta para reactivar al Consejo de Defensa Centroamericano.

Durante el primer gobierno de Reagan no se pudo concretar lo anterior, básicamente porque Guatemala no se adhirió a ello al mantener una política bastante independiente de la estrategia norteamericana. Hoy se retoma la iniciativa, presionando a nivel diplomático mediante una gira realizada a la región por el embajador especial norteamericano Philip Habib. Como resultado, el general Regalado lleva la propuesta a la reunión de ministros centroamericanos de defensa que se desarrolló paralelamente a la cumbre de presidentes en Esquipulas, Guatemala, discusión que

[234] Véase "Honduras. Guerrilla: Tercer intento parece afirmarse", en *Inforpress Centroamericana* núm. 717, Guatemala, 27 de noviembre de 1986.

continúa el 29 de mayo de 1986 en El Salvador, en donde el país anfitrión, Honduras y Guatemala deciden asumir dicha tarea.

La última reunión de los jefes militares centroamericanos se produjo en la ciudad de Panamá del 27 al 31 de noviembre para evaluar la crisis regional, así como "cuestiones administrativas y de presupuesto". Convocada por la Comisión Permanente del Consejo de Defensa Centroamericano, de la reunión nuevamente fue excluida Nicaragua, y Costa Rica anunció su ingreso a la comisión como miembro observador, lo que significa un cambio de su calidad de simple observador que mantenía desde 1967. En el comunicado oficial de la reunión se destaca que el Condeca "trata de reactivarse para dar vigencia al espíritu de su origen".[235]

Por lo que se refiere al tercer eje de la GBI, el antiterrorismo, el gobierno de Azcona lo asume como propio, a punto tal de que con posterioridad al bombardeo quirúrgico contra Libia, se cancelan visas a ciudadanos de origen árabe, jordano, libio, egipcio, sirio y de países "comunistas". Los excesos verbales del presidente son registrados por la prensa, como el cometido en su desafortunada entrevista con el director del diario mexicano *Excélsior* del 21 de abril: "yo al libio que agarre, si puedo voy a mandar que lo fusilen. Libio terrorista que se detenga, no va a salir vivo de Honduras, porque no tiene a qué venir, puesto que aquí hay tranquilidad y nadie molesta a nadie".

Con la anuencia de la administración hondureña, el gobierno norteamericano reforzó la seguridad de sus instalaciones civiles y militares, realizando advertencias en contra de Nicaragua frente a cualquier eventual ataque, en la medida en que supuestamente este país cuenta con asesores libios.

De esta suerte, los tres niveles de la GBI han sido asumidos plenamente por el nuevo gobierno hondureño: la lucha contrainsurgente, la reversión del proceso nicaragüense y el antiterrorismo.

[235] Véase "La región. Los militares quieren la palabra", *op. cit.*

CONSIDERACIONES FINALES

Uno de los aspectos que sólo ha quedado esbozado en este trabajo es el relativo a las contradicciones o diferencias de matiz dentro del gobierno de Reagan en lo que se refiere a cómo aplicar la política de fuerza. Es un tema evidentemente importante, que consideramos merece especial atención, y que debe ser estudiado. Sin embargo, nuestro objetivo no fue introducirnos en el debate interno norteamericano. Lo que pretendimos hacer fue demostrar cómo, independientemente de ese debate, en Centroamérica ya se han puesto en práctica dos alternativas que no son excluyentes, sino complementarias dentro de la perspectiva estratégica global.

El secretario de Estado y el secretario de Defensa pueden no estar de acuerdo en cómo y cuándo usar el poderío norteamericano contra Nicaragua y/o El Salvador, pero lo cierto es que a la par que se está peleando una GBI en la región, se han montado las condiciones y la infraestructura para una invasión, y la estructura de las fuerzas armadas norteamericanas se ha transformado para responder por igual a ambas opciones.

En todo caso, lo que resulta cierto es que dentro del gobierno de Reagan las disyuntivas de política exterior no se ubican entre dos alternativas distintas, en la medida en que lo que ha prevalecido es la definición de la utilización del poderío nacional para la recuperación hegemónica. La discusión se ha dado en torno a cómo, cuándo y dónde aplicarlo, y qué sectores de la burocracia o de las fuerzas armadas saldrían beneficiados o perjudicados ante una determinada toma de decisión.

El bloque de los prusianos ha sido consecuente con su diagnóstico inicial, respondiendo con propuestas concretas para enfrentar lo que se considera la principal amenaza a la hegemonía norteamericana: la "turbulencia" política y social del Tercer Mundo, aparejada con la creciente firmeza militar de la URSS.

Desde esta perspectiva, la GBI y la decisión de invasión para combatir a la "subversión" y a los gobiernos enemigos dentro de esta área, se ubica dentro de la estrategia global de defensa promovida por el gobierno de Reagan que busca vencer la amenaza soviética en Europa occidental o en el golfo Pérsico, amenazando sus supuestas vulnerabilidades en cualquier otra parte del mundo.

Sin que los estrategas civiles hayan sido marginados, con Reagan los militares reasumen su papel en la formulación de la estrategia militar como lo demanda Summers, y no cabe duda de su influencia en las definiciones de política exterior. Resulta importante evaluar el peso específico que han logrado, también ello debe ser objeto de una investigación especial.

Debido a la carga de las derrotas sufridas, la estrategia militar se ha reformulado para recuperar —al menor costo posible— la hegemonía mundial. Por ello, no resulta paradójico que los militares puedan mostrarse más renuentes al involucramiento directo y que de hecho hayan recuperado una estrategia que fue y es severamente criticada, pero cuya esencia se mantiene. Más aún, desde nuestro punto de vista, lo que se plantea es un cumplimiento estricto de la misma. Las remembranzas de la era de la contrainsurgencia de Kennedy son inevitables.

En primer lugar, se parte de los mismos supuestos: la existencia de una amenaza principal, representada por el mundo comunista; la utilización de la guerra de guerrillas como método de desestabilización del orden establecido; la necesidad de la adopción de una estrategia global flexible; y, en primera instancia, la asistencia a los aliados para que enfrenten ellos mismos los problemas de insurgencia.

En la actual revisión doctrinaria se incorporan dos elementos y se reivindica otro particularmente. La posibilidad de revertir procesos y la lucha antiterrorista son los nuevos. La invasión como último recurso se promueve y se modifica operativamente, ahora tiene que ser rápida y contundente.

La esencia de la estrategia de la reacción flexible se mantiene: tres escalones de respuesta militar. Con el primero se tratará de evitar el comprometimiento norteamericano proporcionando ayuda económica y militar a los ejércitos aliados, y a las contrarrevoluciones patrocinadas; se fomentará la creación de alianzas militares regionales que puedan auxiliar al vecino amenazado; se utilizarán todos los métodos de la guerra encubierta para desestabilizar a gobiernos enemigos; se entrenará a los ejércitos para enfrentar la guerra irregular. El segundo escalón, la intervención militar directa, se asume como el último recurso con nuevas características, sustentado en el concepto del despliegue rápido; la modificación introducida es que se tiene que ser consecuente en la escalada de intervención, si el primer escalón falla, hay que aplicar este segundo. El tercer escalón, el nuclear, ha sido particularmente impulsado, aunque está pensado para ser utilizado en el enfrentamiento directo con la Unión Soviética, o en una contingencia en terreno europeo.

Ahora de lo que se trata es de no eludir la posibilidad de que un conflicto de baja intensidad escale a nivel de mediana intensidad. Lo importante es delimitar perfectamente los instrumentos y objetivos de cada nivel, no asumir tareas que no le corresponden al ejército norteamericano, y llevar hasta las últimas consecuencias las que sí son de su incumbencia.

Para ello, no hay que perder el marco de referencia de los principios de la guerra, que tienen que estar presentes en las evaluaciones y propuestas estratégicas, así como el concepto de victoria, que es el logro de los objetivos políticos por los que fue hecha la guerra.

No cabe duda que el principio de la *ofensiva,* entendida como el mantenimiento de la iniciativa, ha sido asumido tanto en la guerra de El Salvador, como en la reversión del proceso nicaragüense, y en la ocupación militar del territorio hondureño.

Como se pretendía desde el principio de la administración, se han eliminado a conveniencia doctrinas anteriores que limitaban la ofensiva. La distensión se enterró tempranamente, y la contención se hace de lado en los supuestos flancos débiles del enemigo, aplicando una estrategia global de reversión.

Dentro de esta perspectiva, se ataca la neutralidad de países vecinos, se busca su incorporación incondicional a la estrategia regional, y se combate a fondo y por todos los medios a los que abiertamente han manifestado su oposición. Esto es así porque la guerra en Vietnam también lo deja como lección: hay que atender a la especificidad de los casos nacionales, pero también a la dimensión regional de los CBI.

Con la implementación de la GBI, en la región se aplica provisionalmente el principio de *economía de fuerza,* colocando un mínimo esencial de poder de combate, cuya característica es que tiene un efecto multiplicador debido a su naturaleza, la dedicación al entrenamiento de las fuerzas aliadas. En la región se aplica este principio no porque se trate de un esfuerzo secundario —como reza la definición del mismo—, sino porque se intenta lograr la masificación por medio de las fuerzas aliadas.

Paralelamente, se generan las condiciones para poder aplicar el principio de *masa,* entendido como poder de combate concentrado en tiempo y lugar, con la introducción de las FDR, a través de las cuales se encuentran preparados para comprometer el supuesto predominio de su poder nacional en el Tercer Mundo, en un contexto estratégico.

El principio de *maniobra* se mantiene dentro de la misma concepción de las FDR, entendidas como fuerzas de alta movilidad, y con la construcción de bases cercanas al teatro eventual de operaciones, así como con el impulso a la construcción de transportes aéreos y marítimos estratégicos. Honduras misma se ha convertido en una base con una enorme capacidad de recepción de transportes aéreos, algunas de cuyas aeropistas pueden recibir cualquier tipo de avión de la flota norteamericana. También se ha vuelto un enorme campo de entrenamiento del despliegue rápido. Por otra parte, ha permitido que a partir de su territorio el ejército norteamericano pueda poner en práctica otros principios: la *unidad de mando* mediante la instalación permanente de la Fuerza de Tarea Bravo; la *seguridad* permitiendo el incremento de la capacidad de inteligencia norteamericana sobre la guerrilla salvadoreña, y el Ejército Popular Sandinista por medio de los vuelos de espionaje de los "Mohawks"; y, eventualmente, la *sorpresa* ante una decisión de invasión justamente por la infraestructura construida para el despliegue rápido.

La globalidad de la aplicación de los principios de la guerra y la globalidad misma de la estrategia para enfrentar los conflictos en el Tercer Mundo, va acompañada de lo que para Summers es la palabra clave, la *flexibilidad,* la habilidad para reaccionar a cambios rápidos de circunstancias, aplicada claramente en el caso de Centroamérica.

La incapacidad de poder lograr un triunfo militar rápido en El Salvador obligó al cambio de estrategia, a introducir la contrainsurgencia en su versión corregida, no asumida como dogma (en términos de Summers), lo que quiere decir que ésta va a ser una tarea llevada a cabo fundamentalmente por las fuerzas aliadas, y que la guerrilla no va a ser más una pantalla táctica que oculte el objetivo estratégico de dominación regional del "comunismo internacional".

Éste es otro elemento para entender también la dimensión regional de la GBI. No sólo hay que combatir internamente a la guerrilla, hay que revertir al foco del conflicto que es Nicaragua, hay que incorporar a los países vecinos a la estrategia regional, y hay que abrir las puertas para la utilización de las fuerzas armadas norteamericanas en un conflicto mayor.

Con el cambio de estrategia militar y la imposición del estilo "norteamericano" de contrainsurgencia, se propone que tanto la tarea política como la militar sean llevadas a cabo por las fuerzas aliadas con la ayuda norteamericana, pero también con el mando de los Estados Unidos. La contrainsurgencia preventiva se introduce, entrenando para tales tareas a ejércitos como el hondureño y construyendo infraestructura de acceso a las zonas potencialmente conflictivas. Esta propuesta contrainsurgente esencialmente es la misma que la aplicada en la década de los sesenta, aunque revisada en sus errores de implementación. En síntesis, se basa en la combinación de defensa y desarrollo interno, en donde los componentes de la defensa no son sólo militares, sino que incluyen técnicas destinadas al control de la población: inteligencia, operaciones psicológicas, y asuntos civiles. Pero además, hay que perfeccionar la utilización de FOE en el aspecto militar tanto dentro de la estructura de las fuerzas armadas norteamericanas, como dentro del país aliado. Ahora ya no se busca el triunfo militar rápido —porque evidentemente no se pudo conseguir— sino que se plantea una guerra contrarrevolucionaria prolongada para derrotar al enemigo principal en este momento, el FMLN-FDR salvadoreño.

La reversión de procesos sustituye a la política de desestabilización, se asume como política de Estado avalada por el propio Congreso norteamericano, e incluye la construcción de insurgencias contrarrevolucionarias. A pesar de la ineficacia militar demostrada por la contrarrevolución nicaragüense, ésta sigue siendo uno de los elementos centrales de desestabilización, ya que se combina con otros destinados al mismo fin, el sabotaje y bloqueo de la economía, y la explotación de las "vulnerabilidades nacionales" creadas por la propia intervención norteamericana. Igualmente, lo que se plantea es una guerra prolongada de desestabilización.

Con el combate a un terrorismo ambiguamente definido a propósito para ampliar las justificaciones del uso de la fuerza, al que adicionalmente se le culpa también de vínculos con el narcotráfico internacional, el *espacio* de la guerra se amplía. El territorio norteamericano se incorpora, al igual que el resto del continente. La lucha contra el narcotráfico y el terrorismo abre flancos de presión contra los gobiernos de la región para aceptar la intervención norteamericana en esta cruzada, o para cuestionar su autoridad moral, fundamentalmente cuando el gobierno presionado mantiene una política exterior que choca con la línea definida por el gobierno norteamericano.

Atendiendo a los otros elementos que Clausewitz apunta como centrales para la comprensión de una estrategia militar, con la GBI el *tiempo* se prolonga porque es una guerra global concebida a largo plazo, cuyo objetivo es desgastar al enemigo. Por su parte, la *fuerza* tuvo que cambiar para adecuarse a una guerra irregular tanto en el interior de las fuerzas armadas norteamericanas, como en los ejércitos aliados. Las FOE son el nuevo instrumento.

En este trabajo no nos planteamos como objetivo hacer una evaluación de la implementación de la nueva estrategia militar norteamericana. Pensamos que es fundamental hacerlo de manera detallada en cada uno de sus ejes y por país, lo que requeriría un nuevo proyecto de investigación, que de hecho pensamos asumir. No obstante, queremos dejar esbozados algunos elementos.

La primera pregunta que surge es la relativa a los logros. Desde nuestro punto de vista, el principal es que a pesar de las contradicciones entre los estrategas, se ha logrado articular una estrategia coherente y global desde el punto de vista de la arrogancia del poder, que plantea pasos concretos destinados a evitar hasta donde sea posible una invasión militar directa, pero que no la elude, por el contrario, se sigue preparando para poder instrumentarla lo mejor posible. De esta suerte, tanto doctrinaria como prácticamente, han encarnado dos conceptos de intervención en el Tercer Mundo inextricablemente relacionados, la Guerra de Baja Intensidad y el Despliegue Rápido.

De manera consecuente, se ha conseguido reestructurar a las fuerzas armadas norteamericanas para incorporar los instrumentos idóneos para implementarlos, las Fuerzas de Operaciones Especiales, y las Fuerzas de Despliegue Rápido. Asimismo, esto se ha podido reflejar en la estructura de las fuerzas armadas aliadas, creando unidades semejantes.

Se ha logrado también cambiar la naturaleza de la guerra, irregularizándola y prolongándola, y resaltando la dimensión política del conflicto. El objetivo fundamental son "los corazones y las mentes" de la población. Con ello se pretende dar un respiro al ejército salvadoreño, cambiando de táctica y obligando al FMLN a dispersar su esfuerzo por todo el territorio, lo que lo limitaría para concentrar sus fuerzas y dar golpes significativos de carácter estratégico. Como contraparte, se pretende ahogar al gobierno nicaragüense obligándolo, como lo han hecho, a destinar más del 50% de su presupuesto a las tareas de defensa, y creando "vulnerabilidades" dentro de la sociedad por la desatención de áreas del mismo destinadas al desarrollo económico y social.

Son más que ilustrativos los datos proporcionados por Jaime Wheelock, ministro nicaragüense de Desarrollo Agropecuario y Reforma Agraria. Por la guerra se han desplazado a 250 mil personas y centenares de miles se encuentran refugiados, lo que ha significado construir 190 pueblos desde 1983, sobre todo asentamientos campesinos que deben disponer de infraestructura productiva, riego, equipos y ayuda alimentaria por seis o nueve meses, mientras producen por sus propios medios. Con respecto a 1982, y a excepción de los productos básicos indispensables (arroz, azúcar, aceite), el consumo de la población ha sufrido un descenso del 25%, con miles de productos que han desaparecido totalmente de la canasta familiar, que si se encuentran es en el mercado negro a precios de especulación. Además de al bloqueo comercial, lo anterior se debe también a la necesidad de imponer políticas restrictivas de importación, tendientes a distribuir los recursos y las divisas entre la defensa y la producción básica indispensable.

Debido a la reorientación de los recursos para la defensa, en los dos últimos años se han reducido o suprimido decenas de proyectos de infraestructura productiva, mejoramiento comunal y vivienda.[1]

En términos de la legitimación de las fuerzas aliadas y del necesario apoyo interno, dentro de la sociedad norteamericana el gobierno de Reagan ha logrado levantar la imagen del presidente salvadoreño Napoleón Duarte, como la opción demócrata-cristiana de centro, alternativa a los dos polos de la extrema izquierda y la extrema derecha. Asimismo, ha logrado exaltar los procesos electorales de Honduras, Guatemala y Costa Rica como ejemplos de un ejercicio de la democracia contrapuesto al "totalitarismo" nicaragüense. Su mayor éxito ha sido, sin duda, la involucración del Congreso en la "legitimación" de la política de reversión contra el gobierno nicaragüense, a partir de la aprobación de la ayuda para la contrarrevolución. Por otra parte, también ha conseguido magnificar la dimensión del terrorismo, que se ubicaba fuera del CBI, y que ahora se asume como guerra permanente sin fronteras, con una definición tan ambigua que amplía el espectro de las posibilidades intervencionistas, y que está pensada para que el pueblo norteamericano sienta de manera más directa la amenaza de los CBI. Con ello lo que se ha pretendido es lograr una *fuerza moral* para la política de fuerza.

El gobierno de Reagan también ha sido exitoso al introducir una punta de lanza de la estrategia de FDR en la región por medio de la ocupación militar de Honduras, y con la construcción de la infraestructura militar necesaria para la invasión. Pero la función de Honduras está contemplada dentro de la estrategia global, por lo que, con su ayuda, se ha propiciado también el entrenamiento para la invasión por la vía de las maniobras, así como el ensayo de la nueva estrategia de GBI, con la incorporación de ejercicios de contrainsurgencia, acción cívica militar, y atención médica. No cabe duda que las fuerzas armadas norteamericanas se encuentran en mejores condiciones para implementar ambas alternativas de

[1] Jaime Wheelock Román, "1986: el tiempo de la resistencia económica", en *América Central. Boletín Informativo,* Año 4, núm. 49, México, Agencia Nueva Nicaragua, 1 de enero de 1987, p. 9.

la estrategia militar global, a partir de su entrenamiento en un terreno muy similar al de los países críticos.

En términos muy generales, éstos serían los principales avances norteamericanos. Abordemos sus limitaciones.

Con la GBI se reconoce la interrelación entre factores económicos, políticos, sociales y militares. Siendo esto correcto, la principal limitación a la estrategia norteamericana es justamente la incapacidad de poder resolver los aspectos no militares de la crisis. Habría necesidad de profundizar en el estudio de la implementación de las propuestas del *Informe Kissinger* destinadas a mejorar la situación económica y social de los países del área: ¿Se ha propiciado el crecimiento económico?, ¿se ha estimulado el desarrollo económico que beneficie a todos por igual?, ¿se ha iniciado el desarrollo de economías fuertes y libres?, ¿se ha avanzado en el desarrollo regional integral?

La principal dificultad es que los problemas de pobreza, vivienda, salud, educación, empleo, distribución del ingreso, etc., no pueden ser resueltos sin verdaderas reformas estructurales. Para ganar "los corazones y las mentes" de la población se requeriría de eso, no de una ayuda económica que en lo fundamental se ha destinado directa o indirectamente al esfuerzo bélico, combinada con una acción cívica que pretende ahora maquillar la imagen represiva de los aparatos de seguridad, y con operaciones psicológicas que pretenden ocultar lo evidente.

Pobres han sido también los resultados en el terreno militar de la contrainsurgencia. El FMLN salvadoreño no sólo mantiene bajo su control la tercera parte del territorio del país, sino que ha logrado aumentar su radio de acción. Después de un primer momento de descontrol por la nueva estrategia, las fuerzas revolucionarias pudieron responder militarmente al nuevo reto irregularizando otra vez sus fuerzas y tratando de llevar la lucha a todo el territorio nacional. El constante sabotaje a la economía del país se convierte en un elemento central de la respuesta revolucionaria, incrementándole enormemente al gobierno los costos de la guerra. Por otra parte, esta adecuación del FMLN a la nueva estrategia militar no ha impedido que se continúen dando operativos que dan cuenta de su fortaleza militar, como los realizados contra algunos importantes cuarteles militares.

El 30 de diciembre, el FMLN emite un balance de su accionar militar durante 1986 a través de Radio Venceremos. Reivindica 6 151 bajas gubernamentales, entre las que se encuentran 65 oficiales, destaca como una de las acciones más importantes el ataque a la Tercera Brigada de Infantería en la ciudad oriental de San

Miguel, realizada el 19 de junio, e informa que la expansión de las unidades guerrilleras abarcó incluso la periferia de la capital San Salvador. Según la insurgencia, su nueva táctica de dislocación y concentración de fuerzas les permite realizar además de golpes de mediana envergadura, la apertura de nuevos teatros de operaciones.

Por otra parte, afirman "haber desestabilizado la economía de guerra del gobierno". Con ello sumado, "los planes contrainsurgentes de los militares fueron un fracaso en todo el país". Una prueba de ello es la propia transmisión de Radio Venceremos que reinicia sus actividades el 1 de enero de 1987 desde el cerro de Guazapa, sometido durante casi todo el año a uno de los operativos contrainsurgentes más prolongados, la Operación Fénix, destinada a desalojar de la zona al FMLN.[2]

Tampoco ha resultado favorable el balance de la incorporación de la población a las tareas de la defensa, ni la pretendida "humanización" de la guerra. Continúan los reportes sobre las violaciones de los derechos humanos y cabe preguntarse qué resultados favorables al gobierno ha tenido el reasentamiento forzoso de la población, su incorporación no voluntaria a las patrullas de autodefensa civil, y los bombardeos indiscriminados que han sufrido. El propio gobierno tuvo que reconocer el fracaso de la campaña Bienestar para San Vicente, y la iglesia católica testificó que en el operativo contra el cerro de Guazapa, a pesar del bombardeo indiscriminado, los campesinos rehusaban trasladarse a campamentos de desplazados, y los que habían sido forzados, manifestaban su voluntad para regresar a su tierra.

"Los corazones y las mentes" de la población salvadoreña siguen aferrados a los reclamos de justicia social. El auge del movimiento de masas es un ejemplo indiscutido, y si el régimen se negó a incorporar al movimiento popular para que participara en la última propuesta fracasada de diálogo —como lo demandara el FMLN-FDR—, es justamente porque no ha podido ganar la voluntad popular.

Como lo señala el comandante Joaquín Villalobos del FMLN, la reactivación económica es esencial para lograr algunos avances en los componentes políticos del plan contrainsurgente, también es fundamental para ganar la guerra. Pero para reactivar la economía es necesario ganar la guerra, y esa posibilidad no se vislumbra a mediano plazo.

[2] *El Salvador,* Resumen Semanal Salpress-Notisal, México, Salpress, 29 de diciembre de 1986-4 de enero de 1987.

Durante su gobierno, Duarte no ha logrado reactivar la economía, y las medidas tomadas han generado serias contradicciones con la empresa privada. Los llamados "paquetazos económicos" de enero y diciembre de 1986, que incluyeron la devaluación del colón en un 100 por ciento y la implementación de un impuesto de guerra y otros gravámenes, llevaron a que dentro de la confrontación, los sectores más reaccionarios dentro del empresariado, pidieran a los militares que retomaran las riendas del gobierno, insinuando la posibilidad de un golpe de Estado.

Del lado popular, las consecuencias de las medidas económicas se han expresado en la realización de más de 200 paros, huelgas, movilizaciones y acciones de protesta contra la política gubernamental. Especial importancia ha tenido la creación, el 8 de febrero de 1986, de la Unidad Nacional de los Trabajadores Salvadoreños, considerado el frente sindical más amplio de la historia reciente del país, que para finales de año ya aglutinaba a más de 300 mil afiliados, y que ante el segundo "paquetazo" logra convocar una marcha de alrededor de 30 mil personas.

En el caso de Nicaragua también existe un reconocimiento explícito del fracaso militar de la contrarrevolución. Se sabe que no tiene ninguna opción y que, por el contrario, ha sufrido serias derrotas. Esta falta de credibilidad se relaciona con su incapacidad de poder superar sus contradicciones internas, a pesar de todos los esfuerzos en contra del gobierno de Reagan.

La crisis más grave de la contrarrevolución nicaragüense se presenta en medio de las revelaciones mayores del escándalo del "Irangate", lo que no resulta oportuno para el gobierno de Reagan. El 24 de enero de 1987, siete comandantes del Frente Sur anuncian su ruptura con la FDN, acusando a Estados Unidos de empecinarse en favorecer a líderes militares identificados con el somocismo, motivo por el cual continuarán su lucha de manera independiente.

Paralelamente, Arturo Cruz plantea por enésima vez su amenaza de renunciar a la dirigencia de la UNO por discrepancias mantenidas con Adolfo Calero, líder también de la FDN, particularmente referidas al manejo de los fondos de ayuda. El funcionario encargado de tratar de disuadirlo de tales intenciones es el secretario adjunto para Asuntos Interamericanos, Elliot Abrams.

Por su parte, el tercer dirigente de la UNO, Alfonso Robelo, también ha manejado contradicciones con la FDN, denunciando su intento de control del movimiento contrarrevolucionario.

El gobierno nicaragüense considera derrotada estratégicamente a la contra. De acuerdo con la información proporcionada por el presidente Daniel Ortega en su mensaje de fin de año, las filas contrarrevolucionarias se han mermado en un considerable 50% debido a varios factores, siendo los más destacados las bajas sufridas en combate, el proceso de autonomía de la Costa Atlántica impulsada por el gobierno, y el acogimiento a la amnistía ofrecida. Las cifras proporcionadas por el presidente Ortega establecen en 6 500 la fuerza actual de la contrarrevolución.

Un paso de suma trascendencia en la consolidación interna del nuevo Estado surgido de la revolución antisomocista, es la aprobación de la nueva Constitución, sometida a un amplio debate, a pesar del intento de boicot de los partidos de oposición para suspenderlo y para que en las discusiones finales el FSLN se quedara solo. En la nueva Constitución se establecen, entre otros principios: que la soberanía de la nación reside en el pueblo; el carácter libre, independiente, unitario e indivisible de Nicaragua; el respeto al pluralismo político y la economía mixta; el no alineamiento en el terreno de la política internacional; y la celebración de elecciones cada 6 años.

En el terreno militar, el principal elemento disuasivo de una intervención militar directa norteamericana, es aumentar los costos materiales y humanos de semejante eventualidad. El impresionante desfile militar de 90 minutos, que fue el acto central de la conmemoración del 25 aniversario de la fundación del FSLN el 8 de noviembre de 1986, llevaba impreso ese mensaje en los bloques que desfilaron dando cuenta de su disciplina y destreza técnica.

La misma lectura proporcionan las maniobras *Subtiava 86*, realizadas del 16 al 18 de diciembre del mismo año en los departamentos de León y Chinandega. Con la participación de 6 500 efectivos de la Fuerza Aérea y de Defensa Antiaérea, y tropas guarda fronteras y de destino especial, el objetivo era la preparación ante una invasión terrestre, aérea o marítima, bajo el principio de la resistencia popular activa, ocasionando el empantanamiento del invasor.

Estas limitaciones impuestas por los pueblos han llevado justamente a que la estrategia norteamericana sea más compleja, y a que el objetivo sea global y no sólo militar, por lo que la solución se plantea a largo plazo. Como lo citamos en el texto, algunos estrategas consideran que en esta ocasión —y a diferencia del Sudeste asiático—, la ventaja logística está al lado norteamericano dada la vecindad a la zona de conflicto, por lo que se podría combatir una guerra prolongada "que tal vez dure décadas". Éste es un aspecto fundamental que hay que retener en el análisis de las perspectivas regionales.

El reto inmediato de los pueblos centroamericanos es una guerra prolongada de desgaste global que incorpora elementos económicos, políticos, sociales, psicológicos, y, por supuesto, militares. Como puede verse, esta estrategia tiene limitaciones intrínsecas, no obstante, no deja de ser costosa. Tiene que ser enfrentada en su especificidad, sin olvidar que la opción de invasión no ha sido descartada.

Caspar Weinberger, como jefe del Pentágono se muestra mucho más cauteloso para involucrar al ejército. Shultz, como jefe de la diplomacia enseña la otra cara, no desarticulando la política de las medidas de fuerza. Como vimos, sin duda este último fue el principal promotor del bombardeo quirúrgico contra Libia. Ello no quiere decir que el primero sea renuente al uso de la fuerza, por el contrario, como veremos, lo favorece bajo ciertas condiciones, entre las que destacan que sea la última opción y que a nivel militar se encuentren bien preparados para asumirlo.

Desde nuestro punto de vista, la posición de Weinberger vendría a sintetizar lo fundamental de la revisión doctrinaria y, sobre todo, su globalidad. La Guerra de Baja Intensidad como guerra prolongada de desgaste en sus tres ejes (contrainsurgencia, reversión y antiterrorismo) está destinada a evitar —hasta donde sea posible— la decisión de una invasión, por lo que se recurre a ayudar a las fuerzas aliadas. Si ello no funciona, y ante el supuesto de un enemigo debilitado por la prolongación de la GBI, habrá que estar preparados para escalar el conflicto a un nivel de mediana intensidad por la vía de la invasión militar directa.

Esta opción ha sido claramente expuesta por el jefe del Pentágono. En un discurso sobre los usos del poder militar, pronunciados el 28 de noviembre de 1984, Weinberger plantea seis condiciones para decidir un compromiso de las tropas norteamericanas:

PRIMERA: Estados Unidos no debe enviar fuerzas de tierra a combatir en el extranjero, salvo circunstancias o enfrentamientos vitales para su interés nacional o el de sus aliados.

SEGUNDA: Si estimamos necesario enviar tropas de combate al extranjero debemos hacerlo en serio y con la firme intención de ganar.

TERCERA: Si decidimos enviar fuerzas a luchar al extranjero debemos darnos objetivos políticos y militares bien definidos y saber con precisión cómo nuestras fuerzas están en condiciones de alcanzar tales objetivos bien definidos; lo que es más, no debemos asignar a tales fuerzas otros objetivos que ésos.

CUARTA: La relación entre nuestros objetivos y las fuerzas que hemos comprometido —su número, su composición y su organización— debe ser constantemente revaluada y ajustada si es necesario.

QUINTA: Antes que Estados Unidos comprometa unidades de combate en el extranjero, debemos estar razonablemente seguros de que tenemos el apoyo del pueblo norteamericano y de sus representantes electos para el Congreso. No podemos desarrollar en casa una batalla con el Congreso al mismo tiempo que pedimos à nuestras tropas que ganen una guerra en el extranjero o, como en el caso de Vietnam, pidiéndoles de hecho que no ganen sino simplemente que hagan acto de presencia.

SEXTA: El compromiso de las fuerzas norteamericanas no debe ser decidido más que en la última instancia.[3]

Este planteamiento es totalmente coherente con lo que se ha implementado en la estructura de las fuerzas armadas norteamericanas. Así, el abanico de opciones intervencionistas norteamericanas van desde la diplomacia coercitiva hasta la invasión militar directa, con modalidades acordes a cada situación específica. Por ejemplo, se puede tener el objetivo de proporcionar tiempo y espacio a las fuerzas nativas aliadas para recuperar la iniciativa táctica y el control de las operaciones tácticas; se puede introducir un contingente pequeño de FOE para el sabotaje de objetivos militares y económicos estratégicos; se puede bombardear quirúrgicamente; y, se puede hacer una invasión por saturación, con elementos combinados de las FDR y de las FOE.

Dentro de esta lógica militar irrumpe el escándalo en el que se ve envuelta la administración Reagan desde octubre de 1986, y que pasamos a considerar.

La captura y juicio en Nicaragua del mercenario Eugene Hasenfus y el destape de la venta de armas a Irán y su conexión con la ayuda clandestina a la contra, ponen de manifiesto varios elementos. En primer lugar, la imposición por parte de la Casa Blanca de una red oculta de política exterior, dirigida desde el interior del Consejo de Seguridad Nacional, cuyas funciones exclusivas de asesoría se dejaban de lado, asumiendo operativamente políticas ilegales en el exterior. En segundo lugar, se evidencia la intrincada red de abastecimiento clandestino a la contra por parte del gobierno norteamericano, que pasa por encima de las prohibiciones impuestas por el Congreso norteamericano. En tercer lugar, se constata la utilización de la mentira y el engaño por parte del ejecutivo, lo que lleva consecuentemente a una crisis de credibilidad del presidente Reagan.

[3] Citado por Eric R. Alterman, "Entusiasmo de los civiles, prudencia del Pentágono", en *Le Monde Diplomatique en Español,* México, mayo de 1986, pp. 1, 6 y 7.

Esta última se empieza a gestar por el descubrimiento de la campaña de desinformación a la prensa en contra de Libia promovida por el ejecutivo, lo que obviamente se agudiza al constatarse que el discurso reaganiano que se manejó contra ese país, no tenía correspondencia con la práctica concreta en Irán, habiéndose dado un acercamiento con el demonizado gobierno iraní para negociar lo que en la diatriba era innegociable: la liberación de rehenes en manos de terroristas, mediante la cual, además, se proporcionaban armas al enemigo.

En ese contexto, al Partido Demócrata se le abren las puertas para la recuperación del control del Congreso norteamericano más allá de las expectativas que se tenían, así como la oportunidad para explotar a su favor la desgastada credibilidad de Reagan en las elecciones presidenciales de 1988.

Las especulaciones en torno a la posibilidad de un cambio sustancial de dirección en la política norteamericana hacia Centroamérica se desvanecen si se analizan algunos hechos. Ciertamente la red clandestina de política exterior dirigida por la Casa Blanca ha sido desmantelada con el escándalo del "Irangate", sin embargo, el Departamento de Estado no ha sido tocado por el mismo, de suerte que el efecto más previsible es que la política sea ahora más abierta y sujeta al control del Congreso y de la opinión pública.[4]

El 6 de enero de 1987 se instaló la nueva mayoría demócrata en el Congreso. Algunos líderes que se habían opuesto a la ayuda a la contra han sido colocados en puestos clave: el nuevo líder de la mayoría en el Senado, Robert Byrd, Clairborne Pell, que presidirá el Comité de Relaciones Exteriores de la misma Cámara, y Cristopher Dodd, que sustituirá al ultraconservador Jesse Helms en la presidencia del Subcomité de Asuntos Hemisféricos de la Cámara Alta.

Entre los cambios que anuncia Byrd está la negativa al financiamiento encubierto de la guerra en Centroamérica, con lo que "devolveremos al centro los extremos de este gobierno". Clairborne Pell señala que "habrá un menor énfasis en los contras nicaragüenses que sabemos son unos terroristas... yo confío en que podamos reducir el apoyo a esos grupos".[5]

[4] Véase *Estados Unidos-Centroamérica. Boletín de Análisis e Información*, núm. 12-13, diciembre 1986-enero 1987, *op. cit.*

[5] "El triunfo demócrata ante la crisis centroamericana", en *El Salvador. Proceso, Informativo Semanal*, Año 7, núm. 263, El Salvador, Centro Universitario de Documentación e Información, p. 11, 12 de noviembre de 1986.

Hasta este momento ha sido evidente la ausencia de un proyecto demócrata alternativo a la GBI impuesta por el gobierno de Reagan y su equipo de estrategas. A ella jamás se ha contrapuesto una posición que reivindique los principios elementales de la convivencia y el derecho internacional, fundamentalmente el del respeto a la autodeterminación. A esto hay que añadir el hecho de que si alguna batalla ha ganado indudablemente el gobierno de Ronald Reagan, ésta es la que se libró en el terreno ideológico: los sectores más liberales de los demócratas están convencidos de que Nicaragua está alineada con el Este.

El indicador más claro de lo que será la posición demócrata para continuar con la reversión del proceso nicaragüense está en la historia y contenido de la propuesta de paz del presidente de Costa Rica, Óscar Arias, que —aunque se niega— pretende sustituir a la del Grupo Contadora.

Teniendo como contexto el "Irangate" y la crisis interna de la contra, la propuesta empieza a ser discutida a mediados de diciembre de 1986 en San José, con los senadores demócratas Cristopher Dodd y John F. Kerry. En ella se plantea la suspensión de la ayuda financiera norteamericana a los contras, un cese al fuego para que el gobierno sandinista inicie un proceso de reconciliación interna con las fuerzas políticas que residen en Nicaragua, que culminaría en "elecciones presidenciales libres".

El 28 de enero de 1987, el presidente Arias anuncia que ha convocado a los presidentes de Guatemala, Honduras y El Salvador a una reunión propuesta para el 15 de febrero en San José, para discutir la propuesta.

De esta suerte, el énfasis de la reversión estaría colocado en la presión política y el apoyo a la oposición en el interior de Nicaragua. Cristopher Dodd y el también senador por los demócratas Lowell Weicker proponen —en la misma fecha en que Arias presenta su convocatoria a los presidentes— que se ayude financieramente a esos grupos. Los recursos provendrían de los 40 millones de dólares que falta desembolsar de los 100 millones aprobados en 1986 como ayuda humanitaria y militar a los antisandinistas. Una parte estaría destinada a reubicar a estas fuerzas, ya que "después de aumentar su crecimiento y desarrollo, no podemos abandonarlas". Otra serviría para apoyar la iniciativa de paz de Contadora, y para ayudar a las "fuerzas democráticas civiles" dentro de Nicaragua, que "están vivas, pero necesitan ayuda", ya que son ellas y no los "luchadores de fin de semana en Miami" las que forzarán la democracia en el país.

Dentro de su argumento señalan que la política de Reagan no

le sirve a Estados Unidos ni a sus aliados centroamericanos ni a sus relaciones con América Latina, Europa y el resto del mundo. "Únicamente beneficia a Nicaragua, que justifica con la guerra de los contras la cada vez más numerosa presencia soviética en el país y la falta de libertades", según lo manifiesta Cristopher Dodd.

Redondeando el abanico de posibilidades, y ante la eventualidad de que "los marxistas no respeten los acuerdos", ambos legisladores afirmaron, "si no cumplen, entonces con todo el peso de la ley de nuestra parte, a Estados Unidos le queda la opción militar".[6]

Cristopher Dodd fue el negociador del indulto al mercenario Hasenfus, concedido por la Asamblea Nacional nicaragüense a petición del presidente Daniel Ortega, lo que se interpretó como una muestra de la buena voluntad del gobierno sandinista para abrir aspacios de diálogo con el gobierno norteamericano.

De sus declaraciones y de sus movimientos políticos por la región, así como de la adhesión de otros demócratas a sus posiciones, resulta evidente que lo que se puede esperar de los mismos es un cambio de forma en el eje de la reversión, no de contenido.

Indudablemente, la línea que abren los demócratas parece más astuta, ya que a pesar de los tropiezos iniciales que pueda tener —básicamente porque aún no son gobierno—, el cambio de énfasis de lo militar a lo político con el apoyo directo a la oposición "democrática", aunado a un trabajo ideológico y diplomático, podría sumar adhesiones de gobiernos latinoamericanos y europeos. Todo ello sin que la opción militar sea descartada. El derecho a la autodeterminación y la enorme legitimidad interna del gobierno sandinista desaparecen del horizonte de consideraciones de la nueva mayoría para tratar de lograr lo que la administración Reagan no ha podido.

Mientras siga en el poder, Reagan continuará apoyando a sus "luchadores de la libertad". Nuevamente ha iniciado su campaña publicitaria para obtener ahora 105 millones de ayuda para ellos, y su subsecretario de Estado para Asuntos Interamericanos, Elliot Abrams, sigue tratando de evitar la ruptura de su unidad. Este apoyo se seguirá combinando con los otros elementos que conforman la globalidad de la política desestabilizadora.

Por otra parte, el eje del antiterrorismo se ve desprestigiado

[6] "Para no convertir a Nicaragua en otra Cuba EU debe suspender la ayuda a los contras", en *Excélsior,* México, 29 de enero de 1987, pp. 10 y 14, Sección A.

también por el escándalo del "Irangate" debido a la falta de coherencia entre la diatriba y la práctica concreta. En este sentido se puede esperar una moderación en la respuesta, sobre todo en los golpes de represalia de carácter quirúrgico como el de Libia, pero no el abandono de este eje que se seguirá presentando en vinculación con la guerra al narcotráfico internacional.

Por último, el eje de la contrainsurgencia mantendrá su ruta en la medida en que no ha sido tocado por la crisis. Más aún, los demócratas están obligados a perfeccionarlo ante la perspectiva de un triunfo electoral en 1988, ya que es el que evitará que sean acusados de indiferencia o complicidad en la pérdida de espacios del "mundo libre".

Las perspectivas de la GBI en la región se mantendrán sustancialmente, con la introducción de los matices que hemos señalado. Igualmente, la respuesta popular ante esta guerra contrarrevolucionaria prolongada se sintetiza en la consigna levantada por los nicaragüenses para unir su voz y su lucha durante 1987: "aquí no se rinde nadie". Sobre el desenlace del conflicto regional ya apuntábamos en nuestro epígrafe que, como afirma Eduardo Galeano, "la historia es un profeta con la mirada vuelta hacia atrás: por lo que fue, y contra lo que fue, anuncia lo que será".

GLOSARIO DE SIGLAS

AC	— Asuntos Civiles
ACOE	— Agencia Conjunta de Operaciones Especiales/Joint Special Operations Agency
AID	— Agencia para el Desarrollo Internacional
ALPRO	— Alianza para el Progreso
ARDE	— Alianza Revolucionaria Democrática
BIAT	— Batallones de Infantería Antiterrorista
CBI	— Conflicto de Baja Intensidad
CMI	— Conflicto de Mediana Intensidad
CONADES	— Comisión Nacional de Asistencia a la Población Desplazada
CONARA	— Comisión Nacional de Reconstrucción de Áreas
CREM	— Centro Regional de Entrenamiento Militar
DDI	— Defensa y Desarrollo Interno
EEM	— Equipos de Entrenamiento Militar
FAS	— Fuerza de Asistencia en Seguridad
FDN	— Fuerza Democrática Nicaragüense

FDR	—	Fuerza de Despliegue Rápido
FM	—	*Field Manual/Manual de Campo*
FMLN-FDR	—	Frente Farabundo Martí para la Liberación Nacional -Frente Democrático Revolucionario
FMS	—	Foreign Military Sales/Programa de Ventas Militares al Exterior
FOE	—	Fuerzas de Operaciones Especiales
GBI	—	Guerra de Baja Intensidad
GFE	—	Grupos de Fuerzas Especiales (de Boinas Verdes)
IMET	—	International Military Education and Training Program -Programa Internacional de Educación y Entrenamiento Militar
MACV	—	Military Assistance Command, Vietnam/Comando de Asistencia Militar en Vietnam
MAP	—	Military Assistance Program/Programa de Asistencia Militar
OASD/SA	—	Office, Assistant Secretary of Defense, Systems Analysis /Oficina del Secretario de Defensa Asistente para Análisis de Sistemas
OPSIC	—	Operaciones Psicológicas
OTAN	—	Organización del Tratado del Atlántico del Norte
PPBS	—	Planning, Programming and Budgeting System/Sistema de Planificación, Programación y Presupuesto
PRAL	—	Patrullas de Reconocimiento de Alcance Largo
SEALS	—	FOE de la Marina, conocidas como tropas de Mar-Aire-Tierra (Sea-Air-Land)
UNO	—	Unión Nacional Opositora
USCENTCOM	—	United States Central Command/Comando Central de Estados Unidos

BIBLIOGRAFÍA

Libros

Aron, Raymond, *Penser la guerre,* París, Gallimard, 1977, 2 vols.

Beckett, Ian F. W. y John Pimlott (Ed.), *Armed forces and modern counterinsurgency,* Croom Helm Ltd., Londres, G. B., y Sidney, Australia, 1985.

Bermúdez, Lilia y Antonio Cavalla, *Estrategia de Reagan hacia la revolución centroamericana,* México, Nuestro Tiempo, 1982.

Blaufarb, Douglas S., *The counter-insurgency era. U. S. doctrine and performance, 1950 to the present,* Nueva York, The Free Press, 1977, p. 104.

Clausewitz, Karl von, *De la guerra,* México, Ed. Diógenes, 1973, 3 vols.
Cohen, Joshua y Joel Rogers, *Inequity and intervention: The Federal Budget and Central America,* PACCA series on the domestic roots of the United States foreign policy, South End Press, Boston, Ma., 1986.
Dickey, Christopher, *With the Contras. A reporter in the wild of Nicaragua,* Nueva York, Simon and Schuster, 1985.
Dieterich, Heinz, *Centroamérica en la prensa estadunidense,* México, Mex-Sur Editorial, 1985.
Engels, Federico, *Temas militares,* Madrid, Akal Editor, 1975.
Kelly, coronel Francis J., *U. S. Army Special Forces 1961-1971,* Washington, D. C., Department of the Army, 1973.
Klare, Michael T., *Beyond the "Vietnam syndrome",* Washington, Institute for Policy Studies, 1981.
Klare, Michael T., *La guerra sin fin,* Barcelona, España, Editorial Noguer, 1974.
Paddock Jr., Alfred H., *U. S. Army special warfare. Its origins. Psychological and unconventional warfare, 1941-1952,* Washington, National Defense University Press, Fort Lesley J. McNair, 1982.
Ra'anan, Uri *et al., Hydra of Carnage. The international linkages of terrorism and other low intensity operations,* Lexington, Massachusetts/Toronto, Lexington Books, 1986.
Sarkesian, Sam y William L. Scully (Ed.), *U. S. policy and low intensity conflict. Potentials for military struggles in the 1980s,* New Brunswick (USA) y Londres (UK) Transaction Books, 1981.
Selser, Gregorio, *De cómo Nixinger desestabilizó a Chile,* Buenos Aires, Hernández Editor, 1975, p. 13.
Selser, Gregorio, *Informe Kissinger contra Centroamérica,* México, El Día en Libros. 1984.
Summers Jr., coronel de infantería Harry G., *On strategy. A critical analysis of the Vietnam war,* Nueva York, Dell Publishing Co., 1984.
Watson, Peter, *Guerra, persona y destrucción. Usos militares de la psiquiatría y la psicología,* México, Editorial Nueva Imagen, 1982.
White, Richard Alan, *The Moras. United States intervention in Central America,* Nueva York, Harper & Row, 1984.

Artículos especializados

Aguilera Peralta, Gabriel, "Militarismo y lucha social en Guatemala", en *Cuadernos,* año 2, núm. 3, enero de 1985, México, Ciencia y Tecnología para Guatemala.
"America's secret soldiers: The buildup of U. S. special operation forces", *The Defense Monitor,* vol. XIV, núm. 2, 1985, Washington, D. C., Center for Defense Information.
Baratto, coronel David J., US Army, "Special forces in the 1980s: A strategic", *Military Review,* vol. LXIII, núm. 3, marzo de 1983, Fort Leavenworth, Kansas.

Barnes Jr., teniente coronel Rudolph C., US Army Reserve, "Special operations an the law", en *Military Review,* vol. LXVI, núm. 1, enero de 1986, Fort Leavenworth, Kansas.

Bermúdez, Lilia, "Centroamérica: la militarización en cifras", en *América Central: la estrategia militar norteamericana y el proceso de militarización (1980-1984)*, Cuaderno de Trabajo núm. 4, México, Centro de Investigación y Acción Social, enero de 1985.

Bermúdez, Lilia y Raúl Benítez, "Los 'Combatientes de la Libertad' y la guerra de baja intensidad contra Nicaragua", *Estados Unidos. Perspectiva latinoamericana* núm. 18, 2o. semestre de 1985, México, CIDE.

Bermúdez, Lilia y Ricardo Córdova, "Estados Unidos: Centroamérica, cuatro años de intervención militar (1981-1984)", en *América Central: La estrategia militar norteamericana y el proceso de militarización (1980-1984)*, Cuaderno de Trabajo núm. 4, Centro de Investigación y Acción Social, México, enero de 1985.

Bermúdez, Lilia y Breny Cuenca, "Comentarios en torno a las recomendaciones de 'Seguridad' en el Informe Kissinger", en *América Central y el Informe Kissinger,* Cuaderno de Trabajo núm. 1, México, Centro de Investigación y Acción Social, s/f.

Boylan, coronel Peter J. (US Army), "Power risk, projection, and the light force", en *Military Review,* vol. LXII, núm. 5, mayo de 1982, Fort Leavenworth, Kansas.

Cavalla, Antonio, Lilia Bermúdez y Ricardo Córdova, *El gobierno de Reagan frente a Centroamérica. Intervención contra liberación nacional (1981-1982)*, cuaderno núm. 6, Serie Análisis de Coyuntura, Centro de Estudios Latinoamericanos, Facultad de Ciencias Políticas y Sociales, UNAM, México, 1982.

Clark, mayor Wesley K., "El gradualismo y la estrategia militar norteamericana", en *Military Review,* septiembre de 1975, Fort Leavenworth, Kansas.

Cohen, senador William S., (R-ME), "A defense special operations agency: Fix for an SOF capability that is most assuredly broken", *Armed Forces Journal International,* enero de 1986.

Daskal, capitán Steven E., US Air Force Reserve, "The insurgency threat and ways to defeat it", en *Military Review,* vol. LXVI, núm. 1, enero de 1986, U.S. Army Command and General Staff College, Fort Leavenworth, Kansas.

Escurra, Ana María, "La lucha ideológica, el papel de las iglesias en USA y la política de la administración Reagan hacia El Salvador", en *América Central y la estrategia de la nueva derecha norteamericana,* Cuaderno de Trabajo núm. 2, México, Centro de Investigación y Acción Social, octubre de 1984.

Evans, Ernest, "Revolutionary movements in Central America; the development of a new strategy", en *Public Policy Week,* American Enterprise Institute, s.f. El artículo se anuncia como parte del libro *Rift and revolution: The Central American imbroglio,* que habrá sido editado por la misma institución a principios de 1984.

Ganley, Michael, "Are soldiers reader for "hot" spots doomed to train at frigid fort drum?", *Armed Forces Journal International,* vol. 122, núm. 10, mayo de 1984.

García Bedoy, Humberto, "Notas sobre la ideología de la 'nueva derecha' norteamericana", en *América Central y la estrategia de la nueva derecha norteamericana,* Cuaderno de Trabajo núm. 2, México, Centro de Investigación y Acción Social, octubre de 1984.

Goldblat, Jozef y Víctor Millán, "The Honduras-Nicaragua conflict and prospects for arms control in Central America, en *SIPRI Yearbook 1984,* Suecia, Stockholm International Peace Research Institute, 1984.

Gropman, coronel Alan L., USAF, "Air power and low-intensity conflict: an airman's perspective", en *Armed Forces Journal International,* vol. 122, núm. 10, mayo de 1985.

Hoang Bich Son, "Guerre speciale et neo-colonialisme", en *Tricontinental,* núm. 3, mayo-junio de 1968, París, Maspero.

Iungerich, Raphael, "US Rapid Deployment Forces —USCENTCOM— What is it? Can it to the job?", en *Armed Forces Journal International,* octubre de 1984.

Jiménez, Edgar, "Comentarios en torno a las recomendaciones 'económicas' en el Informe Kissinger", en *América Central y el Informe Kissinger,* Cuadernos de Trabajo núm. 1, México, Centro de Investigación y Acción Social, agosto de 1984.

Kafkalas, mayor Peter N., U. S. Army, "The light divisions and low intensity conflict: are they lossing sight of each other?, en *Military Review,* vol. LXVI, núm. 1, enero de 1986, Fort Leavenworth, Kansas.

Klare, T. Michael, "Abasteciendo represión", en *Estados Unidos. Perspectiva Latinoamericana,* Cuadernos Semestrales núm. 4, 2o. semestre de 1978, México, CIDE.

———, "Low intensity conflict. The new U.S. strategic doctrine", en *The Nation,* 28 de diciembre de 1985. Traducido por Gregorio Selser, *El Día,* México, 23-29 de enero de 1986.

———, "Maneuvres in search of an invasion", *The Nation,* 9 de junio de 1984. Reimpreso en *Reprint,* Washington, Institute for Policy Studies.

———, "The Reagan doctrine", en *Inquiry,* marzo-abril de 1984.

Koch, Noel C., "Is there a role for air power in low-intensity conflict?, en *Armed Forces Journal International,* vol. 122, núm. 10, mayo de 1985.

Lozano, Lucrecia y Raúl Benítez Manaut, "De la contención pasiva a la guerra de baja intensidad en Nicaragua", en *Cuadernos Políticos* núm. 47, julio-septiembre de 1986, México, Era.

Manny Lund, Daniel, "El síndrome post-Vietnam y la política del imperialismo norteamericano en América Central, en *Iztapalapa,* Revista de Ciencias Sociales y Humanidades, año 5, núms. 10-11, enero diciembre de 1984, México, Universidad Autónoma Metropolitana/ Iztapalapa.

McEwen, capitán Michael T., Army National Guard, "Psychological operations against terrorism: the unused weapon", *Military Review,* vol. LXVI, núm. 1, enero de 1986, Fort Leavenworth, Kansas.

Miles, Sara, "The real war, low intensity conflict in Central America", en *NACLA Report on the Americas,* vol. XX, núm. 2, abril-mayo de 1986, Nueva York.

Morelli, general de división Donald R., US Army, Retird, y Ferguson, mayor (P) Michael M., US Army, "Low-intensity conflict: an operational perspective", en *Military Review,* vol. LXIV, núm. 11, noviembre de 1984, Fort Leavenworth, Kansas.

Norton Moore, John, "Global order, low intensity conflict and a strategy of deterrence", *Naval War College Review,* enero-febrero de 1986.

On a short fuse: Militarization in Central America, Caribbean Basin Information Proyect, Washington, editado por Public Media Center, San Francisco, s/f.

Oseth, teniente coronel John M., US Army, "Intelligence and low intensity conflict", *Naval War College Review,* vol. 37, núm. 6, noviembre-diciembre de 1984.

Parks, Leslie *et al.,* "Background information on U.S. security asistance and military operations in Honduras", en *Resource,* Washington, Institute for Policy Studies, Update 9, 30 de mayo de 1984.

Paschall, coronel Rod, "Low intensity conflict doctrine: who needs it?, *Parameters,* vol. XV, núm. 3, otoño de 1985, Journal of the US Army War College, Carlisle Barracks, Pa.

Selser, Gregorio, "Estados Unidos en Centroamérica: El 'contraterrorista' terrorismo de Estado de los militares y policía", en *Cuadernos Americanos,* año XLV, núm. 1, enero-febrero de 1986, México.

Stone, Peter H., "The special forces in 'covert action' ", en *The Nation,* 7-14 de julio de 1984.

Summers, Jr., coronel Harry G., US Army, "Principles of war and low-intensity conflict", en *Military Review,* vol. XVI, núm. 3, marzo de 1985, Fort Leavenworth, Kansas.

Taylor, teniente coronel James A., US Army, "Military medicine's expanding role in low-intensity conflict", *Military Review,* vol. LXV, núm. 4, abril de 1985, Fort Leavenworth, Kansas.

"Total war in El Salvador: Post-Vietnam U.S. counterinsurgency strategy", en *Focus on Central America. Alert!,* U.S. Committee in Solidarity with the People of El Salvador, Nueva York.

Totten, teniente coronel Michael W., US Army, "US Army psychological operations and the Army reserve", *Military Review,* vol. LXIII, núm. 12, diciembre de 1983, Fort Leavenworth, Kansas.

"US special operations revisited", *Defense and Foreign Affairs,* octubre de 1985.

Villalobos, Joaquín, "El estado actual de la guerra y sus perspectivas", en *Estudios Centroamericanos,* año XLI, núm. 449, marzo de 1986, Universidad Centroamericana José Simeón Cañas, El Salvador.

Waltz, Kenneth N., "A strategy for the rapid deployment force", en *International Security,* primavera de 1981, Center for Science and International Affairs, Harvard University. Reeditado en *Current News,* special edition, núm. 769, 8 de octubre de 1981, Department of the Air Force.

Ware, coronel Fletcher, "La División de Paracaidistas y un concepto estratégico", en *Military Review,* marzo de 1976, Fort Leavenworth, Kansas.

Westmoreland, general William C., "Vietnam en perspectiva", en *Military Review,* enero de 1976, Fort Leavenworth, Kansas.

"Who's who in Nicaragua's military opposition", en *Update* vol. 3, núm. 24, 23 de julio de 1984, Central American Historical Institute, Intercultural Center, Georgetown University, Washington, D.C.

Winnick, Andrew, "Rápido despliegue y guerra nuclear", en *Nexos,* año VII, vol. 7, núm. 76, abril de 1984, México.

Wright, mayor Jeffry W., US Army, "Terrorism: a mode of warfare", en *Military Review,* vol. LXIV, núm. 10, octubre de 1984, Fort Leavenworth, Kansas.

Documentos oficiales, ponencias y artículos de funcionarios u organismos oficiales del gobierno norteamericano

Bouchey, L. Francis, Roger Fontaine y otros, "Las relaciones interamericanas: escudo de la seguridad del Nuevo Mundo y espada de la proyección del poder global de Estados Unidos", en *Estados Unidos. Perspectiva latinoamericana,* Cuadernos Semestrales núm. 9, septiembre de 1981, México, CIDE.

Defense Department Task Report on Humanitarian Assistance, approved by the Secretary of Defense on 19 June 1984.

Field Manual 100-20, *Low-intensity conflict,* Department of the Army, Washington, D.C., 1981.

Rapid deployment forces, Issue Brief Number IB-80027, Congressional Research Service, Washington, 16 de enero de 1981.

Kupperman Associates, Inc., Robert H., *Low intensity conflict,* Prepared for U.S. Army Training and Doctrine Comand, vol. I, Main Report, July 30, 1983, contract num. DABT 60-83-C-0002.

Remarks prepared for delivery by the Honorable Caspar W. Weinberger, secretary of defense, at the Conference on Low Intensity Warfare, Fort McNair, Washington, D.C., 14 de enero de 1986, mimeo, p. 7. En español, consultar la traducción de Gregorio Selser, *El Día,* México, 11, 18 y 25 de mayo de 1986.

Report of the National Bipartisan Commission on Central America, 11 de enero de 1984.

Report of the Secretary of Defense Caspar Weinberger to the Congress on the FY 1985 Budgest, FY 1986 Authorization Request, and FY 1985-1989 Defense Programs, 1 de febrero de 1984.

Shultz, George, *Low-intensity warfare: the challenge of ambiguity*, address by Secretary Shultz before the Low Intensity Warfare Conference, National Defense University, Washington, D.C., January 15, 1986. En *Current Policy* núm. 783, United States Department of State, Bureau of Public Affairs, Washington, D.C.

"Selección de la plataforma republicana", en *Estados Unidos. Perspectiva Latinoamericana,* Cuadernos Semestrales núm. 9, septiembre de 1981, México, CIDE.

Statement by Mr. Noel C. Koch, Principal Deputy Assistant Secretary of Defense (International Security Affairs) before the Subcommittee on Defense, Committee on Appropriations, House of Representatives, second session, 98th Congress, Defense Department, *Special Operation Forces,* April 10, 1984.

Leach, rep. Jim, rep. George Miller y sen. Mark O. Hatfield, *U.S. aid to El Salvador: an evolution of the past, a propose for the future,* Report to the Arms Control and Foreign Policy Caucus, U.S. Congress, febrero de 1985,

Tambs, Lewis A. y Frank Aker, "Destruyendo el síndrome de Vietnam: una perspectiva para el triunfo en El Salvador", Departament of History, Arizona State University, Tempe, Arizona, traducción inédita, sin fecha.

United States Department of State, *El Salvador: revolution or reform,* en *Current Policy* núm. 546, febrero de 1984, Washington, D.C.

United States Military Posture, correspondientes a los años fiscales 1983, 1984, 1985 y 1986. Prepared by the Organization of the Joint Chiefs of Staff.

Weinberger, Caspar W., secretary of Defense, *Anual Report to the Congress,* Fiscal Year, 1983.

Tesis

Benítez Manaut, Raúl, "La teoría militar y la guerra civil en El Salvador", tesis para obtener el título de licenciado en Sociología, FCPYS, UNAM, México, 1986.

Cavalla, Antonio, "Estrategia norteamericana contra el tercer mundo", borrador de tesis para optar por el grado de maestro en Ciencia Política, FCPYS, UNAM, 1983.

Córdova, Ricardo, "Evaluación de las Maniobras Militares de los Estados Unidos en América Central (1983-1985)", tesis para obtener el título de licenciado en Sociología, FCPYS, UNAM, 1986.

Entrevistas

Entrevista con John O. Marsh, Jr., secretary of the Army, *Armed Forces Journal International,* vol. 122, núm. 10, mayo de 1985.
Entrevista con Noel C. Koch, principal deputy assistant secretary of Defense International Security Affairs, *Armed Force Journal International,* vol. 122, núm. 8, marzo de 1985.
Entrevista con el teniente general Robert C. Kingston, en *Armed Forces Journal,* julio de 1984, Washington.

Artículos en periódicos y revistas

"A plan to win in El Salvador", en *Newsweek,* 21 de marzo de 1983.
Alterman, Eric R., "Entusiasmo de los civiles, prudencia del Pentágono", en *Le Monde Diplomatique en Español,* México, mayo de 1986.
Biggins, Virginia, "DoD's 'unconventional war' study centre", *Jane's Defense Weekly,* vol. 5, núm. 7, 22 de febrero de 1986.
"Cayó el primer marine", en *Radio Farabundo Martí del FMLN. Voz del Pueblo Salvadoreño en Lucha,* especial núm. 8, junio de 1983.
Cushman Jr., John, de *The New York Times,* "Especial atención pone EU en estos momentos a las 'operaciones especiales' ", en *Excélsior,* México, 24 de diciembre de 1986.
"El Salvador, un laboratorio perfecto para probar la nueva doctrina contrainsurgente", en *Unomásuno,* México, 27 de agosto de 1985.
"Fraude en el ejército de EU y espionaje en Centroamérica van de la mano", en *El Día,* México, ANN, 30 de noviembre de 1985.
Gerth, Jeff Philip Taub, "U.S. Military creates secret units for use in sensitive tasks abroad", en *The New York Times,* 8 de junio de 1984.
Gross, Richard C., "Umbrella command for special forces", Cable UPI, 17 de septiembre de 1982.
Julien, Claude, "El miedo y el orden", en *Le Monde Diplomatique en Español,* año VIII, núm. 88, mayo de 1986.
Klare, Michael T., "Reagan's anti-terrorist policy is wrong", en *The Tribune,* Oakland, California, 16 de mayo de 1984.
"La guerra en El Salvador, ¿ensayo para la nueva doctrina de contrainsurgencia de EU?, en *Unomásuno,* México, 26 de agosto de 1985.
"Los programas de acción sicológica, para ganarse al pueblo y desprestigiar al FMLN", en *Unomásuno,* México, 28 de agosto de 1985.
McCartney, Robert J., de *The Washington Post,* "Insatisfacción en Estados Unidos por la baja actividad militar desplegada por la 'contra' ", en *Excélsior,* México, 5 de marzo de 1986.
"Navy forms key west post", *The New York Times,* 24 de noviembre de 1981.
"New test of U.S. military coping with third world", en *U.S. News and World Report,* 26 de diciembre de 1983, 2 de enero de 1984.

Oberdrofer, Don, "Reagan names 67 Foreign Defense Policy advisers", en *Washington Post*, 22 de abril de 1980.

"Pentagon reorganizes Caribean command", *The Washington Post*, 24 de noviembre de 1981.

"Playing invasion games?", en *Newsweek*, 14 de mayo de 1984.

Ridgeway, James, "Los cerebros del conservadurismo", en *La Jornada Semanal*, México, 23 de diciembre de 1984.

Santiago G., Iván, "Vasta red de inteligencia en El Salvador", en *Perfil de La Jornada*, México, 8 de mayo de 1985.

Selser, Gregorio, "Créase el Departamento de Fuerzas Especiales: la guerra no convencional", en *El Día*, México, 8 de agosto de 1986.

Selser, Gregorio, "Granada: primer ejercicio 'in vivo' de la Rapid Deployment Force", *El Día*, México, 31 de octubre de 1983.

Selser, Gregorio, "Los 'BUD boys' de la armada son los que minaron Puerto Corinto", en *El Día*, México, 14 de junio de 1984.

Strasser, Steven y James Le Moyne, "Teaching the ABC's of war", en *Newsweek*, 24 de marzo de 1983, p. 8.

Villacorta, Raúl, "Generalización de la guerra", en *Centroamérica en la mira*, núm. 13, enero-febrero de 1986, Agencia Salvadoreña de Prensa, México, p. 9.

Wheelock Román, Jaime, "1986: El tiempo de la resistencia económica", en *América Central, Boletín Informativo*, año 4, núm. 49, 1 de enero de 1987, Agencia Nueva Nicaragua, México.

Zelaya, Calixto, "El derecho internacional humanitario y la situación salvadoreña", en *Centroamérica en la mira, op. cit.*, pp. 24 y 25.

Documentos varios

Alfaro Alvarado, Mario, "Así es la fuerza democrática nicaragüense", s/f, s/l.

Gobierno de Nicaragua, "La derrota de la contrarrevolución: datos básicos 1981-1985", Managua, 1986.

"Operaciones psicológicas en guerra de guerrillas".

Mandate for leadership II. Continuing the conservative revolution, The Heritage Foundation, Washington, D.C., 1984.

Publicaciones periódicas

América Central. Boletín Informativo, Agencia Nueva Nicaragua, México.

Cronologías, Centro de Estudios Centroamericanos de Relaciones Internacionales, México.

El Salvador, Boletín de Análisis e Información, Centro de Investigación y Acción Social, México.

El Salvador. Proceso, informativo semanal, Centro Universitario de Documentación e Información, El Salvador.
El Salvador, resumen semanal Salpress-Notisal, Salpress, México.
Estados Unidos-Centroamérica. Boletín de Análisis e Información, Centro de Investigación y Acción Social, México.
Inforpress Centroamericana, Guatemala.

Obras de consulta

Department of Defense, *Dictionary of military and associated terms*, JCS Pub. 1, The Joint Chiefs of Staff, Washington, D.C., 1 de abril 1984.
Plano, Jack C. y Milton Greenberg, *The American political dictionary*, Nueva York, Chicago, San Francisco, Toronto, Londres, Holt, Rinehart and Winston, Inc., 1967.

:so en editorial romont, s.a.
lentes 142 - col. portales
énito juárez - 03300 méxico, d.f.
ıil ejemplares y sobrantes
nayo de 1989

ALGUNAS OBRAS DE NUESTRA COLECCIÓN "SOCIOLOGÍA Y POLÍTICA"

Donald Castillo Rivas / *Acumulación de capital y empresas transnacionales en Centroamérica*

El análisis de los tres modelos de penetración del capital extranjero en Centroamérica —el de sustitución de importaciones, el agroindustrial y el de la maquila—, conduce a definir la verdadera importancia económica que tiene la región para Estados Unidos.

Sergio de la Peña / *El antidesarrollo de América Latina*

A partir de una delimitación de los conceptos de desarrollo y subdesarrollo y de consideraciones metodológicas para su interpretación, el autor realiza una exposición crítica sobre el proceso histórico del subdesarrollo latinoamericano, para concluir con la etapa del antidesarrollo como destino capitalista.

G. William Domhoff / *¿Quién gobierna Estados Unidos?*

Estudio de la estructura sociológica de las más importantes instituciones, fundaciones y agencias gubernamentales norteamericanas, que muestra cuáles son las vías de acceso al poder en Estados Unidos y también cómo se transmite y distribuye el poder entre los miembros de la clase superior, misma que posee la mayor parte de la riqueza de la nación.

André Gunder Frank / *Capitalismo y subdesarrollo en América Latina*

Aporte fundamental a la polémica sobre "feudalismo" y "capitalismo" y a la importancia que la dilucidación de este problema tiene en la realidad política latinoamericana. La tesis fundamental del autor es que el capitalismo tanto mundial como nacional es el que produjo el subdesarrollo del pasado y del presente.

Amílcar O. Herrera / *Ciencia y política en América Latina*

El tema central es la estructura interna de los sistemas científicos y su relación con la sociedad global. A partir de ahí se analizan las causas del atraso científico de la región, los lineamientos de una política científica para América Latina, y una estimación del costo de la ciencia para establecer qué posibilidades tienen los países del área de crear sistemas científicos acordes con sus necesidades.

José Leite Lopes / *La ciencia y el dilema de América Latina: dependencia o liberación*

El problema de la importancia de la investigación científica y tecnológica para los países en vías de desarrollo se relaciona esencialmente con el modelo de desarrollo económico de esos países. En estos ensayos se afirman algunas ideas sobre el desarrollo científico, tanto el que contribuye a la liberación como el que sostiene la dependencia.

Rui Mauro Marini / *Subdesarrollo y revolución*

La historia del subdesarrollo latinoamericano es la historia del desarrollo del sistema capitalista mundial. El problema teórico del subimperialismo y el práctico del futuro de la revolución latinoamericana son temas centrales de este libro que se ha convertido en punto básico de partida o de polémica en la discusión y en la interpretación del presente y el futuro de América Latina.

Alain Rouquié / *El estado militar en América Latina*

Fruto de un largo trato sobre el terreno con las realidades militares y de un impresionante trabajo con fuentes a menudo inéditas, este estudio sintético y comparativo se centra en la fisiología del poder militar, sus mecanismos, sus funciones y sus actores. Toma en cuenta tanto la diversidad de las sociedades como la especificidad del poder militar en cada uno de los casos analizados.

Isaac Sandoval Rodríguez / *Las crisis políticas latinoamericanas*

La actuación del militarismo latinoamericano en el quehacer político no es el resultado de un fenómeno aislado, accidental. En este libro se analizan los diversos factores internos y externos, que intervienen en este continuo repetirse de los golpes de estado.

www.ingramcontent.com/pod-product-compliance
Lightning Source LLC
Chambersburg PA
CBHW030008290326
41934CB00005B/255
* 9 7 8 9 6 8 2 3 1 4 1 6 2 *